EBS 초목달

예비 중학 영어

1
Galaxy

EBS

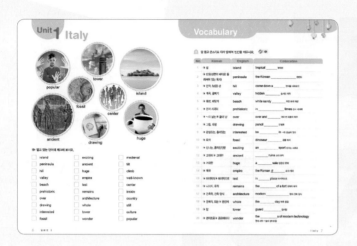

Vocabulary

중학교 영어 교육 과정에 대비하기 위해 급증한 수의 중학 영어 어휘를 재미있게 익힐 수 있도록 다양한 학습 활동과 함께 구성하였습니다.

- 흥미를 이끄는 관련 사진 제공
- 학습 전 학습자가 이미 알고 있는 단어 체크해 보는 활동
- 음원을 들으며 빈칸에 단어를 써보면서 collocation에 자연스럽게 노출

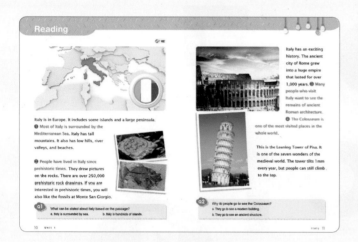

Reading

픽션 스토리, 편지, 일기, 광고 및 이메일 등 다양한 장르의 글을 다채로운 사진과 퀄리티 높은 삽화와 함께 제공합니다. 또한 중학 내신에서 비중 있게 다루는 구문 정리와 독해에 자신감을 키워줄 전략 제공으로 전략적 읽기 활동을 독려합니다.

- 문맥 속 의미 파악을 위한 퀴즈 제공
- 중학 내신에서 자주 다루는 구문 내용을 선별하여 정리
  → 온라인 강의와 연결
- **Reading Comprehension**
  - 내용 이해 확인을 위한 객관식 문항 제공
  - 사진이나 표를 활용한 세부 내용 확인 문항 제공
- **Reading Focus**
  - 독해 전략을 자세히 설명 → 온라인 강의와 연결
  - 습득한 독해 전략을 적용해 볼 수 있는 연습 문제 제공

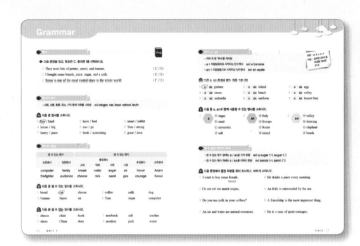

Grammar

중학 기본 문법 중 내신 평가와 밀접한 내용을 선별하여 제공합니다. → 온라인 강의와 연결

- 활동 시작과 끝을 pre-test, post-test로 구성
  - 학습자의 성취도 확인
- 개념 정리와 문제 풀이를 하나의 묶음으로 구성
  - 내용을 좀 더 쉽게 습득할 수 있도록 정리

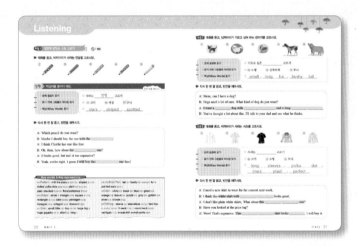

Listening

전국 중학영어 듣기 평가 유형을 분석하여 쉽게 풀어서 제공합니다. 또한 평가 형식에의 노출로 자신감을 갖게 합니다.

- 듣기 평가 문제 유형 분석과 전략 제공 → 온라인 강의와 연결
- 주요 어휘와 표현 정리 제공
- 학습한 듣기 유형의 전략을 완전히 익힐 수 있도록 같은 유형의 연습문제 반복 제공

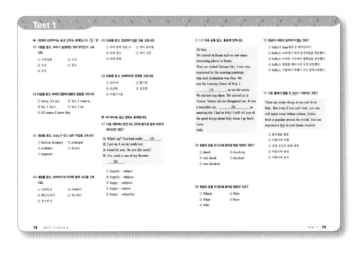

Test 1 2 3

4주 학습마다 제공되는 정기평가이며 어휘, 독해, 문법 등 앞에서 학습한 내용을 종합적으로 확인해 볼 수 있습니다.

- 듣기 평가와 읽기 평가로 나누어 제공

Contents

Unit 1 Italy

popular

tower

island

fossil

center

ancient

drawing

huge

● 알고 있는 단어에 체크해 보시오.

☐ island	☐ exciting	☐ medieval
☐ peninsula	☐ ancient	☐ tilt
☐ hill	☐ huge	☐ climb
☐ valley	☐ empire	☐ well-known
☐ beach	☐ last	☐ center
☐ prehistoric	☐ remains	☐ inside
☐ over	☐ architecture	☐ country
☐ drawing	☐ whole	☐ still
☐ interested	☐ tower	☐ culture
☐ fossil	☐ wonder	☐ popular

Vocabulary

잘 듣고 큰소리로 따라 말하며 빈칸을 채우시오. T 01

No.	Korean	English	Collocation
1	명 섬	island	tropical _____ 열대섬
2	명 반도(삼면이 바다로 둘러싸여 있는 육지)	peninsula	the Korean _____ 한반도
3	명 언덕, (낮은) 산	hill	come down a _____ 언덕을 내려오다
4	명 계곡, 골짜기	valley	hidden _____ 숨겨진 계곡
5	명 해변, 바닷가	beach	white sandy _____ 하얀 모래 해변
6	형 선사 시대의	prehistoric	in _____ times 선사 시대에
7	형 ~이 넘는 부 끝이 난	over	over and _____ 여러 번 되풀이 하여
8	명 그림, 데생	drawing	pencil _____ 연필화
9	형 관심있는, 흥미있는	interested	be _____ in ~에 관심이 있다
10	명 화석	fossil	dinosaur _____ 공룡 화석
11	형 신나는, 흥미진진한	exciting	an _____ sport 신나는 스포츠
12	형 고대의 명 고대인	ancient	_____ ruins 고대 유적
13	형 거대한	huge	a _____ sale 엄청난 판매
14	명 제국	empire	the Roman E_____ 로마 제국
15	동 지속되다 형 마지막의	last	in _____ place 마지막으로
16	명 나머지, 유적	remains	the _____ of a fort 성채의 유적
17	명 건축학, 건축 양식	architecture	modern _____ 현대 건축 양식
18	형 전체의, 모든 명 완전체	whole	the _____ day 하루 종일
19	명 탑	tower	guard _____ 감시탑
20	명 경이로움 동 궁금해하다	wonder	the _____s of modern technology 현대 과학 기술의 경이로움

No.	Korean	English	Collocation
21	형 중세의	medieval	in _____ times 중세시대에
22	동 기울다 명 기울기	tilt	_____ a bottle 병을 기울이다
23	동 오르다, 올라가다	climb	_____ up the mountain 산을 오르다
24	형 유명한, 친숙한	well-known	a _____ painter 유명한 화가
25	명 중심, 센터	center	in the _____ of ~의 중간에
26	부 ~의 안에 명 내부	inside	_____ out (안팎을) 뒤집어
27	명 국가, 시골	country	drive across the _____ 자동차로 국토를 횡단하다
28	부 아직도, 훨씬 형 고요한	still	_____ alive 아직도 살아있는
29	명 문화	culture	Korean _____ 한국의 문화
30	형 인기 있는, 일반적인	popular	_____ culture 대중문화

B 영어는 우리말로, 우리말은 영어로 쓰시오.

1	섬		9	나머지, 유적	
2	계곡, 골짜기		10		architecture
3		prehistoric	11		medieval
4	~이 넘는, 끝이 난		12	오르다, 올라가다	
5		fossil	13		well-known
6	신나는, 흥미진진한		14	국가, 시골	
7		empire	15	문화	
8	마지막의, 마지막으로		16	인기 있는, 일반적인	

C **A** 에서 학습한 내용을 활용하여 빈칸을 채우시오.

1 come down a _____

2 hidden _____

3 pencil _____

4 guard _____

5 the _____s of modern technology

6 the _____ day

7 be _____ in

8 in the _____ of

9 _____ alive

10 a _____ sale

D 다음 중 알맞은 단어를 골라 문장을 완성하시오.

1 We are going swimming at the (beach / tower).

2 The (tower / ancient) pyramid is amazing.

3 This Saturday is our (empire / last) class.

4 The museum is full of (inside / prehistoric) models.

5 I had to (tilt / sink) the table slightly to its side.

6 She is the most (popular / last) girl in the class.

7 The discount at the sale was really (over / huge).

E 주어진 단어를 보고, 두 문장에 공통으로 들어갈 단어를 골라 써 넣으시오.

1 We found an ancient _____ in the desert.

   The museum is full of dinosaur _____s.

2 Try and _____ your head a little to the left.

   _____ the bottle a little more to pour some out.

3 How does your _____ celebrate birthdays?

   I am interested in British _____.

4 It's getting cold, bring the dog _____.

   It's so cold _____ this movie theater.

Word Bank

| center | tilt | fossil | popular | inside | culture |

Reading

Italy is in Europe. It includes some islands and a large peninsula. ❶ Most of Italy is surrounded by the Mediterranean Sea. Italy has tall mountains. It also has low hills, river valleys, and beaches.

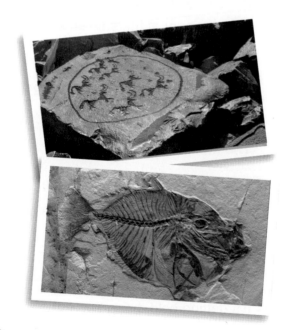

❷ People have lived in Italy since prehistoric times. They drew pictures on the rocks. There are over 250,000 prehistoric rock drawings. If you are interested in prehistoric times, you will also like the fossils at Monte San Giorgio.

Q1 What can be stated about Italy based on the passage?

a. Italy is surrounded by sea.   b. Italy is hundreds of islands.

Italy has an exciting history. The ancient city of Rome grew into a huge empire that lasted for over 1,000 years. ❸ Many people who visit Italy want to see the remains of ancient Roman architecture. ❹ The Colosseum is one of the most visited places in the whole world.

This is the Leaning Tower of Pisa. It is one of the seven wonders of the medieval world. The tower tilts 1mm every year, but people can still climb to the top.

Q2 Why do people go to see the Colosseum?
a. They go to see a modern building.
b. They go to see an ancient structure.

<Renata Sedmakova / Shutterstock.com>

This painting is one of the most famous paintings in the world! Leonardo da Vinci painted it during the Renaissance.

Some of Italy's most well-known Renaissance art is in Vatican City. It is the center of the Catholic Church. It is inside Italy, but actually it is a country itself.

❺ There are many things to see and do in Italy. But even if you can't visit, you can still enjoy some Italian culture. Italian food is popular around the world. The next time you eat pizza, think of this interesting country!

Q3 What is the proper title for this page?

a. Attractions in Italy   b. Attractive fashion of Italy

1 Most of Italy **is surrounded by** the Mediterranean Sea.

수동태

- 수동태는 동작을 하는 쪽이 아닌 동작을 받는 쪽에 중점을 둔다.
- 'be동사 + 과거분사'의 형태이고, 이어서 능동태의 주어가 by 뒤에 온다.

  ex) This letter **was written by** me.

2 People **have lived** in Italy since prehistoric times.

현재완료시제

- 'have + 과거분사'의 형태이며 현재까지의 동작, 상태의 계속, 동작의 완료, 현재까지의 경험, 과거 동작이 현재에 미치는 결과 등을 나타낸다.

  ex) I **have lived** here for 10 years.

3 Many people **who** visit Italy want to see the remains of ancient Roman architecture.

관계 대명사 who

- 관계 대명사 who는 사람을 나타내는 선행사와 함께 사용해 '~하는 사람'이라는 표현을 나타낸다.

  ex) Many people **who** came here want to meet you.

4 The Colosseum is **one of the most visited places** in the whole world.

one of the 복수명사 구문

- '~중의 하나이다'라는 표현이며, one of the 다음에는 반드시 복수 명사를 사용해야 한다.

  ex) This is **one of the seven wonders**.

5 There are many **things to see** and do in Italy.

to 부정사의 형용사적 용법

- to 부정사가 명사 뒤에 와서 형용사적 부정사로 사용된다. 수식을 받는 명사인 things가 부정사의 목적어가 되어서 '볼 것'의 의미를 갖는다.

  ex) There are many **things to eat** in this city.

► Reading Comprehension

A 질문에 알맞은 답을 고르시오.

1 이 글의 다른 제목을 고르시오.

    a. Famous Italian Artists   b. The History and Culture of Italy

    c. Where to Go in Italy

2 사람들이 이탈리아에서 얼마나 살아왔는지 고르시오.

    a. For over 1,000 years   b. From medieval times

    c. Since prehistoric times

3 이 글에서 언급되지 <u>않은</u> 것을 고르시오.

    a. Prehistoric fossils   b. A famous leader of Rome

    c. Ancient Roman remains

B 주어진 단어를 활용하여 빈칸을 채우시오.

1 History

  ○ was an _____ city

  ○ grew into a huge _____

  ○ lasted _____ of years

2 Architecture

  ○ _____ of ancient Rome

  ○ Leaning Tower of Pisa:

    _____1mm annually

3 Art

  ○ one of the _____

  _____ paintings

  in the world is in Italy

  ○ painted by Leonard _____

  _____

Word Bank			
tilts	thousands	most famous	remains
ancient	da Vinci	empire	

▶ Reading Focus

Inferring Titles (제목 추론하기)

글의 핵심이 되는 주제를 파악하여 글의 제목을 찾는다!

독해 지문은 항상 제목이 필요해요. 글의 제목은 독자로 하여금 지문이 무엇에 관한 내용인지 추측하게 하고, 읽을 준비를 할 수 있도록 해 줍니다. 제목은 또한 글의 일반적인 주제를 보여줄 수도 있어요. 주어진 지문의 main idea 즉, 중심 내용이 무엇인지를 찾을 수 있다면 그 지문의 적절한 제목 또한 쉽게 고를 수 있습니다.

● 제목 선정시 유의점

1 지나치게 구체적인 것 피하기 ➡ 제목은 글의 한 부분만을 나타내서는 안 되고, 글 전체를 포괄해야 해요.

2 주어진 지문에 나온 내용인지 확인 ➡ 관계없는 정보는 아닌지 확인해야 해요.

3 주제 문장이 꼭 제목은 아님을 인지 ➡ 대개 제목은 문장이 아닌 구(phrase)로 표현해요.

● 전략적 읽기의 열쇠

1 이 제목이 주어진 지문의 일부분에만 해당하나요? ➡ 그렇다면 올바른 제목이 아님!

2 이 제목이 주어진 지문에서 다루지 않은 정보를 포함하나요? ➡ 그렇다면 올바른 제목이 아님!

3 이 제목이 긴 문장으로 되어 있나요? ➡ 그렇다면 올바른 제목이 아님!

연습 다음 글을 읽고, 질문에 알맞은 답을 고르시오.

One of the most famous Italian foods is pizza. It is an old Italian food. It has been around for hundreds of years. Today, pizza is considered a savory food — that is, a salty type of food. But the first pizzas were actually sweet!

● 윗글의 제목으로 알맞은 것을 고르시오.

a. Pizza Is a Very Old Food

b. A Delicious Food for Dessert

c. The History of Pizza

Grammar

● 명사

● 다음 문장을 읽고, 맞으면 C, 틀리면 I를 선택하시오.

1 They want lots of potato, carrot, and tomato. (C / I)

2 I bought some breads, juice, sugar, and a milk. (C / I)

3 Rome is one of the most visited place in the whole world. (C / I)

● 명사의 의미

• 사람, 사물, 동물, 장소, 가치 등의 어휘를 나타냄   ex) singer, car, bear, school, truth

A 다음 중 명사를 고르시오.

1 boy / kind   2 have / bed   3 smart / rabbit

4 house / big   5 zoo / go   6 Tom / strong

7 heavy / juice   8 book / interesting 9 great / love

● 명사의 종류

셀 수 있는 명사		셀 수 없는 명사					
보통명사	집합명사	물질명사				추상명사	고유명사
		고체	액체	가루	기체		
computer	family	bread	water	sugar	air	honor	Adam
firefighter	audience	cheese	milk	sand	gas	courage	Seoul

B 다음 중 셀 수 있는 명사를 고르시오.

1 bread   cat   cheese   2 coffee   milk   dog

3 banana   Japan   air   4 Tom   sugar   computer

C 다음 중 셀 수 없는 명사를 고르시오.

1 cheese   chair   book   2 notebook   salt   teacher

3 shoes   China   door   4 monkey   park   water

▶ 관사 a / an

- 여러 개 중 '하나'를 의미함
- a + 자음 발음으로 시작하는 단수명사 ex) a banana
- an + 모음 발음으로 시작하는 단수명사 ex) an apple

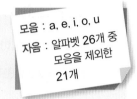

모음 : a, e, i, o, u
자음 : 알파벳 26개 중
　　　모음을 제외한
　　　21개

D 다음 a, an 중에서 맞는 것을 고르시오.

1 (a) / an picture   2 a an island   3 a an egg
4 a an tower   5 a an beach   6 a an valley
7 a an umbrella   8 a an uniform   9 a an honest boy

E 다음 중 a, an과 함께 사용할 수 있는 명사를 고르시오.

1 **a**
ⓐ sugar
ⓑ sand
ⓒ mountain
ⓓ salt

2 **an**
ⓐ Italy
ⓑ Europe
ⓒ Rome
ⓓ island

3 **an**
ⓐ valley
ⓑ drawing
ⓒ elephant
ⓓ beach

▶ 셀 수 없는 명사의 특징

- 셀 수 없는 명사 앞에는 a / an을 쓰지 못함   ex) a sugar (×), sugar (○)
- 셀 수 없는 명사 뒤에는 s / es를 더하지 못함   ex) sands (×), sand (○)

F 다음 문장에서 틀린 부분을 찾아 표시하고, 바르게 고치시오.

1 I want to buy some ~~breads~~.
　　　　　　　　　　 bread

2 He drinks a juice every morning.

3 Do not eat too much sugars.

4 An Italy is surrounded by the sea.

5 Do you use milk in your coffees?

6 A friendship is the most important thing.

7 An air and water are natural resources.

8 He is a man of great courages.

▶ 셀 수 있는 명사의 특징

- a / an / one / this / that + 단수명사
- two / some / many / these / those + 복수명사

명사의 형태	대부분의 명사	−s, −ss, −x, −sh, −ch, −o로 끝난 명사	−f, −fe로 끝난 명사	자음 +y로 끝난 명사
만드는 법	+s	+es	f, fe를 v로 고치고 +es	y를 i로 고치고 +es
ex)	towers mountains islands	bus – buses　kiss – kisses box – boxes　dish – dishes bench – benches potato – potatoes	leaf – leaves knife – knives	baby – babies city – cities

G 주어진 단어의 올바른 형태를 쓰시오.

1 two ___rocks___
(rock)

2 many _____
(box)

3 some _____
(beach)

4 five _____
(knife)

5 these _____
(city)

6 many _____
(potato)

7 ten _____
(bus)

8 those _____
(wolf)

9 some _____
(baby)

H 다음 중 올바른 것을 고르시오.

1 a
ⓐ shirt
ⓑ shoes

2 an
ⓐ orange
ⓑ islands

3 one
ⓐ gloves
ⓑ cap

4 two
ⓐ potatoes
ⓑ bread

5 many
ⓐ leaf
ⓑ leaves

6 some
ⓐ dish
ⓑ places

7 this
ⓐ rabbits
ⓑ monkey

8 those
ⓐ rules
ⓑ eraser

9 that
ⓐ flower
ⓑ trees

one of 복수명사 : ~ 중의 하나

· Rome is one of the oldest cities in Europe. 로마는 유럽에서 가장 오래된 도시 중 하나이다.

I 주어진 단어들을 이용하여 문장을 완성하시오.

1 Egypt is _____one of the oldest countries_____ in the world.

(countries / the oldest / one of)

2 The Leaning Tower of Pisa is _____ of the medieval world.

(the seven / one of / wonders)

3 The Colosseum is _____ in Italy.

(places / one of / the most visited)

4 It is _____ in Europe.

(one of / islands / the largest)

Post

● 아래의 상자에서 알맞은 내용을 골라 명사에 대한 설명을 완성하시오.

1 명사란 _____ⓗ 사람, 사물, 동물_____, 생각이나 가치를 나타내요.

2 명사의 종류는 셀 수 있는 명사와 _____가 있어요.

3 고체로 된 셀 수 없는 명사의 예로는 _____가 있어요.

4 _____은 모음 발음으로 시작된 셀 수 있는 단수명사 앞에서 사용해요.

5 규칙 복수명사는 명사에 _____를 붙여서 만들어요.

6 −s, −ss, −x, _____, o로 끝난 명사는 −es를 붙여서 복수형을 만들어요.

7 자음 +y로 끝난 명사는 y를 _____로 고치고 −es를 붙여서 복수형을 만들어요.

8 '여러 개 중에 하나'를 나타낼 때 _____를 사용해요.

| ⓐ −s 또는 −es | ⓑ bread, cheese | ⓒ an | ⓓ 셀 수 없는 명사 |
| ⓔ −sh, −ch | ⓕ one of 복수명사 | ⓖ i | ⓗ 사람, 사물, 동물 |

Listening

● 대화를 듣고, 여자아이가 사려는 연필을 고르시오.

①   ②   ③   ④   ⑤

전략 핵심어를 들어야 해요.

전략 적용 해보기!

1 문제 꼼꼼히 읽기

2 듣기 전에 그림들의 차이점 찾기

3 핵심어(Key Words) 듣기

○ 사려는 ____연필____ 고르기

○ ⓐ 크기   ⓑ 색상   ⓒ✓ 무늬

○ __stars__ , __striped__ , __spotted__

● 다시 한 번 잘 듣고, 빈칸을 채우시오.

A: Which pencil do you want?

B: Maybe I should buy the one with the _____.

A: I think Charlie has one like that.

B: Oh, then, how about the _____ one?

A: It looks good, but isn't it too expensive?

B: Yeah, you're right. I guess I will buy this _____ one then!

Key Words & Key Expressions

무늬(Pattern): with the stars 별 모양이 있는 striped 줄 무늬의 dotted, polka dots 물방울 무늬의 plain 아무 무늬도 없는 plaid, checked 체크무늬의 floral patterned 꽃무늬의

도형(Shape): circle 원 triangle 삼각형 square 정사각형 rectangle 직사각형 cube 정육면체 pentagon 오각형 hexagon 육각형 octagon 팔각형 diamond 마름모

크기(Size): small, little 작은 tiny 아주 작은 large, big 큰 huge, gigantic 아주 큰 short 짧은 long 긴

신체 부위(Body Part): tail 꼬리 bushy 털이 복슬복슬한 fur 털 pointed ears 뾰족한 귀

색(Color): white 흰색 black 검정 blue 파랑 green 초록 orange 주황 brown 갈색 purple 보라 grey 회색 golden 금색 silver 은색 bronze 구릿빛

옷(Clothing): sleeve 소매 sleeveless 소매 없는 tank top 민 소매 셔츠, 러닝셔츠 V-neck V자형 깃 round neck 둥근 옷깃 cardigan 가디건 sweat shirt, sweat pants 운동복

연습1 대화를 듣고, 남자아이가 기르고 싶어 하는 강아지를 고르시오.

① 　② 　③ 　④ 　⑤

1 문제 꼼꼼히 읽기

2 듣기 전에 그림들의 차이점 찾기

3 핵심어(Key Words) 듣기

○ 기르고 싶은 _____ 고르기

○ ⓐ 도형　　ⓑ 신체 부위　　ⓒ 무늬

○ _small_ , _long_ _fur_ , _bushy_ _tail_

● 다시 한 번 잘 듣고, 빈칸을 채우시오.

A: Mom, can I have a dog?

B: Dogs need a lot of care. What kind of dog do you want?

A: I want a _____ dog with _____ _____ and a long _____ _____.

B: You've thought a lot about this. I'll talk to your dad and see what he thinks.

연습2 대화를 듣고, 여자아이가 사려는 셔츠를 고르시오.

① 　② 　③ 　④ 　⑤

1 문제 꼼꼼히 읽기

2 듣기 전에 그림들의 차이점 찾기

3 핵심어(Key Words) 듣기

○ 사려는 _____ 고르기

○ ⓐ 크기　　ⓑ 도형　　ⓒ 무늬

○ _long_ _sleeves_ , _polka_ _dot_ , _black_ _plaid_ , _perfect_

● 다시 한 번 잘 듣고, 빈칸을 채우시오.

A: I need a new shirt to wear for the concert next week.

B: I think this white shirt with _____ _____ looks great.

A: I don't like plain white shirts. What about this _____ _____ one?

B: Have you looked at the price tag?

A: Wow! That's expensive. This _____ _____ shirt looks _____. I will buy it.

● 대화를 듣고, 일요일의 날씨를 고르시오.

① 　② 　③ 　④ 　⑤

전략 · 지시문의 키워드를 영어로 떠올려요!

전략 적용 해보기!

1 문제를 읽을 때, 관련 영단어 생각하기

2 답과 관련된 어휘 골라 듣기

▷ 일요일: _____

▷ ⓐ sunny　ⓑ rainy　✓ⓒ cloudy　ⓓ humid

● 다시 한 번 잘 듣고, 빈칸을 채우시오.

A: What are you going to do this weekend?

B: I would like to go on a long bike ride.

A: Let's check the weather. Hmmm, on Saturday morning it will be _____, but in the afternoon there is a good chance of _____ weather.

B: On Sunday it will be partially _____ all day and _____ _____.

A: Why don't we go on Sunday?

B: Okay.

Key Words & Key Expressions

날씨(Weather): **sunny** 맑은 **cloudy** 흐린 **rainy** 비오는
snowy 눈오는 **foggy** 안개 낀 **windy** 바람부는
stormy 폭풍우가 내리치는 **thunderstorm** 뇌우 **warm** 따뜻한
hot 더운 **chilly** 쌀쌀한 **cold** 추운 **freezing** 꽁꽁 얼어붙은
humid 습한 **muggy** 후텁지근한 **rainy season, monsoon** 장마

긍정적인 표현: **wonderful** 훌륭한 **spectacular** 장관을 이루는
amazing 놀라운 **perfect** 완벽한 **great** 훌륭한

날씨를 나타낼 때 함께 사용하는 표현:
partially 부분적으로 **with a chance of** ~ ~할 확률
There is a good chance of~ ~할 확률이 높다

연습1 다음을 듣고, 오늘의 날씨를 고르시오.

① ② ③ ④ ⑤

1 문제를 읽을 때, 관련 영단어 생각하기

2 답과 관련된 어휘 골라 듣기

오늘: _____

ⓐ freezing   ⓑ sunny   ⓒ cold   ⓓ showers

● 다시 한 번 잘 듣고, 빈칸을 채우시오.

A: Good morning. Did you see the wonderful _____ this morning? It was

spectacular! The day's weather will continue to be _____, _____,

and _____. Be sure to get out and enjoy it because tomorrow it will be much

_____ with a chance of _____ throughout the day.

연습2 대화를 듣고, 내일의 날씨를 고르시오.

① ② ③ ④ ⑤

1 문제를 읽을 때, 관련 영단어 생각하기

2 답과 관련된 어휘 골라 듣기

내일: _____

ⓐ snowy   ⓑ sunny   ⓒ windy   ⓓ rainy

● 다시 한 번 잘 듣고, 빈칸을 채우시오.

A: How is the weather outside?

B: It's _____ and _____ outside. I want to fly a kite.

A: Me too. I love flying kites. Let's do it tomorrow.

B: We'd better stay at home tomorrow. The weather forecast says that it will be _____

all day long.

Unit 2 Two Days in Italy

glistening

lean

trip

letter

mustache

spend

squeeze

road

● 알고 있는 단어에 체크해 보시오.

☐ trip	☐ stomach	☐ finally
☐ wave	☐ first	☐ lean
☐ letter	☐ mustache	☐ shocked
☐ seem	☐ guide	☐ spend
☐ different	☐ frown	☐ instead
☐ think	☐ room	☐ amazing
☐ great	☐ squeeze	☐ glistening
☐ smile	☐ forward	☐ below
☐ arrive	☐ street	☐ road
☐ reply	☐ reach	☐ river

Vocabulary

잘 듣고 큰소리로 따라 말하며 빈칸을 채우시오. T 05

No.	Korean	English	Collocation
1	명 여행 동 여행하다	trip	go on a _____ 여행을 가다
2	명 파도 동 흔들다	wave	_____ a flag 깃발을 흔들다
3	명 편지, 글자	letter	mail a _____ 편지를 부치다
4	동 보이다, ~인 것 같다	seem	_____ kind 친절해 보인다
5	형 다른	different	in many _____ ways 많은 다른 방법으로
6	동 생각하다	think	_____ harder 골똘히 생각하다
7	형 큰, 위대한, 멋진	great	a _____ actor 명배우
8	동 미소 짓다 명 웃음	smile	_____ from ear to ear (입이 귀에 걸리도록) 활짝 웃다
9	동 도착하다	arrive	_____ on time 제 시간에 도착하다
10	동 대답하다 명 대답	reply	fast _____ 신속한 대답
11	명 위, 배	stomach	an upset _____ 배탈
12	형 첫째의 부 첫째로, 먼저	first	in _____ place 일등으로
13	명 콧수염	mustache	grow a _____ 콧수염을 기르다
14	명 안내, 안내인 동 안내하다	guide	a tour _____ 관광 안내인
15	동 얼굴을 찡그리다 명 찌푸림	frown	_____ at ~을 노려보다
16	명 방, 공간, 여지	room	_____ for ~을 위한 공간
17	동 짜내다 명 짜기	squeeze	_____ an orange 오렌지에서 과즙을 짜다
18	부 앞으로 형 앞으로 가는	forward	take one step _____ 한 걸음 나아가다
19	명 거리	street	cross the _____ 거리를 가로지르다

No.	Korean	English	Collocation
20	동 도달하다 명 (닿을 수 있는) 거리	reach	_____ an agreement 합의에 도달하다
21	부 마침내, 마지막으로	finally	_____ meet 마침내 만나다
22	동 기울다, 기대다	lean	_____ back 상체를 뒤로 젖히다
23	형 충격을 받은, 얼떨떨한	shocked	completely _____ 완전히 충격에 휩싸인
24	동 (시간, 돈을) 쓰다	spend	_____ the weekend 주말을 보내다
25	부 대신에	instead	tea _____ of coffee 커피 대신 차
26	형 놀라운	amazing	truly _____ 정말로 놀라운
27	명 섬광 형 반짝이는	glistening	_____ snow 반짝이는 눈
28	부 아래에	below	see _____ 아래를 보다
29	명 길	road	a country _____ 시골길
30	명 강	river	swim in the _____ 강에서 수영하다

B 영어는 우리말로, 우리말은 영어로 쓰시오.

1	여행, 여행하다			9	방, 공간, 여지	
2		seem		10	앞으로, 앞으로 가는	
3		great		11		street
4	미소 짓다, 웃음			12		lean
5		reply		13		instead
6	위, 배			14	놀라운	
7		mustache		15		glistening
8		frown		16		below

C **A** 에서 학습한 내용을 활용하여 빈칸을 채우시오.

1 mail a _____
2 _____ on time
3 in _____ place
4 a tour _____
5 _____ for
6 _____ an agreement
7 _____ meet
8 _____ the weekend
9 swim in the _____
10 a country _____

D 다음 중 알맞은 단어를 골라 문장을 완성하시오.

1 Who is that man over there with the big _____?
  ① street   ② river   ③ mustache   ④ reply

2 Please _____ before you answer the question.
  ① arrive   ② think   ③ spend   ④ guide

3 I never saw anything so _____ before.
  ① seem   ② first   ③ road   ④ amazing

4 This weather is not normal. It's a heat _____.
  ① letter   ② guide   ③ wave   ④ lean

5 The bus was so crowded I had to just _____ in.
  ① forward   ② squeeze   ③ think   ④ glistening

E 주어진 단어를 보고, 빈칸에 들어갈 단어를 골라 써 넣으시오.

1 I really want to go on a _____ this summer.

2 I was totally _____ by his answer.

3 That car is totally _____ from any other one.

4 She looks so happy when she _____s.

5 If you want to vote "yes," take one step _____.

Word Bank

arrive   trip   forward   shocked   different   smile

T 06

Sally's dad won a trip to Italy. He was waving a letter in his hand.
Sally's mom read the letter. ❶ *She seemed less excited.*

"**This** says we'll be visiting four different cities in two days," she said, holding the letter.

"Don't you think that's too much?"

"It'll be great!" Dad smiled.

"What do you want to do?"

❷ Dad asked me what I wanted to do when we arrived in Rome.

"I'm hungry," I replied, holding my stomach. "Let's get a pizza."

"OK," said Dad. "But first, let's meet our guide, Mr. Rossi."

Q1

What does **this** stand for?

a. the letter that said they won a trip to Italy

b. a magazine that introduces Italy

3 Mr. Rossi was a small man with a big mustache. He looked at our bags, then at his small van. He frowned. There wasn't much room for us with our bags, but we squeezed in. "Can we get a pizza?" I asked. "No time!" Mr. Rossi said.

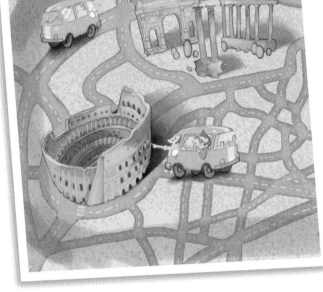

His little van groaned forward. Soon, we were zooming through the streets of Rome. We saw the Colosseum. We also visited Vatican City.

Q2 Whose van do they ride in?

a. Sally's uncle's van

b. Mr. Rossi's van

When we reached Pisa, ❹ Mr. Rossi showed us many sites. Finally, we saw the Leaning Tower of Pisa. I was shocked! It looked like it was going to fall over. We didn't spend that night in Pisa.

Instead, Mr. Rossi drove us to Venice. ❺ What a long day! Waking up in Venice was amazing. We looked down from our hotel window to glistening streets below. They weren't roads! They were rivers!

Q3 In which city did Sally's family stay overnight?

a. Pisa   b. Venice

1 She **seemed less excited**.

오감동사 + 형용사

- look, seem, sound, feel, smell, taste 등 오감동사들은 형용사를 보어로 사용해 주어를 서술한다.

  ex) You **look happy**.

2 Dad asked me **what I wanted** to do when we arrived in Rome.

간접의문의 어순

- 의문문이 다른 평서문이나 의문문 속에 들어가는 간접의문문의 경우, 의문사 다음에 '주어 + 동사'의 순서가 된다.

  ex) Please tell me. + When **did you come** here?

  → Please tell me **when you came** here.

3 Mr. Rossi was a small man **with a big mustache**.

전치사 with가 이끄는 부사구

- 전치사 with가 이끄는 부사구는 have나 wear로 표현할 수 있다.

  ex) a girl **with a necklace** = a girl **who is wearing** a necklace

4 Mr. Rossi **showed us many sites**.

수여동사 구문 (4형식 문장)

- show, give, teach 등의 수여동사는 간접목적어(사람)와 직접목적어(사물)를 나란히 사용해 4형식 문장이 된다. 직접목적어를 먼저 사용할 경우에는 간접목적어 앞에 전치사를 사용해 3형식 문장이 된다.

  ex) He **gave me a book**. (4형식) = He **gave a book to me**. (3형식)

5 **What a long day**!

감탄문

- What 다음에 부정관사 a / an 그리고 형용사와 명사 순으로 감탄문을 표현한다.

  ex) **What a wonderful world** (it is)!

► Reading Comprehension

A 질문에 알맞은 답을 고르시오.

1 이 글은 무엇에 관한 것인지 고르시오.

    a. A short trip   b. An amazing guide

    c. A surprising attraction

2 동그라미 한 she가 가리키는 대상을 고르시오. (28쪽)

    a. Sally   b. Sally's mom

    c. A city the family will visit

3 이 여행에 대해 맞는 내용을 고르시오.

    a. It was very expensive.   b. The guide found good restaurants.

    c. The family went to many sites.

B 주어진 정보를 보고, 시간의 흐름에 적절하게 기호를 넣으시오.

Sally and her family . . .

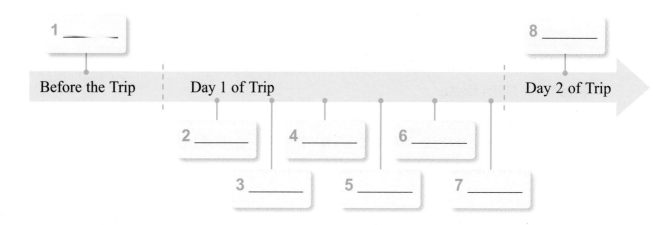

1 _____

Before the Trip

2 _____

3 _____

Day 1 of Trip

4 _____

5 _____

6 _____

7 _____

8 _____

Day 2 of Trip

ⓐ went to Pisa   ⓑ got the letter about the trip   ⓒ drove to Venice

ⓓ arrived in Rome   ⓔ saw the Leaning Tower   ⓕ met the guide, Mr. Rossi

ⓖ woke up to see "river" streets   ⓗ saw the Colosseum and Vatican City

▶ Reading Focus

Recognizing Reference Words (지시어 찾기)

주어진 대명사와 지시어에 해당하는 명사를 찾는다!

대부분의 글에는 대명사들이 사용돼요. 이 대명사들은 특정 명사들을 지칭하는 것으로, 작가 자신의 생각을 보다 자연스럽게 표현하기 위해 이것들을 사용한답니다. 이렇게 함으로써 같은 단어를 계속해서 반복 사용하는 것을 피할 수 있어요. 지시어는 하나의 명사를 지칭할 수도 있고, 어떤 구(phrase) 전체를 대신해서 사용되기도 합니다.

● 명사와 대명사의 관계

1 대개 명사는 대명사의 앞 문장에 나옴 → Sally wanted to get pizza. She was really hungry.

2 명사와 대명사는 수가 일치함 → My friends were tired so they went to their rooms right after dinner.

3 구(phrase)를 지칭하는 대명사 → We wanted to see the Vatican and eat good pizza. These were the things we were most interested in.

● 전략적 읽기의 열쇠

1 대명사가 단수인데 지칭하는 명사는 복수인가요? → 그렇다면 틀린 선택!

2 대명사 자리에 생각했던 명사를 넣어 문장을 만들었을 때, 문장이 부자연스러운가요? → 그렇다면 틀린 선택!

연습 다음 글을 읽고, 질문에 알맞은 답을 고르시오.

Mr. Rossi took us all around Venice. It has a long history, so there are many interesting sites. But he couldn't use his van — all the streets were water! Instead we used gondolas. These are small narrow boats. People move them with long sticks.

● 윗글에서 밑줄 친 these가 가리키는 것을 고르시오.

a. Gondolas   b. Streets   c. Sites

Grammar

문장의 5형식

● 다음 문장을 읽고, 맞으면 C, 틀리면 I를 선택하시오.

1 We arrived Rome. (C / I)

2 You look happily. (C / I)

3 She has a brother. (C / I)

문장의 5형식

주어: ~은, 는, 이, 가
목적어: ~을, 를
간접목적어: ~에게

• 영어에는 문장 형식이 5가지가 있음

1 형식　　주어　+　동사
　　　　　　　I　　　　go　　　(to school.)

2 형식　　주어　+　동사　+　보어
　　　　　　　I　　　　feel　　　happy.

3 형식　　주어　+　동사　+　목적어
　　　　　　　I　　　　like　　　music.

4 형식　　주어　+　동사　+　간접목적어　+　직접목적어
　　　　　　Santa　　gives　　　kids　　　　presents.

5 형식　　주어　+　동사　+　목적어　+　목적격 보어
　　　　　　Grandma　calls　　　me　　　　"Puppy."

A 다음 문장이 몇 형식인지 고르시오.

	1	2	3	4	5
1 We arrived.	1	2	3	4	5
2 I feel hungry.	1	2	3	4	5
3 He loves sports.	1	2	3	4	5
4 He showed us many sites.	1	2	3	4	5
5 They call him a monkey.	1	2	3	4	5

1형식 문장

- '주어 + 동사'로 구성 ex) I get up at 7:00.

B 다음 1형식 문장에서 주어는 ○, 동사는 △하시오.

1 They go to Rome.

2 She works hard.

3 He arrived in Italy.

4 I live in Seoul.

5 I go to bed at 10.

6 They are in the kitchen.

7 We go to school every day.

8 She dances very beautifully.

2형식 문장

- '주어 + 동사 + 보어'로 구성 ex) You look great.
- 대표적 2형식 동사(look, smell, sound, taste, feel, seem) + 형용사

C 다음 2형식 문장에서 주어는 ○, 동사는 △, 보어는 □ 하시오.

1 This bread smells great.

2 This soup tastes good.

3 This cake looks beautiful.

4 He looks happy.

5 The flower looks pretty.

6 The scarf feels soft.

7 Her voice sounds nice.

8 The cookies smell delicious.

9 This tea tastes good.

10 This sweater feels smooth.

3형식 문장

- '주어 + 동사 + 목적어'로 구성 ex) I like Italy.

D 다음 3형식 문장에서 주어는 ○, 동사는 △, 목적어는 □ 하시오.

1 We like cookies.

2 I want some pizza.

3 She read the letter.

4 He has a dog.

5 They visited Vatican City.

6 We saw the Colosseum.

7 I like the dancer.

8 She watches TV at night.

4형식 문장

- '주어 + 동사 + 간접목적어 + 직접목적어'로 구성   ex) He gave me a present.

E 다음 4형식 문장에서 주어, 동사, 간접목적어, 직접목적어를 찾아보고, 알맞은 것과 연결하시오.

1 Santa gave him a present.
  (주어) (동사) (간목) (직목)

2 Santa gave us presents.
  (   ) (   ) (   ) (   )

3 We gave them flowers.
  (   ) (   ) (   ) (   )

4 They gave me flowers.
  (   ) (   ) (   ) (   )

5 She sent Tom a Christmas card.
  (   ) (   ) (   ) (   )

- ⓐ 산타는 우리에게 선물을 주었다.
     주어   간목   직목   동사

- ⓑ 산타는 그에게 선물을 주었다.
     주어   간목   직목   동사

- ⓒ 그들은 나에게 꽃을 주었다.
     주어   간목   직목   동사

- ⓓ 우리들은 그들에게 꽃을 주었다.
     주어   간목   직목   동사

- ⓔ 그녀는 Tom에게 크리스마스 카드를 보냈다.
     주어   간목   직목   동사

5형식 문장

- '주어 + 동사 + 목적어 + 목적격보어'로 구성   ex) Dad calls her honey.
- 목적격보어는 목적어를 보충해 주는 역할을 힘

F 다음 5형식 문장에서 목적어는 ○, 목적격 보어는 △하고, 알맞은 것과 연결하시오.

1 She calls her "Princess."

2 She calls him "Prince."

3 We call him "Genius."

4 I call her "Genius."

5 They call him "King."

- ⓐ 그녀는 그를 "왕자님"이라고 부른다.
     주어   목적어   목적격 보어   동사

- ⓑ 그녀는 그녀를 "공주님"이라고 부른다.
     주어   목적어   목적격 보어   동사

- ⓒ 나는 그녀를 "천재"라고 부른다.
     주어   목적어   목적격 보어   동사

- ⓓ 그들은 그를 "왕"이라고 부른다.
     주어   목적어   목적격 보어   동사

- ⓔ 우리들은 그를 "천재"라고 부른다.
     주어   목적어   목적격 보어   동사

오감동사 + 형용사

• 오감을 나타내는 동사 look, smell, sound, taste, feel, seem + 형용사

ex) She seems less excited. 　그녀는 그다지 좋아하지 않아 보여요.

G 다음 중 올바른 2형식 문장을 고르시오.

1 ⓐ I feel wonderfully.
　✓ⓑ I feel wonderful.

2 ⓐ It sounds great.
　ⓑ It sounds greatly.

3 ⓐ I feel cold.
　ⓑ I feel coldly.

4 ⓐ This room smells badly.
　ⓑ This room smells bad.

5 ⓐ She looks sad.
　ⓑ She looks sadly.

6 ⓐ The pizza tastes good.
　ⓑ The pizza tastes well.

7 ⓐ It seems seriously.
　ⓑ It seems serious.

8 ⓐ He looks kind.
　ⓑ He looks kindly.

● 아래의 상자에서 알맞은 내용을 골라 문장의 5형식에 대한 설명을 완성하시오.

1 문장의 형식은 ＿＿ⓑ 5＿＿ 가지 형식이 있어요.

2 1형식은 ＿＿＿＿＿＿＿＿＿＿＿＿＿로 이루어져 있어요.

3 2형식은 ＿＿＿＿＿＿＿＿＿＿＿＿＿＿로 이루어져 있어요.

4 3형식은 ＿＿＿＿＿＿＿＿＿＿＿＿＿로 이루어져 있어요.

5 4형식은 ＿＿＿＿＿＿＿＿＿＿＿＿＿＿＿＿로 이루어져 있어요.

6 5형식은 ＿＿＿＿＿＿＿＿＿＿＿＿＿＿＿＿로 이루어져 있어요.

7 look, smell, sound, taste, feel, seem은 대표적인 ＿＿＿＿＿형식 동사에요.

8 look, smell, sound, taste, feel, seem 다음에는 ＿＿＿＿＿가 와야 해요.

ⓐ '주어 + 동사 + 간접목적어 + 직접목적어'	ⓑ 5	ⓒ 형용사	ⓓ '주어 + 동사 + 목적어'
ⓔ '주어 + 동사 + 목적어 + 목적격보어'	ⓕ 2	ⓖ '주어 + 동사'	ⓗ '주어 + 동사 + 보어'

Listening

● 다음을 듣고, 남자가 설명하는 것이 무엇인지 고르시오.

①   ②   ③   ④   ⑤

전략 ▸ 가장 강하게 나는 소리를 들으세요.

전략 적용 해보기!

1 크고 강하게 소리 나는 단어 찾기

○ It / can / make / honey.

2 끊어 읽는 부분 찾기

○ It ⓐ uses ⓑ its ⓒ wings to fly.

● 다시 한 번 잘 듣고, 빈칸을 채우시오.

A: This has two colors. When you see it, you might _____. It is soft and has

_____. To get from place to place it uses its _____ _____ _____. It

_____ everywhere it goes! It can _____ _____.

Key Words & Key Expressions

동물의 부위(Body Parts): **wing** 날개 **tail** 꼬리 **beak** 부리 **cock-a-doodle-doo** 닭 울음소리 **buzz** 벌이 윙윙거리는 소리

claw 발톱 **fin** 지느러미 **shell** 껍데기 **roar, growl** 으르렁거리는 소리

동물 소리(Animal Sound): **meow** 고양이 울음소리 아이스크림 맛(Flavor): **vanilla** 바닐라 맛 **chocolate** 초콜릿 맛

bowwow, woof woof 개 짖는 소리 **moo** 소 울음소리 **strawberry** 딸기 맛

연습 1 다음을 듣고, 여자가 설명하는 것이 무엇인지 고르시오.

① ② ③ ④ ⑤

1 크고 강하게 소리 나는 단어 찾기	○ It is / always / served / cold.
2 끊어 읽는 부분 찾기	○ It ⓐ can ⓑ be served ⓒ in a cone.

● 다시 한 번 잘 듣고, 빈칸을 채우시오.

A : This is a food that can be eaten as a _____, especially on a _____ day. It is always served _____. It is rich and creamy. It can be served in a _____, by itself, or on top of another dessert. It comes in a variety of _____ : vanilla, chocolate, and _____ are just a few.

연습 2 다음을 듣고, 남자가 설명하는 것이 무엇인지 고르시오.

① ② ③ ④ ⑤

1 크고 강하게 소리 나는 단어 찾기	○ They / keep / your feet / warm.
2 끊어 읽는 부분 찾기	○ They ⓐ are ⓑ worn ⓒ on your feet.

● 다시 한 번 잘 듣고, 빈칸을 채우시오.

A : They are worn on your _____ and come in _____. When it is wet outside, they _____ your feet _____. When it is snowy outside, they keep your feet _____. They are tall, have long laces, and are furry. What are they?

● 대화를 듣고, 여자의 마지막 말의 의도를 고르시오.

① 비판하기　　② 칭찬하기　　③ 격려하기　　④ 확신시키기　　⑤ 설명하기

전략 ▸ 상황을 생각해 보세요.

전략 적용 해보기!

1 약하게 들리는 단어 짚어보기
(대명사, 조동사, 관사 등)

2 대화의 상황 생각하기

◉ ⟨You're⟩ / home / early.

◉ ⓐ 소년이 스케이트보드를 즐기는 상황
　 ⓑ 소년이 스케이트보드를 잘 타지 못해서 실망하고 있는 상황

● 다시 한 번 잘 듣고, 빈칸을 채우시오.

A: You're home early. How did you like your new skateboard?

B: ＿＿＿＿＿＿ ＿＿＿＿＿＿＿ ＿＿＿＿＿ talk about it.

A: Was it harder than you thought?

B: Yes. I wanted to do tricks, but I ＿＿＿＿＿＿＿＿ ＿＿＿＿＿ stay on the board.

A: Anything worth doing takes practice and patience. Keep trying ＿＿＿＿＿ you ＿＿＿＿＿
＿＿＿ doing tricks soon.

B: Do you really think so?

A: Of course I do. Hard work always ＿＿＿＿＿＿ ＿＿＿＿＿.

Key Words & Key Expressions

칭찬(Compliment): **Great! Well done! Excellent! Perfect!**
대단해! 훌륭해! 잘했어! 완벽해!

격려(Encouragement): **Way to go!** 계속 그렇게 하면 돼! **Hard
work pays off!** 노력하면 좋은 결과가 있을 거야!

충고(Advice): **You must / should**··· 넌 ···해야 해. **You could
try**··· ···해볼 수 있어. **How about**···? **Why don't you**···? ···하는 게 어
때? **If I were in that situation, I would**··· 내가 그 상황에 있다면, 난
···할 거야.

불평(Complaint): **I'm sorry, but I have a problem about**···
미안하지만, ···에 문제가 있어요. **I'm afraid I've got a complaint
about**··· ···가 마음에 들지 않아요. **Excuse me, but I have a
problem about**··· 실례지만, ···에 문제가 있어요.

대화를 듣고, 남자의 마지막 말의 의도를 고르시오.

① 응원하기　　　　② 충고하기　　　　③ 축하하기　　　　④ 설득하기　　　　⑤ 초대하기

1 약하게 들리는 단어 짚어보기
　(대명사, 조동사, 관사 등)

2 대화의 상황 생각하기

○ What / have you / been up to?

○ ⓐ 여행가기 전에 기뻐하는 상황

　ⓑ 여행에서 햇볕에 타서 불편한 상황

● 다시 한 번 잘 듣고, 빈칸을 채우시오.

A: Hello, Mary. What have you _____ _____ _____?

B: I took a _____ abroad with my family this summer.

A: Oh wow! Where did you go?

B: We went to Thailand for a week. The beach was so pretty, _____ I got

　_____.

A: Ouch! You _____ _____ wear sunscreen or else that can happen!

연습2 대화를 듣고, 남자의 마지막 말의 의도를 고르시오.

① 사과하기　　　　② 안심시키기　　　　③ 충고하기　　　　④ 비난하기　　　　⑤ 설명하기

1 약하게 들리는 단어 짚어보기
　(대명사, 조동사, 관사 등)

2 대화의 상황 생각하기

○ You're using / the / wrong / buttons.

○ ⓐ 게임 경쟁을 하고 있는 상황

　ⓑ 게임을 잘 못해서 설명을 해주는 상황

● 다시 한 번 잘 듣고, 빈칸을 채우시오.

A: This video game is _____ _____ I thought! I have _____ _____

　what I am doing.

B: It's easy, but you are using the wrong buttons.

A: There are _____ _____ buttons. _____ ones do I use to move and shoot?

B: Use the green button _____ running and the red button _____ shooting.

Unit 3 Uncommon Careers

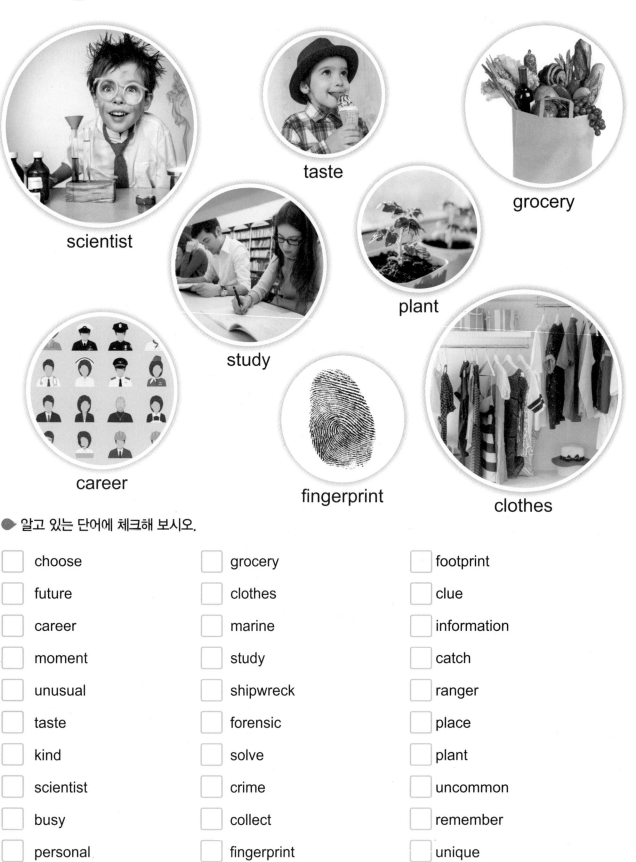

scientist

taste

grocery

study

plant

career

fingerprint

clothes

● 알고 있는 단어에 체크해 보시오.

☐ choose	☐ grocery	☐ footprint
☐ future	☐ clothes	☐ clue
☐ career	☐ marine	☐ information
☐ moment	☐ study	☐ catch
☐ unusual	☐ shipwreck	☐ ranger
☐ taste	☐ forensic	☐ place
☐ kind	☐ solve	☐ plant
☐ scientist	☐ crime	☐ uncommon
☐ busy	☐ collect	☐ remember
☐ personal	☐ fingerprint	☐ unique

Vocabulary

A 잘 듣고 큰소리로 따라 말하며 빈칸을 채우시오. T 09

No.	Korean	English	Collocation
1	동 고르다, 결정하다	choose	hard to _____ 선택하기 어려운
2	명 미래 형 미래의	future	unknown _____ 알 수 없는 미래
3	명 직업, 사회생활	career	_____ goals 직업 목표, 직업상 목적
4	명 잠깐, 순간, 때	moment	a special _____ 특별한 순간
5	형 특이한, 흔치 않은	unusual	in an _____ way 이례적인 방식으로
6	명 맛 동 맛보다	taste	sense of _____ 미각
7	명 종류 형 친절한	kind	every _____ of animal 모든 종류의 동물
8	명 과학자	scientist	evil _____ 사악한 과학자
9	형 바쁜, 통화 중인	busy	_____ as a beaver 몹시 바쁜
10	형 개인적인, 사적인	personal	_____ details 개인의 신상 명세
11	명 식료품	grocery	_____ cart 식료품 카트
12	명 의복	clothes	baby _____ 유아복
13	형 바다의, 배의	marine	_____ life 해양 생물
14	명 연구 동 공부하다	study	_____ hard 열심히 공부하다
15	명 조난 사고, 난파선	shipwreck	survive a _____ 난파에서 살아남다
16	형 법의학적인, 범죄 과학 수사의	forensic	_____ tests 법의학적 테스트
17	동 (문제를) 풀다	solve	_____ the case 사건을 해결하다
18	명 범죄	crime	serious _____ 심각한 범죄
19	동 수집하다	collect	_____ stamps 우표를 모으다
20	명 지문, 흔적	fingerprint	leave a _____ 지문을 남기다

No.	Korean	English	Collocation
21	명 발자국	footprint	fossilized _____ 화석이 된 발자국
22	명 단서, 실마리	clue	a key _____ 중요한 단서
23	명 정보	information	_____ desk 안내소
24	동 잡다, 받다 명 잡기	catch	_____ a cold 감기에 걸리다
25	명 공원 관리원	ranger	_____ station 관리소
26	명 장소, 자리 동 놓다	place	a cold _____ 추운 곳
27	명 식물, 공장 동 심다	plant	_____ a tree 나무를 심다
28	형 흔하지 않은, 드문	uncommon	an _____ color 흔하지 않은 색
29	동 기억하다	remember	always _____ 항상 기억하다
30	형 독특한, 고유의	unique	a _____ child 독특한 아이

B 영어는 우리말로, 우리말은 영어로 쓰시오.

1	고르다, 결정하다		9	범죄	
2	직업, 사회생활		10		footprint
3		scientist	11	정보	
4	바쁜, 통화 중인		12	공원 관리원	
5		personal	13		place
6	의복		14		plant
7		study	15		remember
8		solve	16	독특한, 고유의	

C **A** 에서 학습한 내용을 활용하여 빈칸을 채우시오.

1 unknown _____

2 a special _____

3 every _____ of animal

4 _____ cart

5 _____ life

6 _____ tests

7 _____ stamps

8 _____ a cold

9 a _____ child

10 always _____

D 다음 중 알맞은 단어를 골라 문장을 완성하시오.

1 I don't like the (taste / grocery) of that sandwich.

2 He loves to (collect / study) math.

3 I helped my mom (plant / catch) some flowers.

4 This soup tastes very (personal / unusual).

5 The thief left a (fingerprint / crime), so they caught him.

6 They used the (taste / clue) to solve the riddle.

7 There were no survivors found on the (shipwreck / scientist).

E 주어진 단어를 보고, 두 문장에 공통으로 들어갈 단어를 골라 써 넣으시오.

1 Can the police detective _____ the crime?

  This math problem is too difficult to _____.

2 What kind of _____ do you want to have?

  His mom has a teaching _____.

3 What flavor of ice cream are you going to _____?

  It's so hard to _____ which university to go to.

4 The _____ left by the bear helped the hunters track him.

  The sneaky thief didn't leave any _____ for the police.

Word Bank					
taste	footprint	solve	catch	career	choose

Reading

Do you know what you want to be when you are older? Before choosing your future career, why not take a moment to look at some unusual jobs?

❶ Ice cream tasters are people who make and taste new kinds of ice cream. Ice cream tasters are also called food scientists. ❷ They also **make** our food taste better.

Some people are very busy and don't have time to go shopping. Who can help them? ❸ A personal shopper can help with all kinds of shopping. He or she can help buy groceries, clothes, pet food, anything you want.

Q1 Choose the one that has the same meaning as **make**.

a. You will make a good teacher.   b. This will make you feel better.

Marine archeologists are people who study the ocean floor looking for old ships. They study the shipwrecks and find out what happened to them.

Forensic scientists are people who use science to help solve crime. They collect fingerprints, footprints, and hair. ❹ They use these clues to help the police. This information is very useful to help catch criminals.

Q2 Choose the one that doesn't fit the job description of forensic scientists.

a. They catch criminals.   b. They collect evidence.

Park rangers are people who take care of the parks that are around the places we live. They take care of the animals and plants that live in the parks. There are already lots of rare and uncommon careers.

❺ There are lots of jobs that are fun to do. More jobs are being created every day. Remember that there are unique careers everywhere. Now you just need to choose the one that is the best fit for you.

Q3 How can you choose the best career?
a. Choose the one that you will enjoy.
b. Choose the one that will help you make a lot of money.

1 Ice cream tasters are **people who** make and taste new kinds of ice cream.

관계 대명사 who

- 관계 대명사 who는 사람을 나타내는 선행사와 함께 사용해 '~하는 사람'이라는 표현을 나타낸다.

  ex) Those are **people who** work with us.

2 They also **make our food taste** better.

사역동사 make

- '~하도록 만들다'라는 의미의 사역동사 make는 목적어를 수식하는 목적보어로 동사원형을 사용한다.

  ex) She **made me practice** more.

3 A personal shopper **can help with** all kinds of shopping.

조동사 can

- can 은 '~할 수 있다'라는 의미로 가능이나 능력을 나타낸다.
- help와 함께 'with + 명사'를 사용하거나, 동사를 사용해 '~하도록 돕는다'라는 의미를 가진다.

  ex) He **can help buy** groceries. She **can help buy** clothes.

4 They use these clues **to help the police**.

to 부정사의 부사적 용법

- to 부정사를 '~하기 위하여'라는 의미로 부사적 용법의 목적으로 사용할 수 있다.

  ex) They use science **to help solve** them.

5 **There are** lots of jobs that are fun to do.

유도부사 there

- 주어가 단수이면 There is ~, 복수이면 There are ~ 표현을 활용하고 '~이 있다'라는 의미를 가진다.

  ex) **There is** a book. **There are** lots of careers.

Reading Comprehension

A 질문에 알맞은 답을 고르시오.

1 이 글은 무엇에 관한 것인지 고르시오.

a. Outdoor jobs
b. Common jobs
c. Unusual jobs

2 이 글에 나온 personal shoppers가 하는 일을 고르시오.

a. Make food taste better
b. Help busy people
c. Study structures in the ocean

3 이 글의 내용과 일치하면 T, 그렇지 않으면 F에 동그라미 하시오.

a. Marine archeologists work in the water.	T	F
b. Food scientists find clues.	T	F
c. Forensic scientists help the police.	T	F

B 주어진 단어를 활용하여 빈칸을 채우시오.

1 Ice Cream Tasters

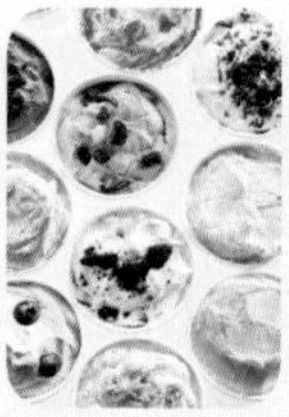

- are food ______________
- make and ______________ new kinds of ice cream

2 Personal Shoppers

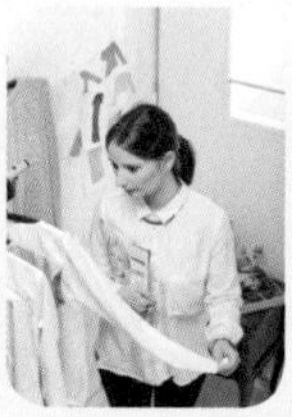

- help with ______________
- can buy ______________, clothes, or anything else you want

3 Marine Archeologists

- look for old ships on the ______________ floor
- study the ______________

4 Park Rangers

- take care of ______________
- ____________ ____________ of a park's plants and animals

Word Bank

parks	groceries	take care	ocean
scientists	taste	shipwrecks	shopping

▶ Reading Focus

Recognizing False Information (틀린 내용 찾기)
주어진 지문의 내용과 일치하지 않는 내용을 찾는다!

독해문의 이해도를 묻는 문제를 풀 때, 올바른 답을 찾는 것은 매우 중요해요.
이 때 오답은 주어진 지문의 내용과 관계가 없거나 틀린 정보를 갖고 있답니다.
따라서 틀린 정보를 구별해 내는 것은 정답을 보다 신속히 찾을 수 있도록 해줘요!

◉ 자주 등장하는 오답 보기의 유형

1 주어진 지문에서 언급되지 않은 단어나 주제 사용 → 정답은 보통 주어진 독해 지문에서 그대로 나온 내용이에요.

2 정반대의 뜻을 가진 반의어 사용 → 반의어를 사용한 보기는 대개 오답이에요.

3 앞뒤가 맞지 않는 내용을 사용 → 정답은 반드시 질문에 부합해요.

◉ 전략적 읽기의 열쇠

1 보기가 지문에서 언급되지 않은 내용을 포함하고 있나요? → 그렇다면, 오답!

2 보기가 논리적이지 않은 내용인가요? → 그렇다면, 오답!

3 보기가 지문에 나온 단어의 반의어를 포함하고 있나요? → 그렇다면, (대부분) 오답!

연습 다음 글을 읽고, 질문에 알맞은 답을 고르시오.

Have you ever heard of the job, "greensman"? Not many people have. But this is actually a job in the movies. A greensman arranges and takes care of any plants in a movie. A greensman also designs landscapes. If you have seen a jungle in a movie, a greensman planned it!

◉ 윗글의 내용과 일치하면 T, 그렇지 않으면 F에 동그라미 하시오.

a. A greensman works in the movies.　　　　　　　T　　　F

b. A greensman takes care of actors.　　　　　　　T　　　F

c. A greensman designs movie scenery.　　　　　　T　　　F

Grammar

● 조동사

● 다음 문장을 읽고, 맞으면 C, 틀리면 I를 선택하시오.

1 Who can helps him? (C / I)

2 We help can the police. (C / I)

3 He can help us. (C / I)

● 조동사의 역할과 종류

• 조동사는 본동사의 의미를 보충해줌
• 대표 조동사: can (~할 수 있다: 능력), may (~해도 좋다: 허락), must, should (~해야만 한다: 의무)

A 조동사에 유의해서 알맞은 뜻과 연결하시오.

1 He can speak English.　•　　　•　ⓐ 그는 그녀를 도와야만 한다. (의무)

2 He may have the cake.　•　　　•　ⓑ 그는 기억을 해야만 한다. (의무)

3 He must help her.　•　　　•　ⓒ 그는 그 케이크를 먹어도 좋다. (허락)

4 He should remember.　•　　　•　ⓓ 그는 영어를 할 수 있다. (능력)

● 조동사 can의 긍정문

• 조동사 긍정문의 형태: 조동사 (can) + 동사원형　ex) You can choose.
• 조동사는 본동사 앞!

B 다음 문장에서 조동사 can이 들어갈 알맞은 위치를 고르시오.

1 They / make / our food / taste better. 그들은 음식을 더 맛있게 만들 수 있다.
　　ⓐ　　　ⓑ　　　ⓒ

2 You / choose / your / future career. 너는 너의 미래 직업을 선택할 수 있다.
　　ⓐ　　　ⓑ　　　ⓒ

3 Scientists / study / the ocean /. 과학자들은 해양을 연구할 수 있다.
　　　　ⓐ　　ⓑ　　　ⓒ

4 The women / speak / Korean / well. 그 여자들은 한국어를 잘 말할 수 있다.
　　　　ⓐ　　　ⓑ　　　ⓒ

• 주어가 3인칭 단수 (he, she)이더라도, 조동사 can 다음에는 동사원형! ex) He can help us.

C 다음 문장을 조동사 can을 사용한 문장으로 완성하시오.

1 He plays the piano.

➲ He _____can play the piano_____ .

2 She runs very fast.

➲ She _____ .

3 Anna sings well.

➲ Anna _____ .

4 Bella dances very well.

➲ Bella _____ .

5 James collects stamps.

➲ James _____ .

6 Science solves crime.

➲ Science _____ .

조동사 can의 부정문

• 조동사 부정문의 형태: 조동사 + not + 동사원형   ex) He cannot help us.

• cannot = can't

D 다음 문장을 조동사 can을 사용한 문장으로 완성하시오.

1 I can speak English, but I _____cannot (can't)_____ speak Spanish.

나는 영어를 말할 수 있지만, 스페인어는 말할 수 없다.

2 He can swim well, but he _____ ski at all.

그는 수영을 잘 할 수 있지만, 스키는 전혀 탈 줄 모른다.

3 Mr. Smith can come today, but he _____ come tomorrow.

Smith 씨는 오늘은 올 수 있지만, 내일은 올 수 없다.

E 다음 문장의 부정문으로 알맞은 것을 고르시오.

1 He can speak Chinese.

ⓐ He doesn't speak Chinese.

✓ⓑ He can't speak Chinese.

2 He can run fast.

ⓐ He runs not fast.

ⓑ He can't run fast.

3 He can drive a car.

ⓐ He can't drive a car.

ⓑ He isn't drive a car.

4 He can make a cake.

ⓐ He doesn't make a cake.

ⓑ He can't make a cake.

조동사 can의 의문문

- 조동사 의문문의 형태: 조동사 + 주어 + 동사원형 ~?   ex) Can he help us?
- 의문문에서는 문장 끝에 ? 부호를 사용해야 함

F 다음 문장을 의문문으로 완성하시오.

1   He can help us.

<u>Can</u>   <u>he</u>   help us <u>?</u>

2   She can speak Korean.

_____ _____   speak Korean__

3   He can help buy groceries.

_____ _____   help buy groceries__

4   She can help with shopping.

_____ _____   help with shopping__

5   You can smell the flowers.

_____ _____   smell the flowers__

6   You can taste the soup.

_____ _____   taste the soup__

7   She can teach them.

_____ _____   teach them__

8   They can teach her.

_____ _____   teach her__

G 다음 문장의 의문문으로 알맞은 것을 고르시오.

1 The man can sing very well.

  ⓐ Does the man sing very well?

  ⓑ Can the man sing very well? ✓

2 The man can cook very well.

  ⓐ Does the man cook very well?

  ⓑ Can the man cook very well?

3 The man can dance very well.

  ⓐ Does the man dance very well?

  ⓑ Can the man dance very well?

4 The man can drive safely.

  ⓐ Can the man drive safely?

  ⓑ Does the man drive safely?

H 다음 문장을 읽고, 맞으면 C, 틀리면 I를 선택하시오.

1 Emily can sings songs very well. (C / Ⓘ)

2 Nick doesn't can speak Chinese. (C / I)

3 Mrs. Johnson speaks can't Japanese. (C / I)

4 Can you help me with shopping? (C / I)

5 My friend can help buy clothes. (C / I)

I 올바른 순서로 배열하여 맞는 문장으로 완성하시오.

1 sing / can / You / very well.　➡ _____

당신은 노래를 매우 잘 부를 수 있다.

2 well. / cannot / sing / He　➡ _____

그는 노래를 잘 부를 수 없다.

Post

● 아래의 상자에서 알맞은 내용을 골라 조동사에 대한 설명을 완성하시오.

1 조동사는 ___ⓗ 본동사의 의미___ 를 보충해줘요.

2 대표적인 조동사의 예로는 can, may, _____ 등이 있어요.

3 조동사의 위치는 _____에 와요.

4 조동사 다음에는 반드시 _____이 와야 해요.

5 cannot의 축약형은 _____ 예요.

6 조동사 can의 의문문은 _____의 형태를 취해요.

7 can은 _____을 나타내는 조동사예요.

8 may는 _____을 나타내는 조동사예요.

ⓐ '능력, 가능'　　ⓑ should, must　　ⓒ 동사원형　　ⓓ 본동사 앞
ⓔ can't　　　　　ⓕ '추측'　　　　　ⓖ 'Can + 주어 + 동사원형?'　ⓗ 본동사의 의미

Listening

유형 5 언급되지 않은 것 고르기   T 11

● 대화를 듣고, 두 사람이 챙기지 <u>않은</u> 것을 고르시오.

① 선크림   ② 수건   ③ 선글라스   ④ 간식   ⑤ 물

전략 · 알고 있는 지식을 활용하세요.

전략 적용 해보기!

1 축음 현상에 유의하기

2 알고 있는 지식을 활용하기

ⓐ   ⓑ   ⓒ
○ I <u>can't wait to</u> get to <u>the</u> beach.

○ chips → ___snack___

● 다시 한 번 잘 듣고, 빈칸을 채우시오.

A: I _____ _____ to get to the beach.

B: I'm excited, too. Do we have everything we _____?

A: I have sunscreen and a _____.

B: I have some _____ and cold water.

A: Are you going to swim in the ocean this time?

B: Maybe, but I like _____ on the beach more than swimming.

A: You _____ _____ swimming with me. It is fun!

Key Words & Key Expressions

not을 사용한 긍정 또는 부정 표현:

can't wait to ~를 빨리 하고 싶다

couldn't be better 이보다 더 좋을 수 없다, 최상이다

couldn't be worse 이보다 더 나쁠 수 없다, 최악이다

go ~ing를 사용한 표현:

go swimming 수영하러 가다 **go skiing** 스키 타러 가다

go shopping 쇼핑하러 가다 **go camping** 캠핑하러 가다

연습1 다음을 듣고, 남자아이가 하지 <u>않았던</u> 일을 고르시오.

① 스키 타기　　　　② 등산　　　　③ 스노보드 타기　　　　④ 스케이트 타기　　　　⑤ 썰매 타기

1 축음 현상에 유의하기

2 알고 있는 지식을 활용하기

　　　　　ⓐ　　ⓑ　　　　ⓒ
◎ We learned how to ski.

◎ winter → snow → (skiing, sledding, hiking)

● 다시 한 번 잘 듣고, 빈칸을 채우시오.

A: Hi everyone. Let me tell you about my winter vacation. Our family went to Yangpyeong and we learned how to _____ and snowboard. It was _____ at first, but then I _____ _____ _____ _____ it. I also tried _____ _____. I was not very good. My sister was great at it. We also went _____.

연습2 대화를 듣고, 두 사람이 챙기지 <u>않은</u> 것을 고르시오.

① 텐트　　　　② 침낭　　　　③ 냉장박스　　　　④ 장작　　　　⑤ 간식

1 축음 현상에 유의하기

2 알고 있는 지식을 활용하기

　　　　　　　ⓐ　　　　　　ⓑ　　ⓒ
◎ Did you remember to pack the sleeping mat?

◎ chocolate, banana chips, grain cereal → ___snack___

● 다시 한 번 잘 듣고, 빈칸을 채우시오.

A: I am so excited to _____ _____ this weekend. I hope we don't forget anything.

B: I packed the tent, our _____ _____, and a hammer for tent stakes.

A: Did you remember to pack the _____ _____?

B: Sure, and I have the _____ _____, too.

A: Okay, I have the _____ packed. I also bought some _____ for hiking.

B: Sounds great. I love camping!

● 대화를 듣고, 밴드 연습을 하기로 한 시각을 고르시오.

① 오후 2시　　② 오후 3시　　③ 오후 4시　　④ 오후 5시　　⑤ 오후 6시

전략 ▶ but 다음에 오는 내용을 잘 들으세요.

전략 적용 해보기!

1 듣기 전에 보기 확인하기

2 but 다음에 나오는 내용 잘 듣기

○ ⓐ 요일　ⓑ 날짜　✓ 시간

○ Sorry, but we were ___both___ ___wrong___.

● 다시 한 번 잘 듣고, 빈칸을 채우시오.

A: Do you know if we are supposed to be at band practice at 4 or _____?

B: The instrument pick up is at _____.

A: I already have my instrument.

B: Maybe _____ then? Let me check. I still have the flyer.

A: Yes, please check for me.

B: Oh! Sorry, _____ we were both _____. The instrument pick up is

　　at _____ and practice starts _____ _____.

A: Thanks, Betty. I'll meet you _____ _____ then.

Key Words & Key Expressions

전치사(Preposition): **at 3** 3시에　**on Sunday** 일요일에
on May 5th 5월 5일에　**in May** 5월에　**in (the) spring** 봄에
in 2020 2020년에
월(Month): **January** 1월　**February** 2월　**March** 3월
April 4월　**May** 5월　**June** 6월　**July** 7월　**August** 8월
September 9월　**October** 10월　**November** 11월
December 12월

날짜(Date): **May 1st** 5월 1일　**May 2nd** 5월 2일　**May 3rd** 5월
3일　**May 4th** 5월 4일　**May 21st** 5월 21일　**May 22nd** 5월 22
일　**May 23rd** 5월 23일　**May 24th** 5월 24일

연습1 대화를 듣고, 두 사람이 만나기로 한 시각을 고르시오.

① 오전 9시 　　② 오전 11시 　　③ 오후 1시 　　④ 오후 3시 　　⑤ 오후 5시

1 듣기 전에 보기 확인하기

2 but 다음에 나오는 내용 잘 듣기

➡ ⓐ 요일 　ⓑ 날짜 　ⓒ 시간

➡ Sorry, but can we make it _____?

● 다시 한 번 잘 듣고, 빈칸을 채우시오.

A: Let's play tennis this Saturday.

B: _____ good to me, _____ I have piano practice at _____ _____.

A: Well, would _____ o'clock _____?

B: Sorry, but can we _____ it _____? Because I have to finish my history assignment first. Is that alright?

A: No _____. See you _____!

연습2 대화를 듣고, 두 사람이 만나기로 한 날짜를 고르시오.

① 6월 18일 　　② 7월 10일 　　③ 7월 31일 　　④ 8월 23일 　　⑤ 8월 31일

1 듣기 전에 보기 확인하기

2 but 다음에 나오는 내용 잘 듣기

➡ ⓐ 요일 　ⓑ 날짜 　ⓒ 시간

➡ The wedding is in July, but it's _____ _____.

● 다시 한 번 잘 듣고, 빈칸을 채우시오.

A: Aunt Jo is getting married this summer. I am so _____ to see you.

B: I hope _____ _____ the same week as my soccer tournament.

A: I thought you said your soccer tournament is in _____.

B: No, it starts on _____. When's the wedding?

A: Well, the wedding is in July, _____ it's _____.

B: This is going to be a great summer!

laugh

find

treasure

pirate

floor

reef

diver

grow

● 알고 있는 단어에 체크해 보시오.

☐ walk	☐ hundred	☐ bottom
☐ grow	☐ ago	☐ ocean
☐ sure	☐ sail	☐ right
☐ rich	☐ explain	☐ claim
☐ slowly	☐ jewel	☐ diver
☐ find	☐ sometimes	☐ wreck
☐ treasure	☐ happen	☐ carry
☐ simple	☐ reef	☐ million
☐ pirate	☐ sink	☐ floor
☐ laugh	☐ storm	☐ continue

Vocabulary

A 잘 듣고 큰소리로 따라 말하며 빈칸을 채우시오. **T13**

No.	Korean	English	Collocation
1	동 걷다 명 산책	walk	take a _____ 산책하다
2	동 커지다, 자라다	grow	_____ up 성장하다
3	형 확실한	sure	for _____ 확실히, 틀림없이
4	형 부유한, 풍요로운	rich	get _____ 부자가 되다
5	부 천천히, 느리게	slowly	_____ but surely 더디지만 확실하게
6	동 찾다, 알아내다 명 발견물	find	_____ out 발견하다, 찾아내다
7	명 보물 동 귀하게 여기다	treasure	a _____ chest 보물 상자
8	형 간단한, 소박한, 평범한	simple	_____ pleasures 소박한 즐거움
9	명 해적 동 불법 복제하다	pirate	_____ cave 해적 동굴
10	동 웃다 명 웃음소리	laugh	hearty _____ 호탕한 웃음
11	명 백, 100	hundred	for _____s of years 수백 년 동안
12	부 ~전에	ago	ages _____ 옛날 옛적에
13	동 항해하다, 나아가다 명 돛, 항해	sail	at full _____ 전속력으로
14	동 설명하다	explain	quickly _____ 빠르게 설명하다
15	명 보석, 장신구, 액세서리	jewel	a _____ case 보석 상자
16	부 때때로, 가끔	sometimes	it _____ happens 때때로 일어난다
17	동 발생하다, 일어나다	happen	anything can _____ 어떤 것도 일어날 수 있다
18	명 암초	reef	coral _____ 산호초
19	동 가라앉다 명 싱크대	sink	_____ money into 돈을 투자하다
20	명 폭풍우	storm	winter _____ 겨울 폭풍

No.	Korean	English	Collocation
21	명 바닥 형 맨 아래에	bottom	rock _____ 최저점, 바닥
22	명 대양, 바다	ocean	the Pacific O_____ 태평양
23	형 올바른, 오른쪽의 부 바로	right	_____ handed 오른손잡이인
24	동 주장하다 명 주장	claim	_____ damages 손해 배상을 요구하다
25	명 잠수부	diver	deep sea _____ 심해 잠수부
26	명 난파선 동 파괴하다	wreck	train _____ (전복된) 열차의 잔해
27	동 나르다, 휴대하다, 운반하다	carry	_____ on 계속 가다
28	명 100만 형 수많은	million	thanks a _____ 대단히 고맙습니다
29	명 바닥, (건물의) 층	floor	on the second _____ 2층 (영국에서는 3층)
30	동 계속하다	continue	click to _____ 계속하려고 클릭하다

B 영어는 우리말로, 우리말은 영어로 쓰시오.

1	커지다, 자라다			9	폭풍우		
2	천천히, 느리게			10			sink
3		find		11	바닥, 맨 아래에		
4		treasure		12			claim
5		pirate		13			diver
6	백, 100			14			wreck
7		explain		15	100만, 수많은		
8	때때로, 가끔			16	바닥, (건물의) 층		

C **A** 에서 학습한 내용을 활용하여 빈칸을 채우시오.

1 _____ but surely

2 a _____ chest

3 _____ pleasures

4 ages _____

5 a _____ case

6 anything can _____

7 the Pacific _____

8 _____ handed

9 thanks a _____

10 on the second _____

D 다음 중 알맞은 단어를 골라 문장을 완성하시오.

1 The banker is very _____.

① rich   ② right   ③ wreck   ④ floor

2 The boat hit the _____ and sank.

① storm   ② pirate   ③ ocean   ④ reef

3 They all had a really big _____ at the movie.

① claim   ② grow   ③ laugh   ④ treasure

4 The family went out for a _____ after dinner.

① reef   ② storm   ③ million   ④ walk

5 The crown was covered in _____s.

① rich   ② jewel   ③ ocean   ④ claim

E 주어진 단어를 보고, 빈칸에 들어갈 단어를 골라 써 넣으시오.

1 I am _____ I left my keys here on the table.

2 The dinner was _____, but very delicious.

3 My mom said I cannot _____ to watch so much TV.

4 Can you help me _____ my books?

5 Did you ever go on a _____ boat on the ocean?

Word Bank

carry   sure   simple   explain   sail   continue

Reading

Jim and Cindy are walking home. ❶ They are talking about what they will do when they grow up.

❷ "I'm not sure what I'm going to do when I grow up. ❸ I know I want to be rich," said Cindy.

"What do you want to do when you grow up?"

Jim thought for a moment. "Well," he said slowly, "I really want to find treasure."

"Where would you find treasure?" asked Cindy.

"Simple," replied Jim. "I'm going to find pirate treasure."

"Pirate treasure?" laughed Cindy. "There isn't any pirate treasure anymore."

Q1

Choose the adjectives that best describe Jim.

a. outgoing, adventurous, active   b. shy, reserved, passive

"In the 1600s and 1700s, there was tons of pirate treasure," said Jim.

"That was hundreds of years ago. It's all gone," Cindy said.

"Thousands of ships sailed during that time," explained Jim. "They brought lots of jewels with them. Sometimes, they didn't make it back to Europe."

"What happened to them?" asked Cindy.

"They sank," said Jim. ❹ "Some hit reefs. Others sank in storms. And, some were sunk by other ships."

"But, what happened to all that treasure?" asked Cindy.

"It sank to the bottom of the ocean," said Jim. "It's sitting there waiting for me right now."

Q2 According to Jim, where can he find treasure?

a. He can find treasure at the bottom of the ocean.

b. He can find treasure sitting in the reefs.

"The ocean is huge," Cindy claimed. "You'll never find it."

"In 1985, divers found the wreck of the Atocha," said Jim simply.

"That ship carried over 500 million dollars in treasure."

"And ❺ there are hundreds of other ships sitting on the ocean floor just waiting

to be found," continued Jim. "That's what I'm going to do when I grow up."

Q3 What did divers find on the Atocha?

a. Old pirate ships   b. A huge treasure

1 They are talking about what they **will do** when they grow up.

조동사 **will**

· will은 미래 시제를 나타낸다. 조동사 다음에는 동사원형을 사용한다.

ex) He **will come** to the party.

2 I'm not sure what I **am going to do** when I grow up.

be going to 구문

· be going to do something은 '~를 할 것이다'라는 의지를 나타내거나, 어떤 일이 일어날 가능성이 있음을 나타낸다.

ex) We **are going to throw** a birthday party for her.

3 I know I **want to be** rich.

to 부정사를 목적어로 사용하는 동사들

· hope, want, expect, choose, decide 등의 동사는 to 부정사를 목적어로 취한다.

ex) I **decided to stay**. I **want to go** home.

4 **Some** hit reefs. **Others** sank in storms.

Some ~ Others … 구문

· Some ~ Others … 구문은 '어떤 것이나 사람들은 ~하고, 또 다른 것이나 사람들은 …하다'를 나타낸다.

ex) **Some** like it hot. **Others** like it cold.

5 There are hundreds of other ships **sitting** on the ocean floor.

형용사 역할을 하는 분사

· 분사도 형용사처럼 보어로서 주어나 목적어를 보충 설명한다.

ex) She kept **walking** in the dark. I saw him **throwing** a ball.

► Reading Comprehension

A 질문에 알맞은 답을 고르시오.

1 이 글은 무엇에 관한 것인지 고르시오.

    a. Missing pirate treasure   b. Getting rich quickly

    c. A future job

2 Cindy가 생각하는 것이 <u>아닌</u> 것을 고르시오.

    a. There is treasure waiting to be found.   b. The ocean is too big to find treasure in it.

    c. All the treasure was found long ago.

3 이 글에 나온 Atocha는 무엇인지 고르시오.

    a. It is a wrecked ship.   b. It is the diver's name.

    c. It is a pirate's name.

B 주어진 단어를 활용하여 빈칸을 채우시오.

1 Cindy
- wants to be _____
- _____ think there's any
  pirate treasure left
- thinks the ocean is _____
  _____; finding treasure is
  _____

2 Jim
- wants to find _____
- thinks there is still treasure at the
  _____ of the ocean
- thinks there are _____
  of other ships still on the ocean
  _____

Word Bank

impossible	bottom	too big	hundreds
floor	rich	treasure	doesn't

▶ Reading Focus

Guessing the Vocabulary Meaning (모르는 단어 의미 유추하기)
문맥의 실마리를 활용해 모르는 단어의 의미를 찾는다!

독해 지문에 여러분이 모르는 단어가 포함되어 있을 수 있어요. 이때 사전이 없다면 여러분은 어떻게 할 수 있을까요? 독해 지문은 때때로 모르는 단어의 의미를 유추해 볼 수 있는 실마리를 갖고 있답니다. 잘 모르는 단어의 주변 내용을 잘 살펴보면 그 단어의 의미를 유추해 볼 수 있어요.

● 유용한 문맥의 실마리

1 Be 동사 확인 → 단어의 의미는 때로 "is" 나 "are" 등 Be 동사 앞뒤에 있어요.

ex) A pirate is a person who attacks and robs ships.

2 구두점 확인 → 때로는 콤마나 괄호와 같은 구두점이 의미를 알려줘요.

ex) The Atocha, a Spanish ship, carried a lot of treasure.

3 바뀐 어구 확인 → 때로는 다른 단어들로 해당 단어를 표현해요.

ex) The ships brought lots of jewels with them. These precious stones – the diamonds, the rubies, the emeralds – on the ships were lost when the ships sank.

● 전략적 읽기의 열쇠

1 잘 모르는 단어 주변에 있는 Be 동사, 콤마, 괄호 또는 줄표(–)를 확인했나요?

2 잘 모르는 단어 앞이나 뒤의 문장에서 다른 단어들로 표현된 내용을 확인했나요?

연습 다음 글을 읽고, 질문에 알맞은 답을 고르시오.

The Atocha was a Spanish ship. It was carrying the gold from Spanish **colonies** — areas in other countries under Spanish control — back to Spain. The Spanish king needed that gold. Without it, Spain would be totally without cash. It would be **bankrupt**. Unfortunately for the king, the ship sank!

● 윗글에 나온 단어들의 알맞은 뜻을 고르시오.

1 colony   •
     • ⓐ Totally without cash

     • ⓑ A large sailing ship used to sail in the deep ocean

2 bankrupt •
     • ⓒ An area in another country under another country's control

Grammar

to부정사

● 다음 문장을 읽고, 맞으면 C, 틀리면 I를 선택하시오.

1 I want go home. (C / I)

2 He wants to be rich. (C / I)

3 He wants finding treasure. (C / I)

to부정사 형태와 역할

- to부정사 형태: 'to + 동사원형'
- 동사가 명사, 대명사처럼 주어, 목적어, 보어 위치에 올 때 to부정사를 사용함

A 다음 문장에서 to부정사를 찾아 표시하시오.

1 To stand for a long time is difficult.   오랫동안 서 있는 것은 어렵다.

2 He wants to ride his bike.   그는 자전거를 타고 싶어한다.

3 He plans to ride his bike.   그는 자전거 타는 것을 계획하고 있다.

4 I am glad to meet you.   너를 만나서 반갑다.

5 He hopes to be rich.   그는 부유해지기를 바란다.

6 He has some food to eat.   그는 먹을 음식이 있다.

7 He wants something to drink.   그는 마실 것을 원한다.

8 He needs a new house to live in.   그는 들어가서 살 새 집이 필요하다.

B to를 올바른 위치에 넣어서 문장을 완성하시오.

1 Understand math is important.

  ◐   To understand math   is important.

3 I want read books.

  ◐ I want _____.

5 I hope see you again.

  ◐ I hope _____.

2 My hobby is watch TV.

  ◐ My hobby is _____.

4 I am sorry hear that.

  ◐ I am sorry _____.

6 I am happy see you again.

  ◐ I am happy _____.

to부정사의 명사적 용법

- to부정사는 문장에서 **주어, 목적어, 보어**의 역할을 할 수 있음
- **목적어**: 우리말 해석에 '~을, 를'이 붙음
- **주어**: 우리말 해석에 '~은, 는, 이, 가'가 붙음
- **보어**: 주로 be동사 다음에 위치하는 경우가 많음

C 다음 문장에서 to부정사를 표시하고, 문장에서 하는 역할을 고르시오.

1 To sit in the sunshine is good.　　　　주어　목적어　보어

2 His hobby is to travel.　　　　주어　목적어　보어

3 He likes to dance.　　　　주어　목적어　보어

4 He wants to eat ice cream.　　　　주어　목적어　보어

5 She expects to meet him today.　　　　주어　목적어　보어

6 I wish to travel.　　　　주어　목적어　보어

7 Sally likes to listen to music.　　　　주어　목적어　보어

8 He wants to help her.　　　　주어　목적어　보어

to부정사의 형용사적 용법

- to부정사는 형용사처럼 **명사나 대명사를 꾸며줄** 수 있음
- 형용사적 용법의 to부정사는 주로 꾸며주는 명사, 대명사 바로 다음에 위치함

D 표를 보고 to부정사를 이용해서 문장을 완성하시오.

7:00 am	get up
12:00 pm	have lunch
3:00 pm	come home
5:00 pm	do homework
9:00 pm	go to bed

1 7:00 am → It is ___time to get up___.

2 12:00 pm → It is _____.

3 3:00 pm → It is _____.

4 5:00 pm → It is _____.

5 9:00 pm → It is _____.

E 다음 문장에서 to부정사와 to부정사가 꾸며주는 단어를 표시하시오.

1 I want something to drink.

2 I want something to eat.

3 He has food to share.

4 He has money to spend.

to부정사의 부사적 용법

- to부정사는 **목적, 감정의 원인** 등을 나타낼 수 있음
- **목적**: We do our best (in order) to succeed. 우리는 성공하기 위해 최선을 다한다.
- **감정의 원인**: I am happy to hear the news. 그 소식을 들어서 행복하다.

F 다음 문장에서 to부정사를 표시하고, 목적이나 감정의 원인 중 어느 역할을 하는지 고르시오.

1 He ran fast (to win). 目적 / 감정의 원인

2 I do my best to succeed. 목적 / 감정의 원인

3 He was sad to fail. 목적 / 감정의 원인

4 Everybody is surprised to see him. 목적 / 감정의 원인

5 They exercise to be healthier 목적 / 감정의 원인

G 다음 밑줄 친 부분에 알맞은 to부정사의 용법을 고르시오.

1 I want to be a designer. 명사적 용법 / 형용사적 용법 / 부사적 용법

2 To understand science is important. 명사적 용법 / 형용사적 용법 / 부사적 용법

3 He needs time to sleep. 명사적 용법 / 형용사적 용법 / 부사적 용법

4 He was happy to see her. 명사적 용법 / 형용사적 용법 / 부사적 용법

5 We work hard to succeed. 명사적 용법 / 형용사적 용법 / 부사적 용법

H 다음 주어진 표현을 사용하여 문장을 만드시오.

1 ran fast / to catch the bus. / He 그는 버스를 타기 위해 빨리 달렸다.

→ _____He ran fast to catch the bus._____

2 exercises / His mom / to keep healthy. 그의 엄마는 건강을 유지하기 위해 운동을 한다.

→ _____

3 worked hard / to be a scientist. / Albert Albert는 과학자가 되기 위해 열심히 일했다.

→ _____

to부정사만 취하는 동사

- 대부분의 동사: 두 개의 동사가 연달아 나올 때 to부정사, 동명사 둘 다 올 수 있음

  ex) I like to read. (○) I like reading. (○)

- to부정사만 취하는 동사들, 동명사만 취하는 동사들은 꼭 암기하기!

  ex) I want to be rich. (○) I want being rich. (×)

I 다음 중 올바른 동사형태를 고르시오.

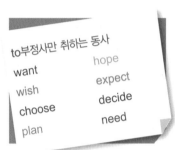

1 I want (ⓐ help ⓑ to help✓ ⓒ helping) them.

2 He decided (ⓐ to stay ⓑ stay ⓒ staying).

3 We plan (ⓐ visit ⓑ visiting ⓒ to visit) Rome.

4 They expect (ⓐ to going ⓑ to go ⓒ going) to N.Y.

5 We wish (ⓐ to be ⓑ be ⓒ to being) with you.

● 아래의 상자에서 알맞은 내용을 골라 to부정사에 대한 설명을 완성하시오.

1 to부정사는 ___ⓔ 'to + 동사원형'___ 의 형태로 나타내요.

2 to부정사의 대표적 3가지 용법은 _____ 용법이에요.

3 to부정사는 명사처럼 _____의 역할을 할 수 있어요.

4 to부정사는 형용사처럼 _____를 꾸며줄 수 있어요.

5 to부정사는 _____ 등을 나타낼 수 있어요.

6 to부정사만 취하는 동사로는 want, hope, need, choose, _____가 있어요.

7 I want to be a singer. 에서 to be a singer는 _____ 용법이에요.

8 I am glad to meet you. 에서 to meet you는 _____ 용법이에요.

ⓐ 주어, 목적어, 보어   ⓑ 명사, 대명사   ⓒ 부사적

ⓓ 명사적   ⓔ 'to+ 동사원형'   ⓕ 목적, 감정의 원인

ⓖ decide, expect, plan, promise   ⓗ 명사적, 형용사적, 부사적

Listening

유형 7 직업 고르기

● 대화를 듣고, 여자아이의 장래희망을 고르시오.

① 수의사　　② 간호사　　③ 예술가　　④ 동물원 관리사　　⑤ 엔지니어

전략 · 직업과 관련된 표현을 잘 들으세요.

전략 적용 해보기!

1 연음 현상에 유의하기

2 직업과 관련된 표현 골라 듣기

○ He is such a great dog.
ⓐ　ⓑ　ⓒ

○ You are so good at ___taking___ ___care___ ___of___ ___animals___.

● 다시 한 번 잘 듣고, 빈칸을 채우시오.

A: My dog is very sick. I sat with him, patted him, and _____him food and water all day, but it _____ _____.

B: I am sorry. Buster is _____ _____ great dog. You are so _____ _____ taking care of animals.

A: Thanks. I do love animals. I want to be a _____ when I am older.

B: You could be a zookeeper and _____ _____ _____exotic animals!

A: Snakes? Gorillas? No way. I think I will stick to the animals I know.

◤ Key Words & Key Expressions ◥

직업(Occupation): **pilot** 비행기 조종사 **author / writer** 작가
designer 디자이너 **cook** 요리사 **architect** 건축가
artist 화가, 예술가 **musician** 음악가 **pianist** 피아니스트
police officer 경찰 **firefighter** 소방관 **farmer** 농부
reporter 리포터 **dentist** 치과의사 **doctor** 의사 **nurse** 간호사

vet 수의사 **engineer** 엔지니어 **scientist** 과학자
hair dresser 미용사 **office worker** 회사원
business person 사업가 **clerk** 사무원, (가게의) 점원
accountant 회계사 **cashier** 출납원 **salesman** 영업사원
housewife 전업주부 **baker** 제빵사 **actor** 배우

연습1 대화를 듣고, 남자아이의 장래희망을 고르시오.

① 조종사　　　　② 치과의사　　　　③ 요리사　　　　④ 배우　　　　⑤ 작가

1 연음 현상에 유의하기	◆ You should be an author.
	ⓐ　　ⓑ　　ⓒ
2 직업과 관련된 표현 골라 듣기	◆ I love to ＿＿＿＿＿＿. I want to be a ＿＿＿＿＿＿.

● 다시 한 번 잘 듣고, 빈칸을 채우시오.

A: Did you ＿＿＿＿＿＿ your short story for English class yet?

B: Sure. It was ＿＿＿＿＿＿. Do you ＿＿＿＿＿＿ to read it?

A: Yes. Wow, it is ＿＿＿＿＿＿ good. You should be an ＿＿＿＿＿＿ when you grow up.

B: I like ＿＿＿＿＿＿, but I have always wanted to be a ＿＿＿＿＿＿. I love to
＿＿＿＿＿＿!

연습2 대화를 듣고, 여자아이의 장래희망을 고르시오.

① 가정주부　　　　② 요리사　　　　③ 판매원　　　　④ 미용사　　　　⑤ 회사원

1 연음 현상에 유의하기	◆ That's a good choice.
	ⓐⓑ　　ⓒ
2 직업과 관련된 표현 골라 듣기	◆ I like to cook ＿＿＿＿＿＿ ＿＿＿＿＿＿.

● 다시 한 번 잘 듣고, 빈칸을 채우시오.

A: Have you decided what you want to do in the ＿＿＿＿＿＿?

B: I am not 100% sure, but I think I ＿＿＿＿＿＿ ＿＿＿＿＿＿ ＿＿＿ be a cook.

A: That's a great ＿＿＿＿＿＿! Can you tell me why?

B: Well, I like to cook different ＿＿＿＿＿＿ and I enjoy watching people eat them.

A: But cooks work so many ＿＿＿＿＿＿. You will not have any time to have fun.

B: Cooking is fun, so that should not be a ＿＿＿＿＿＿.

● 대화를 듣고, 남자아이의 감정을 고르시오.

① 초조한　　　② 짜증난　　　③ 불안한　　　④ 행복한　　　⑤ 슬픈

전략 ▶ 감정과 관련된 어휘와 표현에 귀 기울이세요.

전략 적용 해보기!

1 감정과 관련된 어휘, 표현 잘 듣기

2 동사 시제에 유의하기

○ ⓐ feel sick　　✓ⓑ feel blue　　ⓒ feel cold

○ I'm feeling blue ___today___. She passed away ___yesterday___ .

● 다시 한 번 잘 듣고, 빈칸을 채우시오.

A: Why do you look so _____ today? Do you want to talk?

B: Hi, Jenny. I'm feeling _____ today. My grandma _____ _____ yesterday.

A: Oh my gosh, I am so sorry to hear that. Is there anything I can do?

B: No, but thank you for _____. We knew it was coming _____ she _____ _____ sick for a long time.

A: I know, but it is always hard when we lose people we love.

B: It is _____ ____ _____ goodbye. Thanks for your kind words,

Key Words & Key Expressions

감정(Feeling): blue, gloomy, down, depressed 우울한
bored 지루해하는 lonely 외로운 nervous, anxious 불안해하는
frustrated 좌절한 annoyed, irritated 짜증난
disappointed 실망한 surprised 놀란 shocked 충격을 받은
confused 혼동하는 scared 무서워하는

afraid, frightened 두려워하는 impatient 안달하는
relaxed 느긋한 delighted 기뻐하는 proud 자랑스러워하는
eager 열렬한 cheerful 쾌활한 satisfied 만족해하는
excited 신이 난, 흥분한 couldn't be happier 이보다 행복할 수 없다,
매우 행복하다

연습 1 다음을 듣고, 남자아이가 요즘 학교에 대해 느끼는 감정을 고르시오.

① 즐거운　　　② 불행한　　　③ 신이 난　　　④ 활기찬　　　⑤ 긍정적인

1 감정과 관련된 어휘, 표현 잘 듣기

2 동사 시제에 유의하기

ⓐ excited　　ⓑ different　　ⓒ kind

I ___used___ ___to___ love school. Everything ___has___ ___changed___ .

● 다시 한 번 잘 듣고, 빈칸을 채우시오.

A: I _____ _____ love school. I was _____ to get up in the morning and go there to learn new things. I had one teacher who _____ all of the subjects and she was very kind. Since I started Middle School, everything has _____.
I have _____ _____ _____ homework and I must study every day. I have _____ teachers for each subject.

연습 2 다음을 듣고, 여자의 감정을 고르시오.

① 신이 난　　　② 짜증난　　　③ 자랑스러운　　　④ 지루한　　　⑤ 외로운

1 감정과 관련된 어휘, 표현 잘 듣기

2 동사 시제에 유의하기

She ___couldn't___ ___be___ ___happier___ .

She ___has___ ___always___ ___been___ honest.

● 다시 한 번 잘 듣고, 빈칸을 채우시오.

A: My daughter just _____ middle school. She was in the top of her class. She is excelling at piano lessons, and is hoping to get the spotlight _____ in the summer recital. She is a very _____ worker and I think she deserves it. She has always been caring, outgoing, and _____. Her father and I couldn't be _____ with her success.

Test 1

● 1번부터 6번까지는 듣고 답하는 문제입니다. T17

01 다음을 듣고, 여자가 설명하는 것이 무엇인지 고르시오.

① 고무장화 　　② 모자

③ 우산 　　　　④ 튜브

⑤ 우비

02 다음을 듣고, 주어진 질문에 알맞은 응답을 고르시오.

① Sorry, it's not. 　② Yes, I want to.

③ No, I don't. 　　④ Yes, I do.

⑤ Of course I knew that.

03 대화를 듣고, Sally가 갖고 싶은 직업을 고르시오.

① fashion designer 　② principal

③ architect 　　　④ doctor

⑤ engineer

04 대화를 듣고, 여자아이의 마지막 말의 의도를 고르시오.

① 사과하기 　　② 비판하기

③ 확신시키기 　④ 위로하기

⑤ 충고하기

05 대화를 듣고, 언급되지 <u>않은</u> 것을 고르시오.

① 파티 참여 인원 수 　② 파티 준비물

③ 파티 장소 　　　④ 파티 시간

⑤ 파티 종류

06 대화를 듣고, 남자아이의 감정을 고르시오.

① 신이 난 　　② 활기찬

③ 초조한 　　④ 실망한

⑤ 자랑스러운

● 여기부터는 읽고 답하는 문제입니다.

07 다음 대화에서 빈칸 (A), (B)에 들어갈 말로 바르게 짝지어진 것은?

A: What's up? You look really _____(A)_____.

B: I got an A on my math test.

A: Good for you. Do you like math?

B: Yes, math is one of my favorite _____(B)_____.

① happily – subject

② happily – subjects

③ happy – subjects

④ happy – subject

⑤ happy – subjective

Hi Jane,
We arrived in Rome and we saw many interesting places in Rome.
Then we visited Vatican City. I was very impressed by the amazing paintings. Our next destination was Pisa. We saw the Leaning Tower of Pisa. I _____(A)_____ to see the tower. We did not stop there. We moved on to Venice. Venice did not disappoint me. It was a beautiful city. _____(B)_____ an amazing trip I had in Italy! I will tell you all the great things about Italy when I go back!
Love,
Sally

08 윗글의 밑줄 친 (A)에 들어갈 말로 알맞은 것은?

① shock
② shocking
③ will shock
④ shocked
⑤ was shocked

09 윗글의 밑줄 친 (B)에 들어갈 알맞은 것은?

① Which
② Who
③ What
④ How
⑤ Why

10 윗글의 내용과 일치하지 않는 것은?

① Sally가 Jane에게 쓴 편지글이다.
② Sally는 로마에서 여러 유적지들을 방문했다.
③ Sally는 바티칸시국에서 명화들을 감상했다.
④ Sally는 혼잡한 베니스에 크게 실망했다.
⑤ Sally는 이탈리아 여행이 아주 만족스러웠다.

11 다음 글에서 밑줄 친 this가 가리키는 것은?

There are many things to see and do in Italy. But even if you can't visit, you can still enjoy some Italian culture. Italian food is popular around the world. You can experience this in your home country!

① 콜로세움 방문
② 이탈리아 여행
③ 세계 곳곳의 문화 체험
④ 이탈리아 관광
⑤ 이탈리아 음식

12 밑줄 친 단어들과 같은 의미를 가진 것들로 바르게 짝지어진 것은?

> · Some of Italy's most __(A) well-known__ renaissance art is in Vatican City.
> · The __(B) ancient__ city of Rome grew into a huge empire that lasted for over 1,000 years.
> · They use these __(C) clues__ to help the police.

	(A)	(B)	(C)
①	popular	new	tips
②	famous	old	pictures
③	popular	old	prints
④	famous	old	tips
⑤	famous	new	tips

13 다음 중 to부정사의 용법이 다른 하나는?

① I need a book to read.
② He has something to tell you.
③ I am going to tell you a secret.
④ Jane has an older sister to rely on.
⑤ There are many friends to help you.

14 밑줄 친 부분이 문법적으로 틀린 것은?

① She will join the team this Saturday.
② I am going to attend the meeting.
③ He decided hiring a new person.
④ Some people like apples. Others like oranges.
⑤ There is a girl sitting on a bench.

[15-17] 다음 글을 읽고, 물음에 답하시오.

> Have you been to Korea? There are many things to see and do ____(A)____ Korea. The Korean Peninsula ____(B) surround____ by the sea. Seoul has a great subway system. ___(C) This___ is evident in the fact that it is rated as one ____(D)____ the best public transportation systems in the world.

15 윗글의 빈칸 (A)와 (D)에 각각 들어갈 말로 바르게 짝지어진 것은?

① at – in   ② in – of   ③ on – in
④ on – of   ⑤ of – in

16 윗글의 밑줄 친 (B) surround의 알맞은 형태는?

① surround   ② surrounding
③ surrounded   ④ to surround
⑤ is surrounded

17 윗글의 (C)의 <u>This</u>가 가리키는 것은?

① 서울이 반도 국가라는 것

② 서울이 매력적인 도시라는 것

③ 서울이 매우 번잡한 도시라는 것

④ 서울이 훌륭한 지하철 시스템을 갖추고 있다는 것

⑤ 서울이 훌륭한 대중 교통 시스템을 갖추고 있다는 것

18 밑줄 친 부분의 뜻이 알맞지 <u>않은</u> 것은?

① <u>Ice cream tasters</u> are also called food scientists. (아이스크림 감식가)

② <u>A personal shopper</u> can help with all kinds of shopping. (개인을 위한 구매 대행자)

③ <u>Marine archeologists</u> study the ocean floor looking for old ships. (해양 고고학자)

④ <u>Forensic scientists</u> collect fingerprints, footprints, and hair. (법의학자)

⑤ <u>Park rangers</u> take care of the animals and plants in the parks. (공원 설계자)

19 주어진 단어들을 사용하여 문장을 완성하시오.

make   This   feel   you   better.   will

➡ _____

20 주어진 우리 말을 영어로 완성하시오.

(**1**) 우리는 당신을 돕기로 결정했다.

➡ _____

(**2**) 나는 서울에서 10년간 살아왔다.

➡ _____

Unit **5** Amazon Eco Tours

nature

explore

hike

diverse

dish

ingredient

house

canoe

● 알고 있는 단어에 체크해 보시오.

☐ prey	☐ scenery	☐ learn
☐ squawk	☐ authentic	☐ hike
☐ loom	☐ world–famous	☐ native
☐ nature	☐ diverse	☐ cuisine
☐ experience	☐ ecosystem	☐ meal
☐ rainforest	☐ house	☐ prepare
☐ bring	☐ species	☐ ingredient
☐ firsthand	☐ discover	☐ dish
☐ canoe	☐ explore	☐ register
☐ fresh	☐ fascinating	☐ form

Vocabulary

A 잘 듣고 큰소리로 따라 말하며 빈칸을 채우시오. 🔊 T18

No.	Korean	English	Collocation
1	명 먹이, 사냥감	prey	hunt _____ 먹이를 사냥하다
2	동 꽥꽥 울다	squawk	_____ all day and night 하루 종일 꽥꽥 울다
3	동 어렴풋이 보이다	loom	_____ in the shadows 어둠 속에서 어렴풋이 보이다
4	명 자연, 본성	nature	_____ preserve 자연 보존 지역
5	명 경험, 체험 동 경험하다	experience	practical _____ 실제적인 경험
6	명 열대 우림	rainforest	_____ climate 열대 우림 기후
7	동 가져오다, 야기하다	bring	_____ down ~을 줄이다(낮추다)
8	부 직접, 바로 형 직접 얻은	firsthand	learn _____ 직접 배우다
9	명 카누 동 카누를 타다	canoe	paddle a _____ 카누를 노 저어 나가다
10	형 신선한, 상쾌한	fresh	_____ bread 갓 구운 빵
11	명 경치, 무대 장치	scenery	open _____ 탁 트인 경치
12	형 진품인, 진짜인	authentic	_____ model 진짜와 똑같게 만든 모형
13	형 세계적으로 유명한	world-famous	_____ monument 세계적으로 유명한 기념물
14	형 다양한	diverse	_____ people 다양한 사람들
15	명 생태계	ecosystem	preserve the _____ 생태계를 보존하다
16	명 집 동 거처를 제공하다	house	_____ refugees 난민들에게 거처를 제공하다
17	명 종(생물 분류 단위)	species	endangered _____ 멸종 위기에 처한 종
18	동 발견하다, 찾다	discover	accidentally _____ 우연히 발견하다
19	동 탐험하다, 탐구하다	explore	_____ a cave 동굴을 탐험하다

No.	Korean	English	Collocation
20	형 흥미로운, 매력적인	fascinating	a _____ read 흥미로운 읽을거리
21	동 배우다, 암기하다	learn	_____ to swim 수영을 배우다
22	명 하이킹, 도보 여행	hike	_____ a trail 하이킹하다
23	형 토박이의, 타고난	native	_____ species 토종
24	명 요리법, 요리	cuisine	Italian _____ 이탈리아 요리
25	명 식사, 끼니	meal	eat between _____s 간식을 먹다
26	동 준비하다, 마련하다	prepare	_____ the table 식탁을 차리다
27	명 재료, 성분, 요소	ingredient	essential _____ 필수 요소
28	명 접시, 요리	dish	main _____ 메인 요리
29	동 등록하다, 기록하다	register	_____ a birth 출생신고를 하다
30	명 서식, 방식 동 구성하다	form	an application _____ 지원서

B 영어는 우리말로, 우리말은 영어로 쓰시오.

1		loom	9	먹이, 사냥감	
2		fascinating	10	신선한, 상쾌한	
3		nature	11	꽥꽥 울다	
4	배우다, 암기하다		12		diverse
5	열대 우림		13	경험, 체험, 경험하다	
6		native	14		house
7		canoe	15	가져오다, 야기하다	
8	준비하다, 마련하다		16		discover

C **A** 에서 학습한 내용을 활용하여 빈칸을 채우시오.

1 _____ in the shadows

2 _____ preserve

3 _____ climate

4 paddle a _____

5 _____ bread

6 _____ people

7 endangered _____

8 accidentally _____

9 a _____ read

10 _____ to swim

D 다음 중 알맞은 단어를 골라 문장을 완성하시오.

1 The eagle was looking for its (prey / squawk).

2 He asked me to (bring / house) something to drink.

3 The scientist loved to study the rainforest and its (hike / ecosystem).

4 The officer asked us to fill out the (nature / form).

5 Because it was really (firsthand / world-famous), everyone knew about it.

6 His favorite kind of food is Italian (cuisine / prey).

7 It was missing one key (dish / ingredient), so the food tasted strange.

E 주어진 단어를 보고, 두 문장에 공통으로 들어갈 단어를 골라 써 넣으시오.

1 With little _____, he wasn't likely to get the job.

Even though the intern wasn't paid, she liked gaining the _____.

2 They really enjoyed watching the _____ go by during the train ride.

The lovely _____ is what made the hotel successful.

3 The speaker's accent was so _____ that it was easily understood.

The taste of the _____ kimchi was better than what was found outside of Korea.

4 The two set off to _____ the new city with great excitement.

The sailor was hoping to _____ a new island on his journey.

Word Bank

authentic   native   explore   scenery   diverse   experience

Reading

❶ A jaguar runs up and catches its prey. A macaw squawks as a python slithers past. A piranha brushes past a plant while it is swimming. Far above the ground, the tops of the trees loom, covering the sky.

❷ Are you watching a nature documentary? No, you are on an Amazon Eco Tour, experiencing the wonders of the Amazon rainforest.

Q1 Why does the writer mention a nature documentary?

   a. To teach about the wonders of the rainforest

   b. To show how amazing Amazon Eco Tours are

On Amazon Eco Tours, we bring the Amazon to you. On our tours, you will experience the rainforest firsthand. You could be canoeing up the Amazon. You could be taking a fresh rain forest shower. You could even be just enjoying the scenery.

❸ We will make sure your experience is authentic!

❹ The Amazon rainforest is world-famous. It has one of the most diverse ecosystems on Earth. It houses hundreds of mammal species, thousands of kinds of trees, and millions of insect types! Amazingly, scientists are still finding new species in the Amazon. In fact, they think there are thousands more to discover.

Q2 Why is the Amazon rainforest world-famous?

a. It is a very authentic experience.

b. Its ecosystem has a lot of variety.

Come with us and explore this fascinating place. Learn about the Amazon while you are hiking in its rainforest. Our native guide will tell you about the amazing animals and plants around you.

Enjoy Amazon cuisine while you are camping at one of our eco sites! Your meals will be prepared using only local ingredients for the traditional dishes.

❺ Sign up for one of our tours today! To register for a tour, fill out the form below. Come and join us for the trip of a lifetime! We look forward to seeing you!

Q3 How can someone sign up for a tour?

a. Complete a form　　　　b. Pay with a credit card

1 A jaguar runs up and **catches** its prey.

3인칭 단수 현재시제

- 3인칭 단수 현재시제 동사에는 's'를 붙인다. 이때 −ch, −sh로 끝나는 동사는 'es'를 붙인다.

  ex) Jane **watches** the scene carefully.

2 **Are you watching** a nature documentary?

현재진행형

- 현재진행시제는 'be동사 + ~ing'의 형태로 사용된다.

  ex) **I am doing** my homework.

3 We will **make sure** your experience is authentic!

make sure 구문

- '반드시 ~하도록 하다, ~을 확실히 하다'라는 뜻을 나타낼 때 make sure로 표현한다. 이때 make sure 다음에는 구(phrase)가 아닌, 완전한 문장이 온다.

  ex) **Make sure** this will not happen again.

4 The Amazon rainforest is **world-famous**.

world−famous 구문

- '세계적으로 유명한'이라는 뜻이며, 명사 앞에 사용할 수도 있고, be동사 다음에 사용할 수도 있다.

  ex) She is a **world-famous** author. Her books are **world-famous**.

5 **Sign up** for one of our tours today!

명령문

- 명령문은 동사의 원형으로 시작되며 주어인 you가 숨겨져 있어 나타나지 않는다.

  ex) **Come** with us. **Learn** about the Amazon.

Reading Comprehension

A 질문에 알맞은 답을 고르시오.

1 이 글은 무엇에 관한 것인지 고르시오.

    a. A special kind of tour   b. An amazing ecosystem

    c. A great guide

2 이 글을 쓴 목적으로 가장 적절한 것을 고르시오.

    a. To get people to sign up for Amazon Eco Tours

    b. To ask people to save the Amazon

    c. To teach people about the rainforest

3 Amazon Eco Tour에 대한 내용 중 사실이 <u>아닌</u> 것을 고르시오.

    a. You can learn a lot about the rainforest.

    b. You can eat local food while camping.

    c. You can enjoy hunting for dangerous animals.

B 주어진 단어를 활용하여 빈칸을 채우시오.

1 The _____ Amazon rainforest

  ○ has a very diverse _____

  ○ houses hundreds of mammal _____

2 An Amazon _____ customer

  ○ _____ the rainforest

  ○ experiences it _____

  ○ enjoys the scenery and Amazon _____

3 The _____ guide

  ○ talks about the amazing

    animals and _____

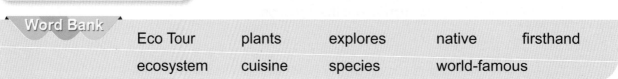

Word Bank

Eco Tour	plants	explores	native	firsthand
ecosystem	cuisine	species	world-famous	

► Reading Focus

Recognizing Specific Purpose (구체적 목적 찾기)
작가의 의도를 파악하여 글의 목적을 찾는다!

'작가가 왜 이 글을 썼을까?, 이 글을 쓴 이유는 무엇일까?'를 생각해 보세요. 이것이 작가의 **purpose**, 목적입니다. 작가가 글을 쓴 이유를 이해할 수 있다면, 우리는 좀 더 쉽게 글의 주제를 파악할 수 있어요. 작가의 목적은 직접적으로 쓰여지기도 하지만, 추론이 필요한 경우도 있답니다.

● 자주 등장하는 글의 목적

1 **설득** : 광고글처럼 어떠한 내용에 동의를 구하거나 무언가를 하게 하려고

2 **정보 제공** : 교과서의 글처럼 어떠한 내용을 가르치거나 정보를 전달하려고

3 **즐거움 제공** : 소설처럼 독해 자체의 즐거움과 흥미를 주려고

● 전략적 읽기의 열쇠

1 이 글이 무언가에 대한 동의를 구하고 있나요? ➡ 그렇다면 글의 목적은 설득!

2 이 글이 많은 양의 정보를 제공하고 있나요? ➡ 그렇다면 글의 목적은 정보 제공!

3 이 글의 내용이 흥미롭고 여러분을 웃게 만들었나요? ➡ 그렇다면 글의 목적은 즐거움 제공!

연습 다음 글을 읽고, 질문에 알맞은 답을 고르시오.

The Amazon rainforest is huge. It covers over 6 million km². But although the Amazon is huge, it is in danger. It is shrinking rapidly. Every year, more of the rainforest is cut down—either for wood or for farming. We need to stop this! For a healthy planet, we need the Amazon rainforest!

● 윗글의 목적으로 알맞은 것을 고르시오.

   a. To teach about the rainforest

   b. To persuade us to help the rainforest

   c. To entertain us with a rainforest story

Grammar

● 현재시제 & 현재진행시제

● 다음 문장을 읽고, 맞으면 C, 틀리면 I를 선택하시오.

1 A tiger catch its prey. (C / I)

2 Do you watching a movie? (C / I)

3 Mt. Everest is famous. (C / I)

● 현재시제의 역할

• 일상적인 습관, 반복적인 동작을 나타냄　　• 일반적인 사실이나 변하지 않는 진리 등을 나타냄

• 현재의 생각, 감정, 상태 등을 나타냄

Ⓐ 다음 현재시제 문장이 어느 역할을 하는지 고르시오.

1 I go to bed at 10:00.	(일상습관/반복동작)	사실/진리	생각/감정/상태
2 I like ice cream.	일상습관/반복동작	사실/진리	생각/감정/상태
3 Spiders have eight legs.	일상습관/반복동작	사실/진리	생각/감정/상태
4 I think health is important.	일상습관/반복동작	사실/진리	생각/감정/상태
5 The Sun is bigger than the Earth.	일상습관/반복동작	사실/진리	생각/감정/상태
6 I feel cold.	일상습관/반복동작	사실/진리	생각/감정/상태

● 빈도부사

• 빈도부사: 현재시제와 자주 함께 사용함　　• 빈도부사 위치: be동사 뒤! 일반동사 앞!

• 빈도부사의 종류: always(항상), usually(보통), often(종종), sometimes(가끔), never(절대로 ~하지 않는)

Ⓑ 다음 문장에서 빈도부사의 위치를 찾아 표시하고 써 넣으시오.

1 I am happy. (always)
　　always

2 He gets up at 7:00. (usually)

3 She is hungry. (often)

4 She plays the piano. (sometimes)

일반동사 현재형의 형태

- 주어가 1인칭, 2인칭, 복수일 때는 동사원형 사용
- 주어가 3인칭 단수(he, she, it)일 때는 동사원형 +s / +es

동사	주어: I, you, we, they	주어: he, she, it
대부분의 동사 +s	like, run, stand	likes, runs, stands
–ss, –sh, –ch, –x, –o 로 끝난 동사 +es	kiss, brush, catch, fix, go	kisses, brushes, catches, fixes, goes
자음 +y로 끝난 동사 y를 i로 고치고 +es	cry, study *모음 +y로 끝난 동사(play) +s	cries, studies *plays

C 동사의 올바른 현재형으로 빈칸을 채우시오.

1	I like ⋯	He __likes__ ⋯	6	I go ⋯	She _____ ⋯
2	They run ⋯	She _____ ⋯	7	You try ⋯	He _____ ⋯
3	I brush ⋯	He _____ ⋯	8	I cry ⋯	He _____ ⋯
4	I teach ⋯	She _____ ⋯	9	We carry ⋯	It _____ ⋯
5	We watch ⋯	He _____ ⋯	10	I play ⋯	He _____ ⋯

D 다음 보기 중 옳은 것을 골라 문장을 완성하시오.

1 A jaguar ____runs____ up and ____catches____ its prey.
　　　　　　run / runs　　　　　　catch / catches

2 Max _____ milk and his parents _____ coffee.
　　　drink / drinks　　　　　　　　　　　drink / drinks

3 The baby _____ at night but his brothers _____.
　　　often cries / cries often　　　　　　　cry never / never cry

4 After dinner, Dad _____ TV and Mom _____ a book.
　　usually watches / never watch　　　　never read / usually reads

현재진행시제 의미, 역할, 형태

- 의미: '~하고 있는 중이다'
- 역할: 말하고 있는 순간에 일어나고 있는 **동작**을 나타냄
- 형태: be동사(am / are / is) + 동사원형ing

동사	+ing	ex)
대부분의 동사	동사원형 +ing	enjoying, finding
e로 끝난 동사	e를 빼고 +ing	hiking, using
'단모음 + 단자음'으로 끝난 동사	마지막 자음 한 번 더 쓰고 +ing	swimming, running

E 다음 동사들을 동사의 ing 형태로 쓰시오.

1 brush → _____brushing_____ 2 enjoy → _____

3 find → _____ 4 camp → _____

5 take → _____ 6 use → _____

7 swim → _____ 8 run → _____

9 come → _____ 10 explore → _____

11 stop → _____ 12 sit → _____

F 다음 문장을 주어진 동사를 활용하여 현재진행형으로 만드시오.

1 I _____am watching_____ TV. (watch) 2 I _____ a letter. (write)

3 You _____ the scenery. (enjoy) 4 You _____ with me. (swim)

5 He _____ at the park. (run) 6 She _____ at me. (smile)

7 We _____ in the forest. (hike) 8 We _____ the bag. (find)

9 They _____ at the desk. (sit) 10 They _____ a bike. (ride)

G 다음 문장에서 **틀린** 부분을 찾아 표시하고, 바르게 고치시오.

1 I am ~~being~~ Korean. 2 He is being twelve years old.

3 I riding my bike now. 4 He is swims right now.

현재시제 vs. 현재진행시제

• 현재: 일상적인 생활 속에서 습관적이고, 반복적으로 일어나는 동작이나 상태를 나타냄

• 현재진행: 말하고 있는 순간 일어나고 있는 동작을 나타냄

H 다음 문장을 읽고, 맞으면 C, 틀리면 I를 선택하시오.

1 The pretty girl is smileing now. (C / **I**)

2 It is cold in winter in Canada. (C / I)

3 My mom always gets up early in the morning. (C / I)

4 My dad comes back usually at 8:00. (C / I)

I 현재시제와 현재진행시제 중 더 적합한 것을 골라 문장을 완성하시오.

1 I usually ____get up____ at 7. (get up)　　**2** He _____ now. (get up)

3 She _____ music now. (enjoy)　　**4** She always _____ music. (enjoy)

Post

● 아래의 상자에서 알맞은 내용을 골라 현재시제와 현재진행시제에 대한 설명을 완성하시오.

1 현재시제는 ___ⓖ 일상적인 습관, 반복적인 동작___ 을 나타내요.

2 현재시제는 _____ 등을 나타내요.

3 현재시제는 현재의 _____ 등을 나타내요.

4 현재시제에 자주 사용되는 빈도부사는 _____에 위치해요.

5 일반동사의 현재시제에서 주어가 3인칭 단수일 때는 _____를 붙여요.

6 주어가 3인칭 단수일 때 _____로 끝난 동사는 −es를 붙여요.

7 현재진행시제의 의미는 _____라는 뜻이에요.

8 현재진행시제 형태는 _____이에요.

ⓐ be동사 뒤, 일반동사 앞	ⓑ 동사원형에 +s / +es	ⓒ −ss, −ch, −sh, −x, −o
ⓓ '～하고 있는 중이다'	ⓔ 생각, 감정, 상태	ⓕ 'be동사 + 동사원형ing'
ⓖ 일상적인 습관, 반복적인 동작	ⓗ 일반적인 사실, 변하지 않는 진리	

Listening

유형 9 할 일 고르기

● 대화를 듣고, 여자아이가 할 일을 고르시오.

① 선생님께 연락하기　　　② 이메일 보내기　　　③ 온라인으로 정보 찾기

④ 친구들과 함께 놀러 나가기　　　⑤ 방 치우기

전략 ▶ Will은 의지, 계획을 나타낸다는 것을 기억하세요.

전략 적용 해보기!

1 의지, 계획을 나타내는 will 찾기

2 미래를 나타내는 be going to 잘 듣기

○ When ___will___ you do yours?

○ _I'm_ _going_ _to_ work on it.

● 다시 한 번 잘 듣고, 빈칸을 채우시오.

A: Hi, Josh! _____ _____ _____ the geography homework?

B: Sure did. It was super easy. All you really _____ ____ ____ is search for the information online.

A: I didn't realize it was that easy. What search engine did you use?

B: I used Englishunt. It always has the best results. When _____ you do yours?

A: _____ _____ ____ work on it right now. Thank you for the tip.

Key Words & Key Expressions

will의 축약형: I will = I'll you will = you'll he will = he'll she will = she'll it will = it'll we will = we'll they will = they'll
학용품(School Supplies): glue 풀 scissors 가위 ruler 자 compass 나침반 eraser 지우개 tape 테이프 paper clip 클립 stapler 스테이플러

학과목(Subject): geography 지리 history 역사 Korean history 한국사 World history 세계사 science 과학 chemistry 화학 physics 물리학 P.E. 체육 ethics 윤리 social studies 사회 home economics 가정 art 미술 music 음악

연습1 대화를 듣고, 남자가 할 일을 고르시오.

① 딸의 작문 숙제 도와주기　　② 방학 계획 짜기　　③ 텔레비전 보기

④ 프린터 잉크 사러 가기　　⑤ 식료품 사러 가기

> 1 의지, 계획을 나타내는 will 찾기
>
> 2 미래를 나타내는 be going to 잘 듣기

◎ When _____ you finish?

◎ _____ _____ _____ go get some for you.

● 다시 한 번 잘 듣고, 빈칸을 채우시오.

A: Mary, is your science project finished?

B: Almost. I have all the materials put together and the essay is _____, but I _____ glue some explanations to the board.

A: What is stopping you? When _____ _____ finish?

B: Well... Dad, the printer is out of ink.

A: No problem. _____ _____ _____ go get some for you right now.

연습2 대화를 듣고, 여자아이가 할 일을 고르시오.

① 강아지 산책 시키기　　② 강아지 목욕 시키기　　③ 점심 식사 준비하기

④ 강아지 먹이 주기　　⑤ 애완동물과 놀아 주기

> 1 의지, 계획을 나타내는 will 찾기
>
> 2 미래를 나타내는 be going to 잘 듣기

◎ When _____ you feed him?

◎ I _____ _____ _____ feed him now.

● 다시 한 번 잘 듣고, 빈칸을 채우시오.

A: Honey, did you feed the dog?

B: No, _____ _____. But I gave him fresh water.

A: That is great, but Rex needs to eat. _____ you _____ today?

B: Yes. I had breakfast and lunch, and I'll eat a snack in a little later.

A: Well, Rex _____ only _____ once today. When _____ you feed him?

B: I _____ _____ _____ feed him now.

● 대화를 듣고, 무엇에 관한 내용인지 가장 적절한 것을 고르시오.

① 등교 전 할 일　　　　　② 치과 방문　　　　　③ 방 청소

④ 바른 양치질 방법　　　　⑤ 장래 희망

전략 ▶ 중심 내용을 나타내는 문장을 고르세요.

전략 적용 해보기!

1 주제문 고르기

2 주제와 관련된 표현 익히기

◐ I have to go to the ___dentist___ .

◐ I have to get my teeth (ⓐ cleaning ☑ cleaned).

● 다시 한 번 잘 듣고, 빈칸을 채우시오.

A: Do you want to go to the _____ after school?

B: I can't. I _____ _____ go to the _____ . Honestly, I am a little nervous.

A: Why? Do you have a _____ ?

B: No, I just have to _____ my teeth _____ .

A: Then, there is nothing to worry about. Teeth _____ are painless.

B: I hope so!

Key Words & Key Expressions

주제를 소개하는 표현:

I'd like to talk today about~ 오늘 ~에 대해 이야기 해드리겠습니다.

I'm going to present / explain~ ~에 대한 소개를 / 설명을 해드리겠습니다. **The subject of my talk is~** 오늘 저의 발표 주제는 ~ 입니다.

The purpose of my speech is~ 오늘 연설의 목적은 ~ 입니다.

체중과 다이어트에 관련된 표현:

struggle with extra weight 과체중과 싸우고 있다

lose weight 체중이 감소하다 **gain weight** 체중이 증가하다

change diet 식단을 바꾸다

연습1 다음을 듣고, 무엇에 관한 내용인지 가장 적절한 것을 고르시오.

① 체중 감량 성공의 방법   ② 질병의 종류   ③ 건강 식단의 조건

④ 운동의 올바른 방법   ⑤ 비만의 원인

1 주제문 고르기

2 주제와 관련된 표현 익히기

○ <u>I</u> <u>will</u> <u>tell</u> <u>you</u> how I lost about 10 kilograms.

○ We all struggle with extra (ⓐ diet   ⓑ weight).

● 다시 한 번 잘 듣고, 빈칸을 채우시오.

A: Thank you for inviting me to speak with you today. We all struggle with _____ _____ and today I will tell you how I _____ about 10 kilograms. First, I changed my _____. I cut out bread and sweets. Second, I started _____. In the beginning I walked, and eventually I started running. Small and slow changes made all the _____.

연습2 대화를 듣고, 무엇에 관한 내용인지 가장 적절한 것을 고르시오.

① 주말 계획   ② 좋아하는 과목들   ③ 방과 후에 할 일

④ 생일 파티   ⑤ 피아노 대회 준비

1 주제문 고르기

2 주제와 관련된 표현 익히기

○ What are you going to do <u>after</u> <u>school</u> ?

○ I'm going to do my <u>homework</u> .

● 다시 한 번 잘 듣고, 빈칸을 채우시오.

A: What are you going to do _____ _____?

B: I have a piano lesson and then math tutoring. Then, I have to finish my English and history homework. _____ _____ you?

A: I am going to _____ _____ _____ my friends and do my homework, too.

Unit 6 Rainforest Diary

kill

curious

alone

fetch

poison

delicious

discharge

locate

● 알고 있는 단어에 체크해 보시오.

☐ Tuesday	☐ quite	☐ deadly
☐ time	☐ grab	☐ appear
☐ special	☐ pick	☐ include
☐ locate	☐ adventure	☐ poison
☐ cover	☐ fetch	☐ enough
☐ area	☐ pit	☐ kill
☐ reason	☐ delicious	☐ powerful
☐ flow	☐ curious	☐ harmless
☐ discharge	☐ Saturday	☐ alone
☐ Friday	☐ humid	☐ sad

Vocabulary

T22

A 잘 듣고 큰소리로 따라 말하며 빈칸을 채우시오.

No.	Korean	English	Collocation
1	명 화요일	Tuesday	every _____ 매주 화요일
2	명 시간	time	on _____ 제 시간에
3	형 특별한, 특유의	special	a _____ offer 특가 제공
4	동 위치하다, 두다	locate	_____ the source 출처를 찾다
5	동 가리다 명 덮개	cover	cushion _____ 쿠션 덮개
6	명 지역, 구역, 분야	area	rural _____ 시골 지역
7	명 이유, 이성	reason	for good _____ 타당한 이유로
8	명 흐름 동 흐르다	flow	the _____ of the river 강물의 흐름
9	동 흐르다, 방출하다	discharge	_____ water 물을 방출하다
10	명 금요일	Friday	this _____ 이번 주 금요일
11	부 꽤, 아주, 정말	quite	_____ well 꽤 잘하는
12	동 움켜잡다	grab	_____ a snack 간식을 먹다
13	동 고르다, (과일 등을) 따다	pick	_____ apples 사과를 따다
14	명 모험	adventure	bold _____ 대담한 모험
15	동 가지고 오다	fetch	_____ the ball 공을 가지고 오다
16	명 큰 구덩이	pit	enormous _____ 거대한 구덩이
17	형 아주 맛있는	delicious	_____ meal 맛있는 식사
18	형 궁금한, 호기심 많은	curious	_____ boy 호기심 많은 소년
19	명 토요일	Saturday	_____ night 토요일 밤
20	형 습한	humid	_____ atmosphere 습한 환경

No.	Korean	English	Collocation
21	혱 치명적인 뷔 지독히	deadly	_____ disease 치명적인 질병
22	동 ~인 것 같다, 나타나다	appear	_____ a fool 바보같이 보이다
23	동 포함하다, 포함시키다	include	tax _____d 세금이 포함된
24	명 독 동 오염시키다	poison	_____ gas 독가스
25	혱 충분한 뷔 충분히	enough	_____ room 충분한 공간
26	동 죽이다	kill	_____ time 시간을 때우다
27	혱 영향력 있는, 강력한	powerful	_____ speech 힘 있는 연설
28	혱 무해한, 악의 없는	harmless	_____ to humans 인체에 무해한
29	뷔 혼자 혱 외로운	alone	stand _____ 독립하다, 분리되다
30	혱 슬픈, 아쉬운	sad	_____ news 슬픈 소식

B 영어는 우리말로, 우리말은 영어로 쓰시오.

1		Tuesday	9	이유, 이성	
2		flow	10		include
3	가리다, 덮개		11		time
4		quite	12	금요일	
5	지역, 구역, 분야		13		special
6		fetch	14	움켜잡다	
7	흐르다, 방출하다		15		locate
8		Saturday	16	고르다, 따다	

C **A** 에서 학습한 내용을 활용하여 빈칸을 채우시오.

1 every _____

2 the _____ of the river

3 _____ well

4 _____ the ball

5 _____ night

6 tax _____ ___d

7 _____ gas

8 _____ room

9 _____ speech

10 _____ to humans

D 다음 중 알맞은 단어를 골라 문장을 완성하시오.

1 He really wanted to pack his bags and go on a(n) _____.

① Amazon   ② square   ③ adventure   ④ Friday

2 The cake was the most _____ one she had ever tasted.

① delicious   ② curious   ③ humid   ④ harmless

3 It was very difficult to _____ the final puzzle piece.

① reason   ② locate   ③ kill   ④ flow

4 She was quite cold, so she moved closer to the fire _____.

① deadly   ② cover   ③ grab   ④ pit

5 His mother always told him he was a very _____ little boy.

① poison   ② alone   ③ special   ④ enough

E 주어진 단어를 보고, 빈칸에 들어갈 단어를 골라 써 넣으시오.

1 I am so _____ to hear that you are leaving.

2 The police suspected that he had died because of _____ in the tea.

3 They were all so cute, so it was hard to _____ a puppy to take home.

4 He had never visited the _____ before and became lost.

5 The fairy seemed to _____ from nowhere like magic.

Word Bank

area   humid   appear   poison   sad   pick

Reading

April 26, Tuesday

My Time in the Amazon Rainforest

I am having a special week. I am excited to spend time in the Amazon rainforest. The Amazon rainforest is located in South America. ❶ It is known for many different species. It is huge, covering an area of 2.5 million square miles. The Amazon River is one of the reasons why the forest is so populated. It flows more than 4,000 miles to discharge its water in the Atlantic Ocean. ❷ I saw many things today that I have never seen before.

Q1   What makes the forest populated?

     a. The Amazon River   b. The Atlantic Ocean

April 29, Friday

The Most Delicious Meal

Everything is quite different here. I had another exciting day. As I got up, a spider monkey jumped down from the canopy. ❸ It tried to grab the fruit we picked.

Making dinner was another adventure for me. We fetched water from the Amazon River. ❹ Then, we used it to clean the table. After that, we made a fire pit to cook the meat. It was one of the most delicious meals I've ever had. I am curious to see what is waiting for me tomorrow!

Q2 What did she do first?

a. She saw a spider monkey.

b. She made a fire pit.

April 30, Saturday
Meeting with Deadly Animals

It is hot and humid
throughout the year here.
❺ However, it is now getting
cooler. More deadly animals
are starting to appear,
including the poison dart
frog. Our guide told us it is

very small in size, however it
is poisonous enough to kill up
to 100 people. It has the most
powerful poison known to
man. The good news is that
it is harmless if left alone.
I'm learning so much here. I
know I'll be sad to go home
in a few days.

Q3 Choose the words that express her feelings on the last day.

a. sorry, miss her trip   b. happy, do not care

1 It **is known for** many different species.

be known for 구문

- '~로 잘 알려져 있다'라는 뜻으로 이 구문 뒤에는 대개 유명하거나 잘 알려진 이유가 쓰인다.

  ex) Paris **is known for** its fashion.

2 I **saw** many things today that I have never seen before.

불규칙 과거시제

- 규칙동사와는 달리, 불규칙 동사의 과거형은 기억해야 한다.

  ex) We **made** a fire pit to cook the meat.

3 It **tried to** grab the fruit we picked.

try to 구문

- '~을 하려고 노력하다'는 try동사를 활용해 try to do something으로 표현 할 수 있다.
  try to는 무엇인가를 해 보는 것에 대한 행동에 초점이 맞춰져 있다면, try ~ing는 어떤 것을 함으로써
  나오는 결과에 대한 관심까지 포함한다.

  ex) We **tried to** persuade her not to go, but she wouldn't listen.
      I **tried turning** the PC off and on.

4 Then, we **used** it to clean the table.

규칙 과거시제

- 동사원형에 'd'나 'ed'를 더해 과거시제를 나타낸다.

  ex) I **worked** hard to help him.

5 However, it is now **getting cooler**.

get + 비교급

- get + 비교급을 사용해 '~해지다'의 뜻을 나타낸다.

  ex) I am **getting better**.

► Reading Comprehension

A 질문에 알맞은 답을 고르시오.

1 이 글은 무엇에 관한 것인지 고르시오.

    a. A country in South America   b. Learning about the Amazon

    c. A trip to the rainforest

2 소녀가 물을 길어온 후 한 일을 고르시오.

    a. She cleaned a table.   b. She picked some fruit.

    c. She went to the Amazon River.

3 독침 개구리가 위험한 이유를 고르시오.

    a. Its poison is very powerful.   b. It is too small to see easily.

    c. It causes harm when alone.

B 주어진 단어를 활용하여 빈칸을 채우시오.

1 About the Rainforest

- _____ _____ South America
- known for many different species
- The Amazon River flows all the way
to the _____ _____.

2 Making a Meal

- _____ water from the Amazon
River
- cleaned a _____, made a
_____ _____ and cooked
the meat

3 Deadly Animal

- _____ _____
frogs appeared
- most _____ poison
known to man
- _____ if left alone

Word Bank

| fetched | Atlantic Ocean | powerful | fire pit |
| located in | poison dart | table | harmless |

► Reading Focus

Sequencing (사건 전개 나열하기)
Signal Words 를 활용해 사건 전개의 순서를 기억한다!

> Story는 항상 도입부와 중간, 그리고 결말의 순서를 갖고 있어요. 사건은 순서에 따라 발생하죠. 이야기의 순서를 이해하는 것은 그 내용의 이해에 큰 도움이 돼요. 때로 이야기는 사건 전개의 순서를 알려주는 연결어를 가지고 있어요. 이러한 Signal Words는 사건 전개의 순서를 파악하는 데 도움을 준답니다.

🔵 시간 순서를 나타내는 Signal Words
First(첫째로), Next(다음에), Then(그런 다음), Before(~전에), After(~후에), Finally(마침내)

🔵 사건 순서 파악하기

1 Signal Words 찾기 ➡ 사건의 순서를 정하는데 도움이 돼요.

2 시작과 중간 과정, 그리고 결말 찾기 ➡ 순서의 과정들은 논리적이어야 해요.

> **Signal Words란?**
> 아이디어 간의 연결어 또는 패턴을 나타내 주는 단어나 구를 지칭한다.

🔵 전략적 읽기의 열쇠

1 지문에 Signal Words가 있나요? ➡ 있다면, 이를 활용해 순서 잡기!

2 정리한 사건 전개가 논리적인가요? ➡ 그렇지 않다면, 다른 순서 생각하기!

 다음 글을 읽고, 질문에 알맞은 답을 고르시오.

> Going on a trip to the rainforest? Before you go, make sure you're prepared. Pack clothes that are good for hot and humid places. And after you've arrived, hire a local guide. He will show you the best places. Finally, don't forget to take lots of pictures!

🔵 윗글을 읽고, 글의 순서대로 번호를 쓰시오.

_____ Hire a local guide

_____ Pack the right clothes

_____ Take a lot of pictures

_____ Get to your destination

Grammar

과거시제

● 다음 문장을 읽고, 맞으면 C, 틀리면 I를 선택하시오.

1 Tom and Jane was happy.　　　　　　　　　　　　　　(C / I)

2 We used it yesterday.　　　　　　　　　　　　　　　(C / I)

3 We maked dinner.　　　　　　　　　　　　　　　　　(C / I)

과거시제의 역할

• 이미 과거에 일어난 일을 나타냄　　• 과거시제는 현재나 미래를 나타내는 단어(now, tomorrow)와 함께 사용 못함

A 다음 문장을 읽고, 맞으면 C, 틀리면 I를 선택하시오.

1 I have a good day yesterday.　(C / I)　2 It is hot last night.　　　　　(C / I)

3 I saw many things tomorrow.　(C / I)　4 They played soccer.　　　　　(C / I)

5 We made a fire pit to cook in.　(C / I)　6 He walked in the forest.　　　(C / I)

be동사 과거형

• be동사 과거형 2가지: was & were

• was: 1인칭 단수(I), 3인칭 단수(he, she, it)가 주어일 때

• were: 2인칭 단수(you), 복수(we, you, they)가 주어일 때

B was, were를 사용하여 다음 표를 완성하시오.

단수		복수	
주어	동사	주어	동사
I	1 was	We	4
You	2	You	5
He			
She	3	They	6
It			

일반동사: 규칙 과거동사

동사	+ed	ex)
대부분의 일반동사	동사원형 +(e)d	walked, liked
자음 +y로 끝난 동사	y를 i로 고치고 +ed	studied, tried
'단모음 + 단자음'으로 끝난 동사	마지막 자음을 한 번 더 쓰고 +ed	stopped, planned

C 동사의 올바른 형태로 빈칸을 채우시오.

1	I like ⋯	I __liked__ ⋯	6	He studies ⋯	He _____ ⋯
2	I walk ⋯	I _____ ⋯	7	He tries ⋯	He _____ ⋯
3	I _____ ⋯	I was ⋯	8	He plays ⋯	He _____ ⋯
4	They are ⋯	They _____ ⋯	9	It jumps ⋯	It _____ ⋯
5	They _____ ⋯	They stopped ⋯	10	It stops ⋯	It _____ ⋯

과거시제와 함께 자주 사용되는 어구

- yesterday, ~ago, last~: 과거시제와 함께 자주 사용함

  ex) an hour **ago**, two days **ago**, two weeks **ago**, **last** night, **last** Sunday, **last** summer, **last** year

D 다음을 알맞게 연결하여 문장을 완성하시오.

1 I was

2 I am

3 I played soccer

4 He never walks

ⓐ to school.

ⓑ last Sunday.

ⓒ usually hungry in the afternoon.

ⓓ hungry an hour ago.

E 주어진 동사를 올바른 형태로 바꾸어 문장을 완성하시오.

1 John _____walked_____ to the park yesterday afternoon. (walk)

2 John and his friends _____ to the park last Saturday. (walk)

3 Lisa _____ math two hours ago. (study)

4 Lisa and her friends _____ math last Wednesday. (study)

일반동사: 불규칙 과거동사

• 불규칙동사는 규칙이 따로 없으므로 암기를 해야 편리함

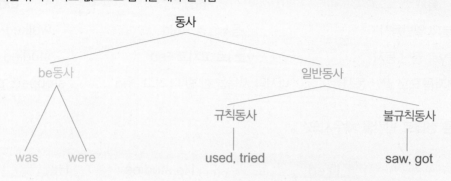

자주 활용되는 불규칙 동사표

원형	과거형	원형	과거형	원형	과거형
come	came	feel	felt	speak	spoke
go	went	see	saw	tell	told
get	got	give	gave	write	wrote
have	had	sell	sold	sing	sang
make	made	grow	grew	swim	swam
take	took	know	knew	think	thought
do	did	bring	brought	meet	met
eat	ate	catch	caught	leave	left
drink	drank	buy	bought	forget	forgot
sleep	slept	teach	taught	run	ran
meet	met	lose	lost	spend	spent

F 주어진 동사를 활용하여 과거시제의 문장으로 만드시오.

1 I ___bought___ a new bag. (buy)

2 I _____ a letter. (write)

3 You _____ the movie. (see)

4 We _____ in the pool. (swim)

5 He _____ in the park. (run)

6 Mr. Lee _____ math. (teach)

7 He _____ his old car. (sell)

8 We _____ the bag. (find)

9 They _____ me a present. (give)

10 They _____ lunch. (eat)

G 다음 문장에서 **틀린** 부분을 찾아 표시하고, 과거시제로 고치시오.

1 I ~~seed~~ many things yesterday.
　 saw

2 They maked a fire pit to cook in last night.

3 We using it to clean the room.

4 He to work hard an hour ago.

H 다음 중 올바른 것을 고르시오.

1 Nick
- ⓐ saw ✓
- ⓑ sees
- ⓒ is seeing

her last night.

2 Max
- ⓐ reads
- ⓑ is reading
- ⓒ read

a book yesterday.

3 Sam
- ⓐ eating
- ⓑ eats
- ⓒ ate

lunch every day.

4 Paul
- ⓐ learns
- ⓑ learned
- ⓒ is learning

history last week.

● 아래의 상자에서 알맞은 내용을 골라 과거시제에 대한 설명을 완성하시오.

1 과거시제는 ___ⓔ 이미 일어난 일___ 을 나타내요.

2 과거시제와 자주 함께 사용되는 표현으로 _____ 등이 있어요.

3 과거시제는 현재나 미래를 나타내는 단어 _____와 함께 사용하지 못해요.

4 be동사의 과거형은 _____ 두 가지가 있어요.

5 일반동사 중 규칙동사는 _____로 과거형을 만들어요.

6 규칙동사 play의 과거형은 played이고, study의 과거형은 _____이에요.

7 불규칙동사 run의 과거형은 ran이고, eat의 과거형은 _____이에요.

8 _____는 규칙이 없기 때문에, 하나씩 암기해두는 것이 더 효과적이에요.

ⓐ yesterday, ~ago, last~	ⓑ was, were	ⓒ ate	ⓓ '동사원형 + (e)d'
ⓔ ~~이미 일어난 일~~	ⓕ studied	ⓖ 불규칙동사	ⓗ now, tomorrow

Listening

유형 11 교통수단   T24

● 대화를 듣고, 남자아이가 이용할 교통수단으로 가장 적절한 것을 고르시오.

① 택시　　　② 지하철　　　③ 버스　　　④ 비행기　　　⑤ 자동차

전략 • 흔히 함께 붙어서 사용되는 연어에 대해 알아두세요.

전략 적용 해보기!

1 연어(Collocation)에 유의하기

2 자주 사용되는 구어표현 익히기

○ (ⓐ by　ⓑ at) plane

○　It　 would 　be　 nicer 　if
we could go by plane.

● 다시 한 번 잘 듣고, 빈칸을 채우시오.

A: Hey, Joe! I heard that you are going out of town tomorrow.

B: My parents are taking us on a mini vacation.

A: I am jealous. How are you guys ＿＿＿＿＿＿ ＿＿＿＿＿？

B: My dad said that he ＿＿＿＿＿ ＿＿＿＿＿ us there. It may ＿＿＿＿ more than 10 hours from here.

A: That does sound a little bit boring.

B: Yes. It ＿＿＿＿＿ ＿＿ nicer if we could go ＿＿ ＿＿＿＿＿.

Key Words & Key Expressions

교통(Transportation):

public transportation 대중 교통 subway 전철 train 기차 bus 버스 boat, ship 배 airplane 비행기 bike 자전거 car 차 space shuttle 우주 왕복선

'by 교통수단'을 사용한 표현:

by bus 버스로 by taxi 택시로 by subway 지하철로

by airplane 비행기로

교통수단을 사용한 표현:

take a taxi / a bus / a train 택시 / 버스 / 기차를 타다

ride a bike / a horse / a bus 자전거 / 말 / 버스를 타다

get on / off the bus 버스에 오르다 / 내리다

114　Unit 6

연습1 대화를 듣고, 여자아이가 이용할 교통수단으로 가장 적절한 것을 고르시오.

① 자동차   ② 지하철   ③ 택시   ④ 기차   ⑤ 자전거

> 1 연어(Collocation)에 유의하기
>
> 2 자주 사용되는 구어표현 익히기

- (ⓐ take   ⓑ ride) a bike
- Thank you, but <u>I</u> <u>will</u> <u>pass</u>.

● 다시 한 번 잘 듣고, 빈칸을 채우시오.

A: Emily, are you OK? You look so stressed out.

B: It has been a _____ _____ week.

A: I'm sorry. It's not good that you're feeling this way. I usually go home by _____, but we could walk together if you want.

B: Thank you for the offer, but I will _____. I am going to _____ my _____ home and enjoy the weather.

A: What a great idea!

연습2 대화를 듣고, 두 사람이 이용할 교통수단으로 가장 적절한 것을 고르시오.

① 택시   ② 기차   ③ 버스   ④ 지하철   ⑤ 자동차

> 1 연어(Collocation)에 유의하기
>
> 2 자주 사용되는 구어표현 익히기

- subway (ⓐ stop   ⓑ station)
- I <u>can't</u> <u>wait</u> to ride the new car.

● 다시 한 번 잘 듣고, 빈칸을 채우시오.

A: Let's go to the movies this weekend.

B: Sure. Should we meet at the _____ _____ or the _____ _____?

A: Meet me at my house. My mom will _____ us.

B: What? When did she _____ a car?

A: She _____ her old car last week, and I can't wait to _____ in the new one.

B: I am excited, too!

● 대화를 듣고, 남자가 주문할 음식을 고르시오.

① 밥   ② 떡만둣국   ③ 불고기   ④ 김치   ⑤ 해초 샐러드

전략 ▶ 주문할 때 사용하는 표현을 익혀 보세요.

전략 적용 해보기!

1 주문할 때 사용하는 표현 익히기

2 긍정 표현 익히기

○ ☑ I'll have chicken.   ⓑ I'm not a big fan of chicken.

○ ⓐ It tastes too salty.   ☑ It sounds tasty.

● 다시 한 번 잘 듣고, 빈칸을 채우시오.

A: Do you know what you'd like to order?

B: I am not sure. I am not very _____ with Korean cuisine.

A: Do you like beef? Bulgogi is _____ and a little _____ too. It is served with rice and kimchi.

B: I am afraid I am not _____ _____ _____ ____ sweet food.

A: Not to worry. Rice cake and dumpling soup is _____ ____ _____ sweet, but it is very delicious.

B: It sounds _____. I'll _____ that.

Key Words & Key Expressions

주문할 때 사용하는 표현:

I'll have spaghetti. 나는 스파게티로 할게요.
I'd like to order French fries. 나는 감자튀김을 주문할게요.
I want to order a bottle of sparkling water. 나는 탄산수 한 병을 주문할게요. Please bring me a pepperoni pizza. 페퍼로니 피자 하나 주세요. May I have a bowl of soup? 수프 하나 주시겠어요?
Can I have a green salad? 야채 샐러드 하나 주시겠어요?

맛(Taste):

sweet 단맛의 sour 신맛의 salty 짠맛의 bitter 쓴맛의

맛에 대한 긍정 표현:

Sounds tasty. 맛있겠네요. Smells great. 냄새가 좋아요. Looks delicious. 맛있게 보여요.
This is out of this world. 너무 맛있어요.
I am a huge fan of spicy food. 난 매운 음식을 아주 좋아해요.

맛에 대한 부정 표현:

This soup is too salty. 이 수프는 너무 짜요.
I'm allergic to peanuts. 나는 땅콩에 알레르기가 있어요.
I'm not a big fan of meat. 난 육류를 즐겨먹지 않아요.

연습1 대화를 듣고, 두 사람이 주문한 음식에 들어가지 <u>않는</u> 음식을 고르시오.

① 페퍼로니　　　　② 양파　　　　　③ 파인애플　　　　④ 햄　　　　　⑤ 버섯

| 1 주문할 때 사용하는 표현 익히기 | ⓐ May I order now?　　ⓑ Anything else? |
| 2 긍정 표현 익히기 | ⓐ It sounds delicious.　　ⓑ It sounds too spicy. |

● 다시 한 번 잘 듣고, 빈칸을 채우시오.

A: What do you want on our pizza?

B: I like everything, but ＿＿＿＿＿＿＿＿＿＿ are my favorite.

A: I like vegetables, but I really love ham.

B: Okay, let's get ＿＿＿＿＿ and ＿＿＿＿＿＿. Anything ＿＿＿＿?

A: It definitely needs more toppings. Let's add ＿＿＿＿＿＿＿ and ＿＿＿＿＿, too.

B: It sounds delicious. May I order now?

연습2 대화를 듣고, 남자가 주문할 것을 고르시오.

① 핫도그　　　　② 피자　　　　　③ 케첩　　　　　④ 콜라　　　　　⑤ 치즈 버거

| 1 주문할 때 사용하는 표현 익히기 | ⓐ No problem.　　ⓑ I'd like to order a burger. |
| 2 긍정 표현 익히기 | ⓐ It smells great.　　ⓑ It is too sour. |

● 다시 한 번 잘 듣고, 빈칸을 채우시오.

A: I'd like to order a cheeseburger.

B: Sure. What would you like ＿＿＿＿＿?

A: I would like ＿＿＿＿＿ and ＿＿＿＿＿, please, but ＿＿＿＿＿ the pickles.

B: No problem. Do you want ketchup or mustard?

A: No, thank you.

B: It'll be ＿＿＿＿＿＿＿.

Unit 7 The Jazz Festival

stage

listen

perform

melt

ticket

traditional

religious

blend

● 알고 있는 단어에 체크해 보시오.

☐ jazz	☐ host	☐ stage
☐ music	☐ festival	☐ each
☐ style	☐ showcase	☐ listen
☐ early	☐ talent	☐ offer
☐ play	☐ celebrate	☐ admire
☐ melt	☐ history	☐ local
☐ religious	☐ spring	☐ attract
☐ traditional	☐ attend	☐ hear
☐ blend	☐ perform	☐ ticket
☐ genre	☐ multiple	☐ sell

Vocabulary

No.	Korean	English	Collocation
1	몡 재즈	jazz	_____ club 재즈 클럽
2	몡 음악, 곡	music	read _____ 악보를 읽다
3	몡 방식, (옷의) 스타일	style	trendy _____ 최신 유행하는 스타일
4	혱 초기의, 이른 튀 일찍	early	an _____ bird 일찍 일어나는 사람
5	동 놀다 몡 희곡	play	_____ outside 밖에서 놀다
6	동 녹다, 녹이다	melt	_____ing ice 녹고 있는 얼음
7	혱 종교의, 독실한	religious	_____ faith 종교적인 신앙
8	혱 전통의	traditional	the _____ way 전통적인 방식
9	동 섞다 몡 혼합	blend	_____ in with ～와 조화를 이루다
10	몡 장르	genre	literary _____ 문학 장르
11	몡 진행자 동 주최하다	host	_____ a TV show 텔레비전 쇼의 사회를 보다
12	몡 축제	festival	the film _____ 영화제
13	몡 공개 행사 동 전시하다, 소개하다	showcase	_____ for musicians 음악인들을 위한 공개 행사
14	몡 재주, 재능 있는 사람	talent	artistic _____ 예술적 재능
15	동 기념하다, 축하하다	celebrate	_____ the New Year 새해를 축하하다
16	몡 역사, 역사물	history	modern _____ 현대사
17	몡 봄, 용수철 동 튀어오르다	spring	in _____ 봄에(는)
18	동 참석하다	attend	_____ a meeting 모임에 참석하다
19	동 수행하다, 공연하다	perform	_____ magic tricks 마술을 공연하다
20	혱 많은, 다양한 몡 배수	multiple	_____ choice 객관식

No.	Korean	English	Collocation
21	명 단계, 무대	stage	_____ by stage 단계적으로
22	형 각각의, 각자의	each	_____ time 매번
23	동 (귀 기울여) 듣다	listen	_____ carefully 주의 깊게 듣다
24	동 제공하다 명 제의	offer	make an _____ 제의하다
25	동 존경하다, 칭찬하다	admire	_____ the scenery 풍경을 감상하다
26	형 지역의, 현지의	local	_____ time 현지 시각
27	동 마음을 끌다	attract	_____ a crowd 사람들을 끌다
28	동 (귀에) 들리다, 듣다	hear	_____ of ~에 대해 듣다
29	명 표, 복권 동 발행하다	ticket	_____ office 매표소
30	동 팔다	sell	_____ out 매진되다

B 영어는 우리말로, 우리말은 영어로 쓰시오.

1		style	9		genre
2		early	10	(귀에) 들리다, 듣다	
3		celebrate	11	지역의, 현지의	
4		play	12	단계, 무대	
5	섞다, 혼합		13		religious
6	팔다		14	제공하다, 제의	
7	마음을 끌다		15		traditional
8		host	16		spring

C **A** 에서 학습한 내용을 활용하여 빈칸을 채우시오.

1 trendy _____

2 literary _____

3 an _____ bird

4 _____ a TV show

5 _____ outside

6 _____ the New Year

7 _____ faith

8 in _____

9 the _____ way

10 _____ a crowd

D 다음 중 알맞은 단어를 골라 문장을 완성하시오.

1 The hot sun was making the ice cream (melt / blend).

2 The program was an incredible (talent / showcase) of dancing ability.

3 It seemed like (each / multiple) pencil was already broken.

4 He usually likes concerts, but the (play / jazz) was not his style.

5 She was so proud of her daughter for (attending / performing) on the stage.

6 It's best to buy your (ticket / sell out) early to get a good seat.

7 She really liked to (listen / admire) to her teacher's lessons.

E 주어진 단어를 보고, 두 문장에 공통으로 들어갈 단어를 골라 써 넣으시오.

1 It's very important to study _____ in school.

I am not familiar with that company's _____.

2 There are many _____ in the life of a butterfly.

The exam was given in several _____.

3 She was really talented at all things related to _____.

The sound of the final bell was just like _____ to all the students.

4 Every year the film _____ drew large crowds of tourists.

The _____ season was the busiest time of year.

Word Bank

| attend | festival | music | history | listen | stages |

Reading

<Alfaguarilla / Shutterstock.com>

New Orleans is known for its jazz. ❶ In fact, jazz was born in New Orleans. People started playing music in this style in the early 1900s. It has been played in New Orleans ever since.

In the 1900s, New Orleans was **a melting pot** of music. Blues, opera, religious music, traditional African music— all these could be heard throughout the city. Somehow, these styles all blended together and the genre of jazz was born.

 Q1

What does **a melting pot** mean?

a. A kind of traditional meal eaten after work

b. A place where many different things are mixed together

122   Unit 7

Unsurprisingly, New Orleans hosts a famous jazz festival. The New Orleans Jazz & Heritage Festival showcases amazing jazz talent. It also celebrates the history of New Orleans. This festival goes over two weekends every spring.

Many people attend this famous event every year.

During these two weekends, over 500 different bands perform. Multiple stages are set up. ❷ Each one hosts a different band every few hours. People can walk around and listen to a huge range of jazz styles.

 Q2 How long is the jazz festival?

a. All spring   b. Two weekends

Music is not the only thing on offer at this festival. Festival goers can also enjoy authentic New Orleans food. They can also admire the works of local artists.

Last year, the festival attracted over 400,000 people. This year's festival is going to be no different.

The line-up for the festival this year is amazing.

❸ Jazz great, Sonny Rollins, is going to perform the first night. ❹ You will be sure to hear some great jazz. ❺ Tickets for the festival will sell out soon, so buy yours now. See you at the festival!

 What could be another topic sentence for the first paragraph?

a. People can also enjoy New Orleans culture at the festival.

b. The New Orleans Jazz & Heritage Festival is very popular.

1 In fact, Jazz **was born** in New Orleans.

was born 구문

- '태어나다'를 표현하거나 어떤 문화적인 것의 시초나 기원을 나타낼 수 있다.

  ex) He **was born** in London.

2 Each one hosts a different band **every few hours**.

빈도를 나타내는 every

- every 다음에 단수명사가 오면 every는 '모든'의 의미이지만, every 다음에 시간이나 날이 오면 빈도를 나타낸다. every class는 '모든 수업,' every two weeks는 '2주마다'를 표현한다.

  ex) We practice **every two weeks**.

3 Sonny Rollins **is going to** perform the first night.

미래시제를 나타내는 be going to

- will과 함께 미래시제를 나타내는 be going to는 대개 이미 결정되었거나 혹은 계획된 사항을 이야기 할 때 주로 사용한다.

  ex) They **are going to** have a party.

4 You **will** be sure to hear some great jazz.

미래시제를 나타내는 will

- 동사 앞에 조동사 will을 사용해 미래시제 '~일 것이다, ~할 것이다'를 나타낸다. 대개 will에는 말하는 사람의 '의지'가 포함되어 있는 경우가 많다.

  ex) I **will** join the soccer team.

5 Tickets for the festival will **sell out** soon, so buy yours now.

sell out 구문

- sell out은 '다 팔리다, 매진되다'를 뜻하며 be sold out과 같은 표현이다.

  ex) The tickets **sold out** within hours.

Reading Comprehension

A 질문에 알맞은 답을 고르시오.

1 이 글은 무엇에 관한 것인지 고르시오.

    a. Things to see and do at a jazz festival   b. The history of jazz

    c. What sights to see in New Orleans

2 122쪽의 중심 내용은 무엇인지 고르시오.

    a. How the festival was born   b. How jazz was created

    c. How New Orleans was founded

3 뉴올리언스 재즈 축제에 대한 설명으로 알맞은 것을 고르시오.

    a. More than half a million people go to it.   b. It showcases different jazz styles.

    c. Artists from all over the world show their artwork.

B 주어진 단어를 활용하여 빈칸을 채우시오.

1 History of Jazz

- born in _____ _____
- made from _____ _____ of musical styles

2 About the Festival

- showcases amazing jazz _____
- goes over _____ _____ in the spring

3 Things to See and Do

- can enjoy _____ New Orleans food
- can admire works of _____ _____
- can hear _____ _____ different bands perform

> **Word Bank**
>
> two weekends   over 500   authentic   talent
>
> New Orleans   a blend   local artists

► Reading Focus

Identifying the Main Idea (요지 파악하기)
작가가 전달하고자 하는 글의 중심 내용, 요지를 파악한다!

모든 글은 중심 내용, 즉 요지를 갖고 있어요. 이 요지는 그 글이 무엇에 관한 것인지를 말해 주지요. 글은 중심 내용에 대한 세부 사항을 제공해요. 요지는 때로 주어진 단락이나 글의 주제문을 통해 명백하게 드러나 있기도 하고, 간접적으로 나타나 있기도 해요.

● 알아 두면 유용한 주의 사항

1 글의 요지는 지나치게 구체적이지 않아요.

→ 어떤 특정한 부분만을 대표하는 것이 아니라 문장 전체를 아우르는 내용이어야 함.

2 글의 요지는 본문에서 언급된 내용이어야만 해요.

→ 주어진 글의 내용과 상관없는 내용은 아닌지 확인해야 함.

● 전략적 읽기의 열쇠

1 요지가 글의 일부분이나 한 문단만을 대표하고 있나요? → 그렇다면, 오답!

2 요지가 글에서 언급되지 않은 내용을 포함하고 있나요? → 그렇다면, 오답!

연습 다음 글을 읽고, 질문에 알맞은 답을 고르시오.

One of the most famous jazz musicians is Louis Armstrong. He was one of the early jazz musicians. He started playing jazz as a teenager in the early 1900s. He was both a trumpet player and singer. His style of music influenced the jazz music we know today!

● 윗글의 중심 내용으로 알맞은 것을 고르시오.

a. Louis Armstrong was a genius at a young age.

b. Louis Armstrong was a great trumpet player.

c. Louis Armstrong was a famous and influential jazz musician.

Grammar

● 미래시제

● 다음 문장을 읽고, 맞으면 C, 틀리면 I를 선택하시오.

1 He will arrive tomorrow. (C / I)

2 He going to enjoy the festival. (C / I)

3 He'll plays music. (C / I)

미래시제의 역할, 의미, 형태

• 미래에 있을 동작이나 상태를 나타냄

• 의미: '~할 것이다' '~할 예정이다'

• 미래를 나타내는 2가지 방법: 'will + 동사원형,' 'be going to + 동사원형'

A 다음 한글 뜻에 알맞은 시제와 문장을 차례대로 연결하시오.

1 그는 음악을 들을 것이다. •   • ⓐ He listens to music.

2 그는 음악을 듣는다. •   과거   • ⓑ He will listen to music.

3 그는 음악을 들었다. •   현재   • ⓒ He listened to music.

4 그는 음식을 즐겼다. •   미래   • ⓓ He will enjoy the food.

5 그는 음식을 즐긴다. •   • ⓔ He enjoyed the food.

6 그는 음식을 즐길 것이다. •   • ⓕ He enjoys the food.

미래를 나타내는 will

• 'will + 동사원형'은 앞으로 있을 동작이나 상태를 나타내는 미래시제를 나타냄

B 다음 문장을 미래시제를 사용한 문장으로 완성하시오.

1 He goes to school at 8:30.

➡ He ___will go___ to school tomorrow.

2 He plays music in the festival.

➡ He _____ music tomorrow.

3 He ate delicious food yesterday.

➡ He _____ delicious food tomorrow.

4 He went to the event two days ago.

➡ He _____ to the event tomorrow.

C 주어진 단어를 이용하여 현재, 과거, 미래시제를 사용한 문장으로 완성하시오.

1 be

ⓐ He __is__ happy every day.

ⓑ He __was__ happy yesterday.

ⓒ He __will be__ happy tomorrow.

2 be

ⓐ You _____ always busy.

ⓑ You _____ busy last night.

ⓒ You _____ busy next week.

3 study

ⓐ He _____ math every day.

ⓑ He _____ math yesterday.

ⓒ He _____ math tonight.

4 play

ⓐ He always _____ soccer.

ⓑ He _____ soccer last Saturday.

ⓒ He _____ soccer tomorrow.

5 eat

ⓐ He usually _____ dinner at 6.

ⓑ He _____ dinner yesterday.

ⓒ He _____ dinner tomorrow.

6 make

ⓐ He _____ cookies every Sunday.

ⓑ He _____ cookies last Sunday.

ⓒ He _____ cookies next Sunday.

---

will의 축약형

- 일상회화에서는 will을 자주 축약해서 사용함

I will	You will	He will	She will	It will	We will	You will	They will
I'll	You'll	He'll	She'll	It'll	We'll	You'll	They'll

D 보기에서 알맞은 것을 골라 문장을 완성하시오.

1 __ⓒ He will__ buy the tickets tomorrow.

2 _____ buy the tickets for you.

3 Tickets _____ sell out soon.

4 _____ enjoy traditional African music.

5 _____ be the last time, I promise.

보기

ⓐ will

ⓑ She'll

ⓒ He will

ⓓ You'll

ⓔ It'll

미래를 나타내는 be going to

- 'be going to + 동사원형'으로 미래를 나타냄
- 'be going to ~'는 '~할 예정이다, ~할 것이다'라는 뜻으로 사용
- 주어에 따라 be동사가 'am, are, is'로 달라지니까 주어에 유의해야 함

E 다음을 알맞게 연결하여 문장을 완성하시오.

1 Jack •   • ⓐ be no different.

2 Jack and Jill •   • ⓑ going to attract many people.

3 Sonny Rollins is going •   • ⓒ is going to play traditional music.

4 The festival is •   • ⓓ to perform the first night.

5 This year's festival is going to • • ⓔ are going to enjoy authentic food.

be going to & will

- be going to와 will은 둘 다 미래시제를 나타냄   • 대부분의 경우 be going to와 will은 동의어로 생각하면 됨

F 두 문장이 같은 의미가 되도록 빈칸을 채우시오.

1 My brother <u>will study</u> science at the university.

= My brother <u>   is going to study   </u> science at the university.

2 Tickets <u>are going to sell out</u> soon.

= Tickets _____ soon.

3 You <u>will enjoy</u> authentic food during the festival.

= You _____ authentic food during the festival.

G 다음에서 **틀린** 부분을 찾아 표시하고, 미래시제의 문장으로 바르게 고치시오.

1 I'll ~~to eat~~ traditional Korean food.
  eat

2 They going to buy a new house.

3 He'll buys his ticket tomorrow.

4 The woman are going to attend the event.

5 The men is going to perform tonight.

6 She'll hearing some great jazz.

기본시제: 현재, 과거, 미래

• 현재시제: 일상적인 습관, 반복적인 동작이나 상태, 사실, 진리를 나타낼 때 사용

• 과거시제: 이미 일어난 일을 나타낼 때 사용

• 미래시제: 앞으로 일어날 일을 나타낼 때 사용

H 다음 문장을 주어진 동사를 이용하여, 올바른 시제의 문장으로 완성하시오.

1 New Orleans _____was_____ a melting pot of music in the 1900s. (be)

2 Jazz _____ born in New Orleans. (be)

3 New Orleans _____ a famous jazz festival every year. (host)

4 This festival _____ over two weekends every spring. (go)

5 Tickets for the festival _____ out soon, so buy yours now. (sell)

6 Last year, the festival _____ so many people. (attract)

● 아래의 상자에서 알맞은 내용을 골라 미래시제에 대한 설명을 완성하시오.

1 미래시제는 _____ⓗ 앞으로 일어날 일, 상황_____ 등을 나타내요.

2 미래시제는 _____으로 나타내요.

3 will은 자주 주어와 축약해서, _____, she'll, it'll, we'll, they'll로 사용돼요.

4 미래시제는 '_____+ 동사원형'으로도 나타내요.

5 be going to는 _____에 따라 be동사 부분이 변하기 때문에 주어에 유의해야 해요.

6 미래시제는 과거를 나타내는 _____ 등과 함께 사용하지 못해요.

7 _____과 be going to는 대부분의 경우 같은 의미를 갖는 동의어로 사용돼요.

8 will과 be going to 다음에 _____이 오는 것을 기억하세요.

ⓐ 주어	ⓑ 동사원형	ⓒ 'will + 동사원형'	ⓓ 'yesterday, ~ago, last~'
ⓔ will	ⓕ be going to	ⓖ I'll, you'll, he'll	ⓗ 앞으로 일어날 일, 상황

Listening

유형 13 이유 알아보기 **T 28**

● 대화를 듣고, 남자가 사무실에 간 이유로 가장 적절한 것을 고르시오.

① 신문 구독을 신청하려고　② ABC 회사에 대해 알아보려고　③ 신문을 사려고

④ 여름 단기 직업을 구하려고　⑤ 신문 동아리에 가입하려고

전략 ▶ 'because'는 이유, 'to부정사'와 'so that… can'은 목적을 나타내요.

전략 적용 해보기!

1 Why 다음에 이유 찾기

2 이유, 목적을 나타내는 표현 찾기

● ___Why___ are you here? Because I want to see you.

● I am here ___because___ I want the job.

● 다시 한 번 잘 듣고, 빈칸을 채우시오.

A: Welcome to ABC company. How may I help you?

B: Hi. My name is Paul Smith and I am here _____ I want to _____ _____ the summer job position that was in the newspaper.

A: I am glad that you came in. Please _____ this application _____.

B: Thank you. Can I take it home and _____ it tomorrow?

A: Absolutely.

Key Words & Key Expressions

이유를 나타내는 표현:

Everybody likes her because she is so kind. 그녀가 아주 친절하기 때문에 모든 사람들이 그녀를 좋아한다.

Since he is honest, everybody likes him. 그가 정직하기 때문에 모든 사람들이 그를 좋아한다.

목적을 나타내는 표현:

In order to succeed, he works very hard. 성공하기 위해 그는 매우 열심히 일한다.

He works very hard so that he can succeed. 그는 성공하기 위해 매우 열심히 일한다.

연습1 대화를 듣고, 남자아이가 서점에 가려는 이유로 가장 적절한 것을 고르시오.

① 친구를 만나려고　　　② 구매한 책을 교환하려고　　　③ 환불하려고

④ 책을 사려고　　　⑤ 신간 서적을 훑어보려고

1 Why 다음에 이유 찾기

2 이유, 목적을 나타내는 표현 찾기

◯ _____ are you going there? To buy a present.

◯ _To_　_buy_ a present, I have to go to the store.

● 다시 한 번 잘 듣고, 빈칸을 채우시오.

A: Jim! Where are you headed?

B: The bookstore.

A: And _____ are you going there?

B: I need to buy a present for my cousin, and she likes reading.

A: You're _____ thoughtful! I wish my cousin was like you!

연습2 대화를 듣고, 남자아이가 여자아이의 이모 댁에 가려는 이유로 적절한 것을 고르시오.

① 과자를 먹으려고　　　② 이모를 도우려고　　　③ 새끼 고양이를 돌보려고

④ 선물을 사려고　　　⑤ 산책하려고

1 Why 다음에 이유 찾기

2 이유, 목적을 나타내는 표현 찾기

◯ _____? So that I can have the cookies.

◯ _So_　_that_ I _can_ eat the bread.

● 다시 한 번 잘 듣고, 빈칸을 채우시오.

A: Are you going to your aunt's house today? Can I go too?

B: _____?

A: _____ I _____ eat some of her cookies. She makes the best cookies!

B: Oh okay. You can help _____ _____ my birthday present home, too. She got me

a puppy! I am going to _____ it home on a leash.

● 대화를 듣고, 두 사람이 대화하는 장소로 가장 적절한 곳을 고르시오.

① 공항　　　　② 버스터미널　　　　③ 슈퍼마켓　　　　④ 기차역　　　　⑤ 커피숍

전략 ▶ 핵심 어휘에 집중하여 실마리를 찾아 보세요.

전략 적용 해보기!

1 듣기 전에 보기를 읽고 관련 어휘 예측하기

2 핵심 어휘로 실마리 찾기

○ 공항 → _____plane_____ , _____flight_____

○ security line, gate, flight, boarding → ⓐ 공항　ⓑ 기차역

● 다시 한 번 잘 듣고, 빈칸을 채우시오.

A: I can't believe this _____ _____ is so long.

B: Me neither. I hope it doesn't take more than 20 minutes. We are supposed to be at the _____ in half an hour.

A: It might take longer than that, but don't worry, Mom. Our _____ doesn't leave for another hour.

B: You're right. Early _____ starts in 20 minutes. We are in the orange zone, so we cannot get on the _____ for at least 30 minutes.

A: Oh look, they are opening a new line.

B: Let's move there.

Key Words & Key Expressions

장소(Places): museum 박물관 bank 은행 theater 극장　　supermarket 슈퍼마켓 airport 공항 bus terminal 버스 터미널
zoo 동물원 park 공원 amusement park 놀이동산　　bus stop/ bus station 버스 정류장 subway station 지하철역
restaurant 식당 farm 농장 department store 백화점　　taxi stand 택시 승강장

연습1 대화를 듣고, 두 사람이 대화하는 장소로 가장 적절한 곳을 고르시오.

① 슈퍼마켓　　　② 은행　　　③ 백화점　　　④ 시장　　　⑤ 우체국

1 듣기 전에 보기를 읽고 관련 어휘 예측하기
2 핵심 어휘로 실마리 찾기

○ 은행 ➡ ___transfer___ , ___deposit___

○ transfer, savings, checking account, deposit
　➡ ⓐ 슈퍼마켓　　　ⓑ 은행

● 다시 한 번 잘 듣고, 빈칸을 채우시오.

A: Hello, Miss Smith. How can I _____?

B: I need to _____ $100 from my _____ to my _____

　_____.

A: No problem. I transferred the funds for you.

B: Now, I would like to _____ this _____ and get $20 back.

A: Here is your _____ and the _____. Will there be anything else?

B: All set.

연습2 대화를 듣고, 두 사람이 대화하는 장소로 가장 적절한 곳을 고르시오.

① 수영장　　　② 해변　　　③ 워터파크　　　④ 놀이공원　　　⑤ 놀이터

1 듣기 전에 보기를 읽고 관련 어휘 예측하기
2 핵심 어휘로 실마리 찾기

○ 워터파크 ➡ ___wave___ ___pool___ , ___water___

○ It's a perfect day for the ___waterpark___ .

● 다시 한 번 잘 듣고, 빈칸을 채우시오.

A: I want to go on the Tornado next.

B: That one looks scary. Let's go.

A: It is so hot today. It is a perfect day for the _____.

B: I know! _____ _____ is so refreshing. I want to go to the _____

　_____ after the Tornado.

A: Okay, and after that, we should get an ice cream.

B: I love summer!

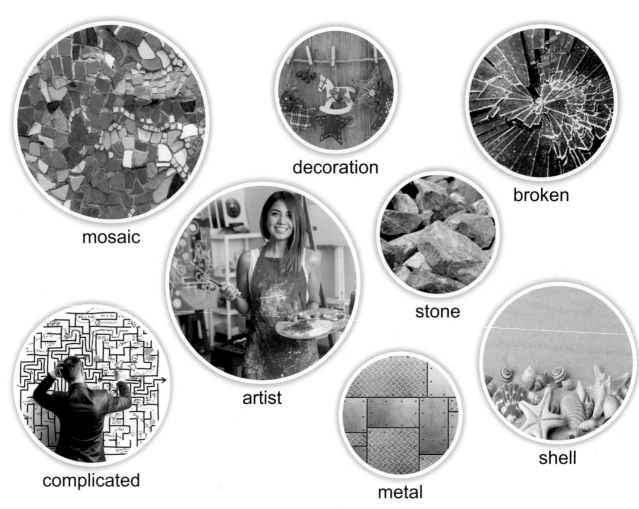

mosaic

decoration

broken

artist

stone

complicated

metal

shell

● 알고 있는 단어에 체크해 보시오.

☐ design	☐ shell	☐ beware
☐ stone	☐ later	☐ advertisement
☐ glass	☐ metal	☐ public
☐ mosaic	☐ gem	☐ complicated
☐ abstract	☐ effect	☐ surface
☐ picture	☐ light	☐ adhesive
☐ material	☐ decoration	☐ grid
☐ artist	☐ piece	☐ plan
☐ vision	☐ Roman	☐ broken
☐ pebble	☐ wealth	☐ bottle

Vocabulary

A 잘 듣고 큰소리로 따라 말하며 빈칸을 채우시오. 🎧 T 30

No.	Korean	English	Collocation
1	명 디자인 동 디자인하다	design	basic _____ 기본적인 디자인
2	명 돌, 석조	stone	_____ walls 돌담
3	명 유리, 잔	glass	a _____ dish 유리 접시
4	명 모자이크	mosaic	_____ tiles 모자이크 무늬 타일
5	형 추상적인	abstract	_____ knowledge 추상적인 지식
6	명 사진, 그림	picture	a _____ of flowers 꽃 그림 한 점
7	명 재료 형 물질적인	material	building _____ 건축 자재
8	명 예술가, 화가	artist	a world-famous _____ 세계적으로 유명한 예술가
9	명 시각, 눈, 시력	vision	positive _____ 긍정적인 시각
10	명 자갈, 조약돌	pebble	toss a _____ 조약돌을 던지다
11	명 껍질, 껍데기	shell	walnut _____s 호두 껍질
12	부 나중에, 후에	later	sooner or _____ 조만간, 머지않아
13	명 금속	metal	a _____ pipe 금속 파이프
14	명 보석, 보배	gem	a precious _____ 귀중한 보석
15	명 영향, 결과, 효과	effect	a beneficial _____ 유익한 효과
16	명 빛, 불 형 밝은, 가벼운	light	turn on the _____ 전등을 켜다
17	명 장식, 장식품	decoration	Christmas _____s 크리스마스 장식품들
18	명 조각, 한 부분	piece	a _____ of cake 케이크 한 조각
19	형 로마의 명 로마사람	Roman	_____ relics 로마 유적
20	명 부, 많은 재산	wealth	a man of _____ 재산가

No.	Korean	English	Collocation
21	동 조심하다, 주의하다	beware	_____ of icy roads 빙판길을 조심하다
22	명 광고	advertisement	magazine _____s 잡지 광고
23	형 공공의, 일반인의	public	_____ transportation 대중교통
24	형 복잡한	complicated	a _____ system 복잡한 시스템
25	명 표면, 외관 동 드러나다	surface	on the _____ 외견상으로
26	명 접착제 형 들러붙는	adhesive	_____ tape 접착 테이프
27	명 격자무늬	grid	a rectangular _____ 직사각형의 격자무늬
28	명 계획 동 계획하다	plan	vacation _____ 방학 계획
29	형 깨진, 부러진, 고장 난	broken	a _____ leg 부러진 다리
30	명 병	bottle	a _____ of milk 우유 한 병

B 영어는 우리말로, 우리말은 영어로 쓰시오.

1	재료, 물질적인		9	유리, 잔	
2	금속		10	공공의, 일반인의	
3		stone	11	모자이크	
4	조각, 한 부분		12		broken
5		adhesive	13		grid
6	복잡한		14		plan
7		beware	15	추상적인	
8		surface	16	부, 많은 재산	

C **A** 에서 학습한 내용을 활용하여 빈칸을 채우시오.

1 building _____

2 a _____ leg

3 a _____ pipe

4 basic _____

5 a _____ of cake

6 a _____ dish

7 _____ of icy roads

8 positive _____

9 on the _____

10 a precious _____

D 다음 중 알맞은 단어를 골라 문장을 완성하시오.

1 The new car model has a really great _____.

① glass   ② design   ③ shell   ④ broken

2 My brother is a great _____ and his work is in a museum.

① gem   ② abstract   ③ artist   ④ Roman

3 The gallery was full of so many beautiful _____.

① pictures   ② grids   ③ advertisements   ④ pebbles

4 The company made a(n) _____ announcement last week that got people excited.

① vision   ② effect   ③ complicated   ④ public

5 The room was so scary because the _____ was broken.

① adhesive   ② plan   ③ light   ④ stone

E 주어진 단어를 보고, 빈칸에 들어갈 단어를 골라 써 넣으시오.

1 The house looked so ancient because it was made from _____.

2 She was busy at the moment, so she said she would help him _____.

3 She went to buy a _____ of milk at a supermarket.

4 Due to their great _____, the family traveled to distant places often.

5 The _____ that hung in the lobby sparkled and shined in many different colors.

Word Bank

later   stone   wealth   bottle   mosaic   gem   effect

Reading

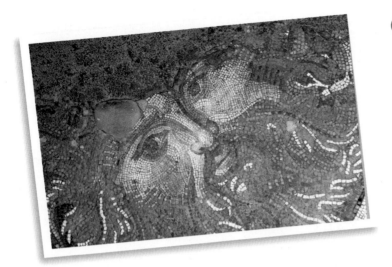

❶ Have you ever seen designs made of stone or glass? ❷ This style of art – called mosaic – has been around for over 4,000 years! Mosaics can be abstract designs or realistic pictures.

❸ It just depends on the materials and the artist's vision.

The very first mosaics used natural materials, like pebbles and shells. Later mosaics used other materials, including glass, metal, and gems. Later artists used different materials for different effects. For example, gold or glass was used to give "light" to a mosaic.

Q1 How long have mosaics been around?

a. Since the first artists   b. For thousands of years

Roman mosaics are some of the most famous mosaics. At the time, mosaics were a sign of wealth or Importance, so the Romans used them as decoration in their houses.

Some mosaics had thousands of pieces and took years to make! Mosaics at that time also had other uses. Sometimes information was put on them. Many Romans owned dogs, so on some mosaics "Beware of Dog" was written. Mosaics were even used as advertisements in public places.

Q2 What were mosaics used for?

a. They were used for decoration and information.

b. They were used to make wealth.

Although mosaics look complicated, anyone can make them. ❹ All you need are small pieces of something, a surface to put them on, and an adhesive like cement. You can use a grid to plan your design in advance.

But you don't need a plan. Some mosaic artists just start putting down pieces and make whatever design naturally happens. ❺ Instead of throwing away broken bottles or dishes, why not make a mosaic? You could make a nice piece of art for your home!

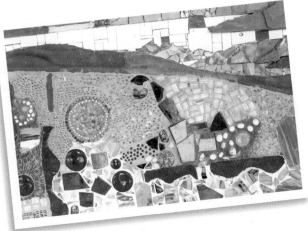

Q3 What can you use to plan a mosaic design?

    a. Cement   b. A grid

1 **Have you ever seen** designs made of stone or glass?

현재완료시제 – 경험

- 'have + 과거분사' 형태를 사용해 '~을 해본 적이 있다'라는 현재완료시제의 '경험'을 나타낸다.

  ex) **Have you been** to New York?

2 This style of art **has been around** for over 4,000 years!

현재완료시제 – 계속

- 'have + 과거분사' 형태는 과거 어느 시점부터 현재에 이르기까지 계속된 현재완료시제의 '계속'을 나타내기도 한다.

  ex) I **have lived** in Seoul for 10 years.

3 It just **depends on** the materials and the artist's vision.

depend on 구문

- '~에게 의존하다'라는 뜻도 갖지만, '~에 달려있다, ~에 의해 결정되다'라는 뜻으로도 사용된다.

  ex) Your grade **depends on** your homework.

4 **All you need** are small pieces of something, a surface to put them on, and an adhesive like cement.

All you need 구문

- all you need 구문은 '당신이 필요한 것은 ~ 뿐이에요'라는 의미를 가진다.

  ex) **All you need** is love.

5 **Instead of** throw**ing** away broken bottles or dishes, why not make a mosaic?

instead of 구문

- instead of 구문은 '~대신에'라는 의미로 사용된다. instead of 다음에는 ~ing 형태의 동사가 사용된다.

  ex) He went around the long way **instead of** tak**ing** a shortcut.

Reading Comprehension

A 질문에 알맞은 답을 고르시오.

1 이 글의 또 다른 제목으로 알맞은 것을 고르시오.

   a. Art Anyone Can Make   b. An Amazing Roman Artist

   c. Mosaics, Then and Now

2 모자이크 예술가들이 작품에 금을 사용한 이유를 고르시오.

   a. To give information about their prices   b. To make the mosaics look brighter

   c. To show how wealthy their customers were

3 모자이크에 대한 내용 중 맞는 것을 고르시오.

   a. The materials used are quite expensive.

   b. A plan is not necessary when making a mosaic.

   c. They are too complicated for normal people to make.

B 주어진 단어를 활용하여 빈칸을 채우시오.

1 What Are Mosaics?

⟳ can be abstract _____ or realistic pictures

⟳ first mosaics used natural _____.

⟳ later mosaics used glass and metal

2 How Were Mosaics Used?

⟳ used as a decoration ➡ a sign of _____ or importance

⟳ sometimes had information on them

⟳ were even used as _____

3 How Are Mosaics Made?

⟳ need small pieces of a material, a surface, and an _____

⟳ can use a _____ to plan a design or just make a design _____

Word Bank

naturally	designs	adhesive	grid
materials	advertisements	wealth	

► Reading Focus

Summarizing (요약하기)
글의 중심 내용을 잘 파악하여 요약한다!

글의 주요 아이디어는 어떻게 말할 수 있나요? 우리는 대개 요약으로 주요 아이디어를 정리할 수 있어요. Summary 즉, 요약이란 글의 주요 아이디어만을 집약한 내용을 말해요. 훌륭한 요약을 하려면 그 글의 주제와 중심 내용이 무엇인지 잘 파악해야 해요. 세부 사항이나 예시들은 이때 포함되지 않는답니다.

● 알아 두면 유용한 주의 사항

1 요약은 어느 특정 부분만이 아닌 전체 내용을 다루어야 함!

2 요약은 지나치게 구체적이어서는 안 됨!

3 요약은 출처가 정확하지 않은 정보를 포함하지 않음!

● 전략적 읽기의 열쇠

1 요약 내용이 주요 아이디어 중 일부만 포함하고 있나요? → 그렇다면, 오답!

2 요약 내용이 세세한 세부 사항을 포함하고 있나요? → 그렇다면, 오답!

3 요약 내용이 출처가 정확하지 않은 정보를 포함하고 있나요? → 그렇다면, 오답!

연습 다음 글을 읽고, 질문에 알맞은 답을 고르시오.

Mosaics were often seen in public buildings in Rome. They were especially popular in bathhouses. Mosaics were waterproof and could be easily cleaned. This was very useful for a wet environment. Mosaics also reflected the light, which made rooms look brighter. Mosaics were both decorative and useful for the Romans.

● 윗글을 읽고, 요약이 가장 잘 된 것을 고르시오.

a. Mosaics were often seen in public buildings. They could be easily cleaned and made rooms brighter.

b. Mosaics were very common in Rome. They made rooms brighter, but needed to be often cleaned.

c. Mosaics were popular in bathhouses. They looked nice in a dry environment and reflected light.

Grammar

현재완료시제

● 다음 문장을 읽고, 맞으면 C, 틀리면 I를 선택하시오.

1 I have studied English for five years.   (C / I)

2 I have seen the movie twice.   (C / I)

3 He has leave Korea.   (C / I)

현재완료시제의 형태

- 현재완료: 'have / has + 과거분사'
- 현재완료를 표현하기 위해서는 동사의 과거분사형을 암기해야 함
- '원형 / 과거형 / 과거분사형'을 묶어서 암기하는 것이 효과적임
- 과거분사는 현재완료 뿐 아니라 수동태 (be + p.p.)를 만들 때도 필요하니 꼭 암기해야 함

원형	과거형	과거분사형	원형	과거형	과거분사형
come	came	come	feel	felt	felt
go	went	gone	see	saw	seen
get	got	got(ten)	give	gave	given
have	had	had	sell	sold	sold
make	made	made	grow	grew	grown
take	took	taken	know	knew	known
do	did	done	bring	brought	brought
eat	ate	eaten	catch	caught	caught
drink	drank	drunk / drunken	buy	bought	bought
sleep	slept	slept	teach	taught	taught
speak	spoke	spoken	think	thought	thought
tell	told	told	meet	met	met
write	wrote	written	leave	left	left
sing	sang	sung	forget	forgot	forgotten
swim	swam	swum	run	ran	run

A 다음 동사의 알맞은 과거분사형으로 빈칸을 채우시오.

	원형	과거형	과거분사형		원형	과거형	과거분사형
1	do	did	done	6	take	took	
2	make	made		7	see	saw	
3	get	got		8	leave	left	
4	write	wrote		9	meet	met	
5	eat	ate		10	go	went	

현재완료시제 vs. 과거시제

- **현재완료**: 과거에서 시작한 동작이나 상태가 현재에도 계속 영향을 미치는 것을 나타냄
- **과거**: 과거의 구체적인 시점에 일어난 동작이나 상태로, 과거의 구체적 시점을 나타내는 단어(yesterday, ~ago, last~) 와 함께 사용할 수 있음

현재완료는 yesterday, ~ago, last ~와 함께 사용하지 못함!

B 다음 중 알맞은 문장을 고르시오.

1 ⓐ✓ I have seen mosaic many times. ⓑ I have seen mosaic last week.

2 ⓐ It have been around for 4,000 years. ⓑ It has been around for 4,000 years.

3 ⓐ It has rained for three days. ⓑ It has rained three days ago.

C 다음 중 한글 뜻에 알맞은 문장을 고르시오.

1 나는 어제 우산을 잃어버렸다.
ⓐ✓ I lost my umbrella yesterday.
ⓑ I've lost my umbrella yesterday.

2 그는 그 박물관에 두 번 간 적이 있다.
ⓐ He went to the museum yesterday.
ⓑ He has been to the museum twice.

3 그는 2015년부터 계속 L.A.에서 살고 있다.
ⓐ He lived in L.A. since 2015.
ⓑ He has lived in L.A. since 2015.

4 나는 그를 5년 동안 계속 알고 지내왔다.
ⓐ I knew him five years ago.
ⓑ I have known him for five years.

- 현재완료시제 4가지 용법: 계속, 경험, 완료, 결과

---

1 계속: for(~동안에), since(~한 이래로)를 자주 함께 사용

- I have lived here for two years.   나는 이곳에서 2년 동안 살아오고 있다.
- I have studied English since 2015.   나는 2015년 이후부터 계속 영어를 공부해오고 있다.

2 경험

- I have been to the zoo.   나는 그 동물원에 가본 적이 있다.
- I have seen designs made of glass.   나는 유리로 만든 디자인을 본 적이 있다.

3 완료

- I have already finished my homework.   나는 숙제를 이미 마쳤다.

4 결과

- I have lost my bag.   나는 가방을 잃어 버렸다. (그래서 결과적으로 나는 지금 가방이 없다.)

D 다음 문장에 알맞은 현재완료시제의 용법을 고르시오.

1 He has seen the movie twice.   계속   (경험)   완료   결과

2 He has left.   계속   경험   완료   결과

3 He has not finished his homework.   계속   경험   완료   결과

4 They have lived here since 2015.   계속   경험   완료   결과

5 The style has been around for 4,000 years.   계속   경험   완료   결과

6 They have gone.   계속   경험   완료   결과

7 We have seen this movie three times.   계속   경험   완료   결과

8 They have been to Europe twice.   계속   경험   완료   결과

9 I have met him twice.   계속   경험   완료   결과

10 I have lost my bag.   계속   경험   완료   결과

- 현재시제: 일상적인 습관, 반복적인 동작이나 상태, 사실, 진리를 나타낼 때 사용
- 과거시제: 이미 일어난 일을 나타낼 때 사용
- 미래시제: 앞으로 일어날 일을 나타낼 때 사용
- 현재완료시제: 과거에서 시작한 동작이나 상태가 현재에도 계속 영향을 미치는 것을 나타냄

E 주어진 동사를 이용하여 올바른 시제의 문장으로 완성하시오.

1 The first mosaics _____used_____ natural materials long time ago. (use)

2 He _____ a nice piece of art tomorrow. (make)

3 I _____ the museum twice. (visit)

4 He _____ English for three years. (study)

5 Roman mosaics _____ very famous. (be)

6 He _____ sick since last Friday. (be)

● 아래의 상자에서 알맞은 내용을 골라 현재완료시제에 대한 설명을 완성하시오.

1 ___ⓐ 현재완료시제___ 는 과거에서 시작한 동작이나 상태가 현재에도 계속 영향을 미치는 것을 나타내요.

2 현재완료시제는 _____의 형태로 나타내요.

3 현재완료시제를 표현하기 위해서는 동사의 _____을 암기해야 해요.

4 _____을 묶어서 암기하는 것이 기억하는데 효과적이에요.

5 현재완료시제는 _____와 함께 사용할 수 없어요.

6 현재완료시제는 _____ 4가지 용법으로 사용돼요.

7 현재완료시제 계속적 용법은 _____와 자주 함께 사용돼요.

8 현재완료시제 _____은 once, twice, three times, never 등이 함께 사용돼요.

ⓐ 현재완료시제	ⓑ 'yesterday, ~ago, last~'	ⓒ 경험용법	ⓓ '원형 / 과거형 / 과거분사형'
ⓔ 과거분사형	ⓕ '경험, 계속, 완료, 결과'	ⓖ for, since	ⓗ 'have / has + 과거분사'

Listening

● 대화를 듣고, 남자가 가려고 하는 장소를 고르시오.

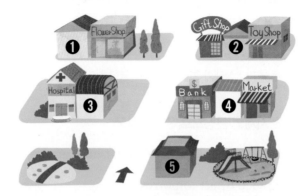

전략 · 지도 위에 길을 그려 보세요.

전략 적용 해보기!

1 지도 위에서 직접 길 찾기

2 장소의 전치사 이해하기

○ It's (ⓐ at ⓑ on) your left.

● 다시 한 번 잘 듣고, 빈칸을 채우시오.

A : Excuse me, Ma'am? Can you tell me where the _____ is?

B : It's very easy to get there. Go _____ two blocks. Then, _____ _____.

A : Straight and turn right?

B : Correct. And then walk about 20 meters. You can see the museum _____ your _____.

It is _____ the gift shop _____ the toy shop.

A : Great, thank you!

Key Words & Key Expressions

길을 안내하는 표현:

Go straight. 직진 하세요. **Turn right.** 우회전 하세요. **Turn left.** 좌회전 하세요. **Make a U-turn.** U턴 하세요. **It's a dead end.** 막다른 길이예요.

장소의 전치사(Prepositions):

at (좁은 장소) ~에 **in** (넓은 장소) ~에 **across** 가로질러서 **next to / by** ~옆에 **above** ~위에 **under** ~아래에 **behind / at the back of** ~뒤에 **in front of** ~ 앞에 **through** 관통해서, 통과해서

연습1 대화를 듣고, 남자가 가려고 하는 장소를 고르시오.

1 지도 위에서 직접 길 찾기

2 장소의 전치사 이해하기

○ Turn left (ⓐ at ⓑ in) the corner.

● 다시 한 번 잘 듣고, 빈칸을 채우시오.

A: Excuse me. Is there a _____around here?

B: Yes. _____ straight to Valley Street and turn left _____ _____ _____.

A: Go straight and turn left?

B: Yes. Then _____ just _____ the _____. It'll be on your right.

A: Thank you so much.

연습2 대화를 듣고, 여자가 가려고 하는 장소를 고르시오.

1 지도 위에서 직접 길 찾기

2 장소의 전치사 이해하기

○ It's (ⓐ by ⓑ across) from the hospital.

● 다시 한 번 잘 듣고, 빈칸을 채우시오.

A: Excuse me, Sir. Can you tell me the way to the ABC _____?

B: ABC market? Go straight _____ _____ and turn _____ at the
_____ _____.

A: Turn left? And then?

B: Walk down Main Street, and you'll see it on your _____. It's _____ from
the _____. You can't miss it.

A: Okay. Thank you very much.

● 대화를 듣고, 두 사람의 관계로 가장 적절한 것을 고르시오.

① 웨이터 – 손님　　② 승무원 – 승객　　③ 점원 – 손님　　④ 의사 – 환자　　⑤ 조종사 – 승객

전략 ▶ 상황을 유추하여 두 사람의 관계를 파악해요.

전략 적용 해보기!

1 보기를 먼저 훑어 보기　　◐ _____승무원 – 승객_____ → 기내에서 벌어지는 대화

2 장소, 상황을 유추해보기　　◐ ⓐ 식당　ⓑ 기내　ⓒ 상점

● 다시 한 번 잘 듣고, 빈칸을 채우시오.

A: _____ I offer you a drink?

B: Yes, what are my options?

A: On domestic _____ we offer tea, coffee, or juice _____ ____
_____ and soft drinks are $3.

B: Oh my! That's a little _____ for a soft drink. When I _____ last time, soft
drinks were _____.

A: I am sorry, we started this policy two months ago.

B: (irritated) This is the only _____ where I've heard of such a policy.

Key Words & Key Expressions

관계를 나타내는 어휘: teacher – student 교사 – 학생
doctor – patient 의사 – 환자 pharmacist – patient 약사 – 환
자 flight attendant – passenger 승무원 – 승객
증상을 나타내는 표현:
have a sore throat 목이 아프다 have a stomachache 복통

이 있다 have a headache 두통이 있다 have a back pain 등이
아프다 have a fever 열이 있다 have a stuffy nose 코가 막히다
have a runny nose 콧물이 흐르다 cough 기침하다 sneeze 재채
기하다 sprain one's ankle 발목을 삐끗하다

연습1 대화를 듣고, 두 사람의 관계로 가장 적절한 것을 고르시오.

① 의사 – 환자   ② 약사 – 환자   ③ 교사 – 학생   ④ 의사 – 간호사   ⑤ 치과의사 – 환자

1 보기를 먼저 훑어 보기

○ _____의사 – 환자_____ → 병원에서 벌어지는 대화

2 장소, 상황을 유추해보기

○ ⓐ 병원   ⓑ 야구   ⓒ 학교

● 다시 한 번 잘 듣고, 빈칸을 채우시오.

A: So, what _____ you _____ today?

B: I am _____ and my _____ hurts. I _____ so miserable.

A: Let me take a look. Open your mouth wide for me and say AAAA.

B: AAAAA

A: You can close your mouth now. It looks like you have a throat _____.

B: Does it mean that I don't have to go to school today?

연습2 대화를 듣고, 두 사람의 관계로 가장 적절한 것을 고르시오.

① 어머니 – 아버지   ② 가게 주인 – 손님   ③ 의사 – 환자   ④ 교사 – 학생   ⑤ 사장 – 점원

1 보기를 먼저 훑어 보기

○ _____교사 – 학생_____ → 학교에서 벌어지는 대화

2 장소, 상황을 유추해보기

○ ⓐ 병원   ⓑ 학교   ⓒ 상점

● 다시 한 번 잘 듣고, 빈칸을 채우시오.

A: What is four _____ four?

B: Sixteen.

A: What is sixteen _____ _____ four?

B: Four.

A: _____. You're good at math! They are opposite operations. Now, let's _____ _____ _____ eight. What is eight _____ eight?

B: Sixty-four.

Test 2

● 1번부터 6번까지는 듣고 답하는 문제입니다. T34

01 대화를 듣고, 여자아이가 이번 주말에 할 일을 고르시오.

① cleaning   ② swimming

③ shopping   ④ hiking

⑤ having a party

02 대화를 듣고, 무엇에 관한 내용인지 가장 적절한 것을 고르시오.

① 방학 여행   ② 주말 계획

③ 최근 울었던 기억   ④ 영화

⑤ 취미 생활

03 대화를 듣고, 손님이 주문한 것들을 고르시오.

① 스파게티, 샐러드, 콜라

② 피자, 치킨 수프, 콜라

③ 스파게티, 치킨 수프, 콜라

④ 스파게티, 버섯 수프, 주스

⑤ 피자, 버섯 수프, 주스

04 대화를 듣고, 두 사람이 대화하는 장소로 가장 적절한 곳을 고르시오.

① bank   ② library

③ post office   ④ school

⑤ hospital

05 대화를 듣고, Sally가 백화점에 가는 이유로 가장 적절한 것을 고르시오.

① 이모의 생일 선물을 사려고

② 이모의 결혼 선물을 사려고

③ 친구를 만나려고

④ 구매한 물건을 교환하려고

⑤ 구매한 물건을 환불하려고

06 대화를 듣고, 두 사람의 관계로 가장 적절한 것을 고르시오.

① 교사 – 학생

② 택시 운전사 – 승객

③ 우체국 직원 – 손님

④ 의사 – 환자

⑤ 남편 – 아내

● 여기부터는 읽고 답하는 문제입니다.

07 주어진 동사를 활용해 (A), (B), (C)에 들어갈 말로 알맞게 짝지어진 것은?

- She _____(A)_____ in Seoul for five years.
  live
- He always_____(B)_____ a big bag.
  carry
- A jaguar runs up and _____(C)_____ its prey.
  catch

① has lived – carries – catches

② has lived – carried – caught

③ lives – carries – catches

④ lives – has carried – catches

⑤ has lived – carries – has caught

[8-10] 다음 글을 읽고, 물음에 답하시오.

To celebrate our tenth anniversary, we are having a special sale.

We _____(A)_____ your support for the last ten years and we want to thank you in return.

Please don't miss this great chance! This is our first special sale!

It only lasts for three days, Friday 21, Saturday 22, and Sunday 23!

Save 50 percent on living room furniture at May's Furniture!

You can even save up to 80 percent with the floor samples.

08 윗글의 목적으로 알맞은 것은?

① 가구점의 개업을 광고하기 위해

② 가구점의 특별 세일을 광고하기 위해

③ 가구점의 직원을 모집하기 위해

④ 가구점의 휴무일을 알리기 위해

⑤ 가구점의 폐업정리 세일을 알리기 위해

09 윗글의 밑줄 친 (A)에 들어갈 말로 알맞은 것은?

① enjoy   ② are enjoying

③ have enjoyed   ④ were enjoying

⑤ will enjoy

10 윗글의 내용과 일치하지 않는 것은?

① 고객 사은 감사 세일이다.

② 세일은 3일간 지속 된다.

③ 50% 할인가격에 구입할 수 있다.

④ 최대 80%까지 할인되는 품목이 있다.

⑤ 이번 세일 행사는 정기적인 세일 행사이다.

11 밑줄 친 단어들과 같은 의미를 가진 것들로 바르게 짝지어진 것은?

• We will make sure your experience is (A) authentic .

• It is (B) poisonous enough to kill up to 100 people.

• It is hot and (C) humid throughout the year here.

	(A)	(B)	(C)
①	true	harmless	moist
②	fake	harmful	wet
③	true	harmful	dry
④	true	harmful	wet
⑤	fake	harmful	wet

12 다음 글을 읽고, 글의 순서대로 번호를 쓰시오.

Mom showed me how to make sandwich. First, we need to get the two pieces of bread and spread mayo on the bread. Next, we can put ham or cheese over one piece of bread. Then, we can add tomato or lettuce as desired on bread. After that, we can put the other piece of bread on top. Finally, we can enjoy our sandwich.

_____ Add tomato or lettuce on top of the ham.

_____ Put ham or cheese over one piece of bread.

_____ Spread mayo on one piece of bread.

_____ Enjoy your sandwich.

_____ Put the other piece of bread on top of everything.

13 다음 중 have의 용법이 다른 하나는?

① I have been to Paris three times.

② I have homework to do.

③ It has rained for a week.

④ How long has it been since the last time we met?

⑤ They have been together for twenty years.

14 밑줄 친 부분이 문법적으로 틀린 것은?

① She ate delicious pizza yesterday.

② He will go to school at 8:00 yesterday.

③ She went to the museum last week.

④ It was hot last night.

⑤ He is cleaning his room now.

[15-17] 다음 글을 읽고, 물음에 답하시오.

Have you ever seen windows _____(A)_____ (make) of colored glass? This style _____(B)_____ art − called stained glass− has been _____(C)_____ for about a thousand years. Stained glass has been applied mainly to the windows of churches and other significant buildings. During the Gothic period and the Renaissance (1100s − 1500s), stained glass was one of the foremost techniques of painting practiced in Europe.

<Artur Bogacki / Shutterstock.com>

15 윗글의 빈칸 (A)에 알맞은 make의 형태는?

① make   ② making   ③ to make

④ to be made   ⑤ made

16 윗글의 빈칸 (B)와 (C)에 들어갈 말로 바르게 짝지어진 것은?

① in – about　　② of – around

③ on – around　　④ to – around

⑤ of – behind

17 윗글의 내용과 일치하지 <u>않는</u> 것은?

① 스테인드글라스는 색깔이 있는 유리를 말한다.

② 스테인드글라스는 천 년 이상 존재해 왔다.

③ 스테인드글라스는 최근 유럽에서 생겨난 예술 형태이다.

④ 스테인드글라스는 주로 건물들의 창문에 사용되어 왔다.

⑤ 스테인드글라스는 르네상스 시대에 가장 앞선 기술 중 하나였다.

18 밑줄 친 부분의 뜻이 알맞지 <u>않은</u> 것은?

① New Orleans was a <u>melting pot</u> of music. (녹아서 타버린 냄비)

② It has been played in New Orleans <u>ever since</u>. (그 이후로 줄곧)

③ Many people <u>attend</u> this famous event every year. (참석하다)

④ Each one hosts a different band <u>every few hours</u>. (몇 시간 마다)

⑤ The <u>line-up</u> for the festival this year is amazing. (출연진)

19 주어진 단어를 사용하여 문장을 완성하시오.

| rich Italy known is its culture. for |

→ ＿＿＿＿＿＿＿＿＿＿＿＿＿＿＿

20 주어진 우리 말을 영어로 완성하시오.

(1) 너는 금으로 만들어진 화살을 본 적이 있니?

→ ＿＿＿＿＿＿＿＿＿＿＿＿＿＿＿

(2) 내가 일어났을 때 나는 거미 원숭이를 보았다.

→ ＿＿＿＿＿＿＿＿＿＿＿＿＿＿＿

Unit 9 Lucky Family

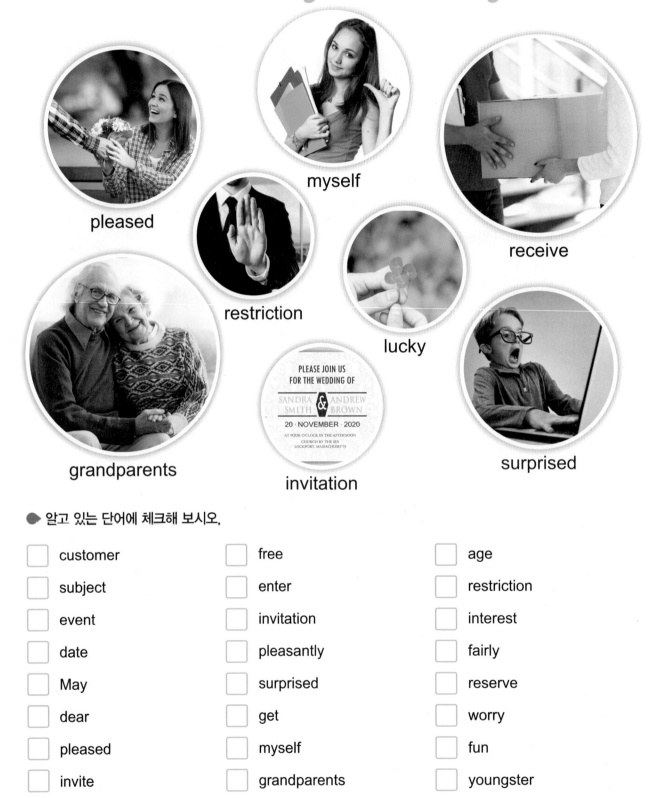

pleased

myself

receive

restriction

lucky

grandparents

PLEASE JOIN US
FOR THE WEDDING OF

SANDRA & ANDREW
SMITH & BROWN

20 · NOVEMBER · 2020

AT FOUR O'CLOCK IN THE AFTERNOON
CHURCH BY THE SEA
LOCKPORT, MASSACHUSETTS

invitation

surprised

● 알고 있는 단어에 체크해 보시오.

☐ customer	☐ free	☐ age
☐ subject	☐ enter	☐ restriction
☐ event	☐ invitation	☐ interest
☐ date	☐ pleasantly	☐ fairly
☐ May	☐ surprised	☐ reserve
☐ dear	☐ get	☐ worry
☐ pleased	☐ myself	☐ fun
☐ invite	☐ grandparents	☐ youngster
☐ lucky	☐ excited	☐ front
☐ receive	☐ hope	☐ gate

Vocabulary

A 잘 듣고 큰소리로 따라 말하며 빈칸을 채우시오. 🔊 **T 35**

No.	Korean	English	Collocation
1	몡 손님, 고객	customer	regular _____ 단골 손님
2	몡 주제, 제목, 과목	subject	favorite _____ 제일 좋아하는 과목
3	몡 사건, 행사	event	great _____ 큰 행사
4	몡 날짜, 시기	date	out of _____ 구식인
5	몡 5월	May	_____ 5th 5월 5일
6	혱 사랑하는, ~에게	dear	a _____ friend 사랑하는 친구
7	혱 기쁜, 반가운	pleased	_____ with one's score 점수에 만족하다
8	됭 초대하다	invite	_____ everyone 모두를 초대하다
9	혱 운이 좋은, 행운의	lucky	a _____ penny 행운의 동전
10	됭 받다	receive	_____ a letter 편지를 받다
11	혱 무료의, 자유로운, ~가 없는	free	_____ time 자유시간
12	됭 들어가다	enter	_____ the room 방으로 들어가다
13	몡 초대, 초청	invitation	accept an _____ 초대를 받아들이다
14	뷔 즐겁게, 유쾌하게	pleasantly	ask _____ 상냥하게 묻다
15	혱 놀란, 놀라는	surprised	a _____ look 놀라는 표정
16	됭 받다, 가져 오다	get	_____ a present 선물을 받다
17	몡 나 자신, 나 스스로	myself	cut _____ with a knife 칼에 베이다
18	몡 조부모님	grandparents	live with _____ 조부모님과 함께 살다
19	혱 신이 난, 들뜬, 흥분한	excited	_____ people 신이 난 사람들
20	됭 바라다 몡 희망	hope	last _____ 마지막 희망

No.	Korean	English	Collocation
21	명 나이, 시대	age	middle _____ 중년
22	명 제한, 구속	restriction	moral _____ 도덕적 제한
23	명 관심, 흥미, 이자	interest	an _____ in sports 스포츠에 대한 관심
24	부 상당히, 꽤, 공정하게	fairly	a _____ easy book 꽤 쉬운 책
25	동 예약하다	reserve	_____ a hotel room 호텔 객실을 예약하다
26	동 걱정하다 명 걱정	worry	_____ about ~에 대해 걱정하다
27	명 재미 형 즐거운	fun	a lot of _____ 아주 재미있는
28	명 청소년, 아이	youngster	a robust _____ 강건한 청년
29	명 앞면 형 앞쪽의	front	the _____ door 앞문
30	명 문, 출입구	gate	an iron _____ 철문

B 영어는 우리말로, 우리말은 영어로 쓰시오.

1	5월		9	제한, 구속	
2	손님		10		invitation
3	행사		11	예약하다	
4		myself	12		fairly
5	기쁜, 반가운		13	걱정하다, 걱정	
6		interest	14		subject
7	운이 좋은, 행운의		15	앞면, 앞쪽의	
8		age	16	문, 출입구	

C **A** 에서 학습한 내용을 활용하여 빈칸을 채우시오.

1 favorite _____

2 _____ a present

3 a _____ friend

4 _____ people

5 _____ everyone

6 a _____ easy book

7 _____ a letter

8 a lot of _____

9 ask _____

10 a robust _____

D 다음 중 알맞은 단어를 골라 문장을 완성하시오.

1 There is an age (restriction / interest) on this game.

2 She was really (lucky / pleased) with the prize.

3 The ride was (free / front), so many people lined up.

4 Everyone got an (invitation / enter) to the reunion party.

5 I am excited to see my (age / grandparents) during this trip.

6 The whole class was excited about the spring (event / date).

7 I really (hope / worry) that we will win the contest.

E 주어진 단어를 보고, 두 문장에 공통으로 들어갈 단어를 골라 써 넣으시오.

1 As soon as the last _____ left, they would close the shop.

Since she was a regular _____, she often got a discount.

2 The pleasant weather really _____ her since rain was in the forecast.

He was really _____ to see his son come home early from college.

3 Since nobody remembered to _____ a table, they had to wait for a long time.

He tried to _____ tickets online, but the flight was already booked.

4 He came home too late, and the _____ was locked.

He could see the man walking across the garden to open the front _____.

Word Bank

surprised   hope   gate   reserve   front   customer

Reading

To: AdventureLand Customers
From: Robert Davies
Subject: Opening Day Ticket Events
Date: May 1st

Dear Lucky Families,

❶ We are pleased to invite you and your family to the opening of AdventureLand.
Opening day is May 16th. Ten lucky families will receive free tickets to the theme park. ❷ To enter to win free tickets, reply to this email. Tickets are first-come, first-serve.
We hope to see you on May 16th!

Robert Davies
AdventureLand Inc.

Q1 Why did Robert Davies send this email?

a. To explain about a new theme park   b. To invite families to an opening

To: Robert Davies

From: Marion Blake

Subject: Thank you for the invitation!

Date: May 1st

Dear Mr. Davies,

     I was pleasantly surprised to get your email. Our family is very interested in going to AdventureLand. We would very much like to receive free tickets for opening day on May 16th.

Besides myself, there are five other people in my family, including my grandparents. ❸ Even though they are in their 70s, they are excited about going, too. I hope that there are no age restrictions on the rides!

Thank you so much!

Marion Blake

Q2   How many people in Marion's family want to go to AdventureLand?

a. Six   b. Two

To: Marion Blake

From: Robert Davies

Subject: You won the tickets!

Date: May 2nd

Dear Marion,

We are happy to hear of your family's interest in AdventureLand. We think it's fairly great ourselves! As you know, the tickets were first-come, first-serve. ❹ Luckily, your family was able to get the last remaining tickets.

I've reserved six tickets for you, and tell your grandparents not to worry! ❺ They should be able to have just as much fun as all the youngsters at the park. You may pick up your tickets at the AdventureLand Front Gates on opening day.

Have a great time!
Robert

Q3 What is true about the tickets?

a. Everyone who asked could get them.

b. Only the first people who asked could get them.

1 We **are pleased to** invite you and your family to the opening of AdventureLand.

be pleased to 구문

- '〜하게 되어 기쁘다'라는 의미로 사용되고, to 다음에는 동사원형이 온다.

  ex) We **are pleased to** inform you that you are the winner.

2 To enter to win free tickets, **reply to** this email.

reply to 구문

- '답신을 보내다, to return as an answer'의 의미이다.

  ex) Please do not **reply to** this email.

3 **Even though** they are in their 70s, they are excited about going, too.

even though 구문

- '비록 〜 이지만'이라는 의미로 대조적인 상황을 표현할 때 사용된다.

  ex) **Even though** I did not want to, I went to the party.

4 **Luckily**, your family was able to get the last remaining tickets.

부사

- 부사의 역할은 동사나 형용사, 다른 부사 또는 문장 전체를 수식해 주는 것으로 기본 형태는 형용사에 ly를 더해 부사로 사용한다.

  ex) I was **pleasantly** surprised to get your email.

5 They should **be able to** have just as much fun as all the youngsters at the park.

be able to 구문

- '〜를 할 수 있다'라는 의미로 조동사 can과 비슷한 뜻으로 사용한다.

  ex) I will **be able to** drive next year.

► Reading Comprehension

A 질문에 알맞은 답을 고르시오.

1 이 글은 무엇에 관한 내용인지 고르시오.

    a. Writing emails to a good friend   b. Winning tickets to an opening

    c. Going to an exciting theme park

2 Marion이 5월 1일에 Robert에게 받은 것을 고르시오.

    a. A fun event   b. Six tickets

    c. An email

3 Marion은 어떻게 무료 티켓을 받았는지 고르시오.

    a. She replied to something quickly.   b. She went to the front gate.

    c. She wrote a nice invitation.

B 주어진 단어를 활용하여 빈칸을 채우시오.

1 Marion Blake

- got a(n) _____ from _____ Davies
- asked for 6 _____ tickets for her family
- can pick up the tickets at the _____ _____ on opening day

2 Robert Davies

- works at _____
- emailed an invitation to _____ _____ of the theme park
- reserved 6 tickets for _____ family

Word Bank

AdventureLand	invitation	front gate	free
Marion's	opening day	Robert	

► Reading Focus

Identifying Genre (장르 파악하기)
주어진 문장의 구성 방식을 활용해 장르를 파악한다!

독해 지문에는 여러 가지 종류의 것들이 있어요. 지문의 유형이나 장르는 그 지문에 대한 정보를 제공합니다. 장르별로 다른 구성 방식을 갖고 있어서 장르를 파악하기는 비교적 용이해요. 장르를 파악하면 그 지문의 주제를 이해하는데 도움이 되고 글의 내용을 더 쉽게 이해할 수 있답니다.

● 구성 방식에 따른 대표적 장르
편지 또는 이메일, 일기, 기사나 보고서, 조리법, 지시문

● 전략적 읽기의 열쇠
1 차트나 그래프가 있나요? → 그렇다면, 기사나 보고서!
2 지문에 재료의 목록이 있나요? → 그렇다면, 조리법!
3 글의 상단부와 하단부에 이름이 있나요? → 그렇다면, 편지나 이메일!
4 글의 상단부에 날짜가 있지만, 이름은 없나요? → 그렇다면, 일기!
5 재료는 없지만, 따라야 할 절차에 대한 목록이 있나요? → 그렇다면, 지시문!

연습 다음 글을 읽고, 질문에 알맞은 답을 고르시오.

The theme park in my town is very popular. It gets many visitors every year. And the number of visitors is growing. The graph to the side shows the number of visitors. In 2014, there were 100,000 visitors. But in 2016, there were 200,000 visitors!

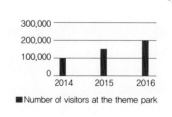

■ Number of visitors at the theme park

● 윗글의 종류로 알맞은 것을 고르시오.

a. A letter or email   b. A diary

c. A report   d. A recipe

e. Instructions

Grammar

형용사 vs. 부사

● 다음 문장을 읽고, 맞으면 C, 틀리면 I를 선택하시오.

1 He is a boy good. (C / I)

2 She looks beautifully. (C / I)

3 She is very smart. (C / I)

형용사의 종류

• 형용사는 사람·사물의 성질, 상태, 크기, 색깔 등을 나타냄

성질	상태	크기	색깔
shy	hungry	tall	blue
brave	thirsty	big	green
kind	tired	little	red
honest	cold	small	yellow

A 다음 중 형용사를 2개씩 고르시오.

1 ⓐ shy ⓑ boy ⓒ brave ⓓ girl 2 ⓐ student ⓑ teacher ⓒ kind ⓓ honest

3 ⓐ hungry ⓑ man ⓒ tired ⓓ woman 4 ⓐ good ⓑ big ⓒ run ⓓ eat

형용사의 위치 & 역할

• 주로 명사 앞에서 명사를 꾸며주고, 그 명사에 더 많은 정보를 주는 역할을 함

• be동사, become, get 다음에 와서 주어를 보충해주는 역할을 함

B 다음 문장에서 형용사를 골라 표시하시오.

1 He is a (smart) student. 2 He is a kind boy.

3 She is a happy child. 4 She is a little girl.

5 Ms. Lee is an old lady. 6 Mr. Park is a tall man.

C 다음 문장에 알맞은 뜻을 찾아 연결하시오.

1 He is a tall boy. •   • ⓐ 그는 낡은 차를 갖고 있다.

2 The boy is tall. •   • ⓑ 그의 차는 낡았다.

3 He has an old car. •   • ⓒ 그는 키가 큰 소년이다.

4 His car is old. •   • ⓓ 그 소년은 키가 크다.

> 형용사 위치
> *형용사 + 명사
> *be동사 + 형용사

D 다음 문장에서 형용사가 들어갈 알맞은 위치를 고르시오.

1 Tim / is / a / boy. (strong)
    ⓐ ⓑ ⓒ

2 Sam / is / a / student. (brave)
    ⓐ ⓑ ⓒ

3 Bill / lives / in a / house. (big)
    ⓐ   ⓑ   ⓒ

4 David / will / buy a / coat. (new)
    ⓐ   ⓑ   ⓒ

5 Amy / bought / shoes / yesterday. (green)
    ⓐ   ⓑ   ⓒ

6 Becky / had / a / snack. (delicious)
    ⓐ ⓑ ⓒ

오감동사 + 형용사

- 오감동사 (look, smell, taste, sound, feel) + 형용사
- 오감동사 다음에 부사를 쓰면 내용이 달라지므로 유의해야 함

E 보기에서 알맞은 표현을 골라 다음 문장을 완성하시오.

1 이 빵은 냄새가 좋다. → This bread _____ ⓑ smells good _____.

2 이 샌드위치는 맛있다. → This sandwich _____.

3 이 음악은 시끄럽다. → This music _____.

4 이 꽃들은 아름답게 보인다. → These flowers _____.

> 보기
> ⓐ tastes delicious
> ⓑ ~~smells good~~
> ⓒ look beautiful
> ⓓ sounds noisy

F 다음 중 올바른 문장을 고르시오.

1 ⓐ You look wonderfully.
  ⓑ You look wonderful. ✓

2 ⓐ That sounds great.
  ⓑ That sounds greatly.

3 ⓐ This feels softly.
  ⓑ This feels soft.

4 ⓐ The cake smells sweetly.
  ⓑ The cake smells sweet.

- 부사: 동작, 상태를 꾸며주는 말
- 형용사, 동사, 다른 부사, 문장 전체를 꾸며주는 역할을 함

1 형용사 수식: He is very smart.

2 동사 수식: He runs fast.

3 다른 부사 수식: He runs very fast.

4 문장 전체 수식: Luckily, he succeeded.

G 다음 문장에서 부사와 그 부사가 수식하는 부분을 표시하시오.

1 Giraffes are very tall.

2 Cheetahs can run fast.

3 Elephants are really big.

4 Hippos have a very big mouth.

5 Luckily, he passed the exam.

6 Unfortunately, he failed.

규칙		불규칙	
대부분 형용사	자음 +y로 끝난 형용사	형용사 = 부사	형태가 다른 경우
형용사 +ly	y를 i로 고친 후 l ly		
kind – kindly soft – softly	lucky – luckily happy – happily	fast – fast late – late high – high early – early	good – well

H 다음 빈칸에 알맞은 형용사 또는 부사를 쓰시오.

	형용사	부사		형용사	부사
1	smart	smartly	6		luckily
2	wise		7	happy	
3		nicely	8	quiet	
4		slowly	9		fast
5	beautiful		10		well

I 형용사, 부사 중 알맞은 것을 골라 빈칸을 채우시오.

1 ___Sadly___, he has left.
  Sad / Sadly

2 He was _____.
  sad / sadly

3 _____, he came back home.
  Lucky / Luckily

4 He felt _____.
  lucky / luckily

5 He is a very _____ man.
  kind / kindly

6 He is very _____.
  kind / kindly

7 He speaks _____.
  nice / nicely

8 He is a _____ man.
  nice / nicely

9 It is getting _____.
  cold / coldly

10 He became _____.
  wise / wisely

Post

● 아래의 상자에서 알맞은 내용을 골라 형용사와 부사에 대한 설명을 완성하시오.

1 형용사는 사람 · 사물의 ____ⓓ 성질, 상태, 크기, 색깔____ 등을 나타내요.

2 형용사는 주로 _____에서 명사를 꾸며주고, 꾸며주는 명사에 더 많은 정보를 나타내요.

3 형용사는 _____에 와서 주어를 보충해줘요.

4 오감동사에는 _____이 있고, 형용사와 함께 사용해요.

5 부사는 _____를 꾸며주는 역할을 해요.

6 부사는 대부분이 _____ 형태를 취해요. 예를 들면 fortunate의 부사형은 fortunately예요.

7 y로 끝난 형용사는 y를 i로 고치고 ly를 붙여요. 예를 들면 lucky의 부사형은 _____예요.

8 형용사, 부사가 형태가 같은 경우도 있어요. 예를 들면 early의 부사형은 _____예요.

ⓐ 형용사, 동사, 다른 부사, 문장 전체   ⓑ 명사 앞   ⓒ '형용사 + ly'   ⓓ 성질, 상태, 크기, 색깔   ⓔ early
ⓕ look, smell, taste, sound, feel   ⓖ luckily   ⓗ be동사, become, get 다음

Listening

유형 17 요청하기　　　　　 **T37**

● 대화를 듣고, 여자가 남자아이에게 요청한 것을 고르시오.

① 설거지하기　　　　　　② 방 청소하기　　　　　　③ 컴퓨터 게임하기

④ 숙제하기　　　　　　　⑤ 접시 치우기

전략 ● 요청(Request)을 나타내는 표현을 들어야 해요.

전략 적용 해보기!

| 1 요청 표현 듣기 |
| 2 기본 동사에 친숙해지기 |

◎ __Please__ , __would__ __you__ ~?

◎ __clean__ up the room, __make__ a promise, __take__ time

● 다시 한 번 잘 듣고, 빈칸을 채우시오.

A: Kevin, this room is so messy! _____ _____ it up, immediately!

B: But Mom, I just started this game.

A: You _____ a promise to keep your room clean. The floor _____ completely _____ _____ clothes and there is no room to walk.

B: It's not that bad.

A: Clean it up now, _____. _____ there won't be any computer games this weekend!

B: Got it. But, _____ _____ mind giving me five more minutes? Please let me finish this game. It will not _____ long.

Key Words & Key Expressions

격식을 갖추어 요청하는 표현:

Could you~? Would you~? Would you mind ~?

Could you open the door? Would you open the door?

문 좀 열어주시겠습니까?

가까운 사이에 요청하는 표현:

Can you~? Will you~?

Can you open the door? 문을 열어줄래?

일상생활 속 표현:

clean off the table 식탁을 청소하다　clean up the room 방을 청소하다　hang up the suit 옷을 옷장에 걸다　make the bed 침대를 정돈하다　mop the floor 바닥을 걸레질 하다　set the table 식탁을 차리다　throw out the garbage 쓰레기를 밖으로 내다 놓다　tidy up the closet 옷장을 정돈하다　turn off the light 불을 끄다　vacuum the floor 바닥을 진공 청소하다　wash the clothes / do the laundry 빨래하다　do the dishes 설거지를 하다　do the chores 허드렛일을 하다

연습1 대화를 듣고, 남자가 여자아이에게 요청한 것을 고르시오.

① 영화표 예매하기　　　　② 세탁물 분류하기　　　　③ 빵 가져오기

④ 야채 씻기　　　　　　　⑤ 청소하기

---

1 요청 표현 듣기

2 기본 동사에 친숙해지기

○ ___Would___ ___you___ ~? ___Will___ ___you___ ~?

○ _____ the chores, _____ the bed, _____ the laundry

● 다시 한 번 잘 듣고, 빈칸을 채우시오.

A: Dad, _____ _____ take me to the movies? I wanna watch the new action one.

B: Are your chores done?

A: I think so. I _____ my bed, did the _____, dusted and _____.

B: Great job. Let's have some sandwiches for lunch, then go to see a movie.

A: Hooray!

B: _____ _____ go get the bread? I'll get some lettuce, tomatoes, and ham.

연습2 대화를 듣고, 여자아이가 남자아이에게 요청한 것을 고르시오.

① 핫초코 만들기　　　　② 눈 치우기　　　　③ 샌드위치 만들기

④ 차에 썰매 싣기　　　　⑤ 자동차 청소하기

---

1 요청 표현 듣기

2 기본 동사에 친숙해지기

○ ___Could___ ___you___ ~? ___Would___ ___you___ ~?

○ _____ sandwiches, _____ hot chocolate

● 다시 한 번 잘 듣고, 빈칸을 채우시오.

A: Wow, look at the snow!

B: I know. It is beautiful outside. Let's go sledding.

A: Okay. We should pack a lunch. _____ _____ make some sandwiches?

B: _____. I can make ham and egg sandwiches. _____ _____ make hot chocolate for me?

A: Yes, I will make hot chocolate with marshmallows.

B: Sounds great! Thank you.

● 대화를 듣고, 여자아이가 남자아이에게 제안한 것을 고르시오.

① 스케이트 타기   ② 배드민턴 치기   ③ 숙제하기

④ 하이킹 가기   ⑤ 체스 동아리 가입하기

전략 ▸ 제안(Offer)을 나타내는 표현을 들어야 해요.

전략 적용 해보기!

1 제안을 나타내는 표현

2 제안을 수락하는 표현

3 제안을 거절하는 표현

○ <u>Would</u> <u>you</u> <u>like</u> <u>to</u> ~? <u>Shall</u> <u>we</u> ~?

○ <u>Wonderful</u> .

○ <u>Thanks</u> , <u>but</u> ~

● 다시 한 번 잘 듣고, 빈칸을 채우시오.

A: There are so many clubs at the school. I don't know which one to join.

B: I'm going to join the chess club. _____ _____ _____ to come with me?

A: _____ , _____ I've never played chess before.

B: That's not a problem. There are many members of different levels. You'll learn in no time. _____ _____ _____ show how to play it?

A: That _____ _____ wonderful. I guess I'll give it a try!

B: Great! _____ _____ meet on Wednesdays after school in the cafeteria?

Key Words & Key Expressions

제안을 나타내는 표현:

Would you like ~? ~ 하시겠습니까? **Do you want** ~? ~ 할래?
Let's ~. ~ 하자. **Shall we** ~? ~ 할래?

제안을 수락하는 표현:

That sounds good / great / wonderful / amazing. 좋아요.
Yes, please. 네, 그렇게 해주세요.

제안을 거절하는 표현:

Thanks, but ~. **Sorry, but** ~. **I'm afraid that** ~.
Well, I'm not sure ~.

연습1 대화를 듣고, 남자가 여자에게 제안한 것을 고르시오.

① 조깅하기   ② 쇼핑하기   ③ 외식하기

④ 다이어트하기   ⑤ 체육관 가기

1 제안을 나타내는 표현	○ __Let's__ ~
2 제안을 수락하는 표현	○ __Great__ .
3 제안을 거절하는 표현	○ __Well__ , __I'm__ __not__ __sure__ ~

● 다시 한 번 잘 듣고, 빈칸을 채우시오.

A: This holiday season was great, but I think I've gained at least 4 kilograms.

B: Me, too.

A: _____ go on a diet together.

B: _____ , _____ _____ _____ I can do it. I want to lose weight, but I don't like being hungry all the time.

A: We can do it by eating smart, not less. How does that sound to you?

B: That sounds _____ . Tell me more!

연습2 대화를 듣고, 남자가 여자에게 제안한 것을 고르시오.

① 유명한 악단에 입단하기   ② 새로운 악기 도전하기   ③ 바이올린 연주하기

④ 콘서트에서 노래하기   ⑤ 첼로 구매하기

1 제안을 나타내는 표현	○ __Maybe__ __you__ __should__ __try__ ~
2 제안을 수락하는 표현	○ __Okay__ .
3 제안을 거절하는 표현	○ __But__ __I'm__ __not__ __sure__ .

● 다시 한 번 잘 듣고, 빈칸을 채우시오.

A: Our orchestra just lost our cello player.

B: You are an excellent violinist. Maybe you _____ _____ the cello.

A: I love the sound of the cello. It is so deep and rich. _____ _____ .

B: I'm sure that you could be a great cellist.

A: Do you really think so? _____ , I'll try it.

Unit 10 Staying Healthy

vegetable

exercise

burn

stress

rainbow

loudly

calorie

nutrient

● 알고 있는 단어에 체크해 보시오.

☐ diet	☐ high	☐ bone
☐ key	☐ exercise	☐ regular
☐ healthy	☐ lose	☐ neglect
☐ mix	☐ weight	☐ mental
☐ vitamin	☐ build	☐ stress
☐ nutrient	☐ muscle	☐ mind
☐ fruit	☐ burn	☐ refocus
☐ vegetable	☐ calorie	☐ activity
☐ rainbow	☐ strong	☐ creative
☐ color	☐ benefit	☐ loudly

Vocabulary

A 잘 듣고 큰소리로 따라 말하며 빈칸을 채우시오.   T39

No.	Korean	English	Collocation
1	명 식습관, 다이어트, 식단	diet	healthy _____ 건강한 식단
2	명 열쇠, 비결 형 핵심적인	key	the _____ point 중요한 핵심
3	형 건강한, 건강에 좋은	healthy	a _____ body 건강한 신체
4	동 섞다 명 혼합체	mix	_____ all the ingredients 모든 재료를 섞다
5	명 비타민	vitamin	take _____ C 비타민 C를 복용하다
6	명 영양소	nutrient	an essential _____ 필수적인 영양소
7	명 과일	fruit	tropical _____ 열대 과일
8	명 채소	vegetable	_____ soup 야채 수프
9	명 무지개	rainbow	_____ sherbert 무지개색 셔벗
10	명 색, 색깔	color	favorite _____ 가장 좋아하는 색
11	형 높은	high	a _____ building 높은 빌딩
12	명 운동, 연습 동 운동하다	exercise	_____ regularly 규칙적으로 운동하다
13	동 잃다	lose	_____ one's wallet 지갑을 잃어버리다
14	명 무게, 체중	weight	lose _____ 살을 빼다
15	동 짓다, 건설하다	build	_____ a new house 새로운 집을 짓다
16	명 근육, 근력	muscle	build _____ 근육을 키우다
17	동 태우다, 타오르다	burn	_____ calories 칼로리를 태우다
18	명 열량, 칼로리	calorie	a low-_____ drink 저칼로리 음료
19	형 강한, 튼튼한, 힘센	strong	a _____ wind 강한 바람
20	명 혜택, 이득	benefit	public _____ 공익

No.	Korean	English	Collocation
21	명 뼈	bone	break a _____ 골절하다
22	형 규칙적인, 보통의	regular	_____ breathing 규칙적인 호흡
23	동 무시하다 명 방치	neglect	_____ the traffic signal 교통신호를 무시하다
24	형 정신의, 마음의	mental	_____ health 정신 건강
25	명 스트레스, 강세 동 강조하다	stress	extreme _____ 극심한 스트레스
26	명 마음, 정신, 사고	mind	a brilliant _____ 머리가 좋은 사람
27	동 초점을 다시 맞추다	refocus	_____ the event 사건을 재조명하다
28	명 활동, 움직임, 활기	activity	physical _____ 신체적 활동
29	형 창조적인, 창의적인	creative	_____ thinking 창의적 사고
30	부 큰 소리로	loudly	cry _____ 큰 소리로 울부짖다

B 영어는 우리말로, 우리말은 영어로 쓰시오.

1	섞다, 혼합체		9	큰 소리로	
2	채소		10		muscle
3		burn	11	창조적인, 창의적인	
4	무지개		12	활동, 움직임, 활기	
5		neglect	13		bone
6	색, 색깔		14		nutrient
7		refocus	15		mental
8	짓다, 건설하다		16	마음, 정신, 사고	

C **A** 에서 학습한 내용을 활용하여 빈칸을 채우시오.

1 a _____ body

2 a _____ building

3 _____ one's wallet

4 lose _____

5 public _____

6 _____ breathing

7 healthy _____

8 the _____ point

9 an essential _____

10 tropical _____

D 다음 중 알맞은 단어를 골라 문장을 완성하시오.

1 The teacher tried to just focus the lesson on the _____ points.

① key　　　　　② mix　　　　　③ color　　　　　④ strong

2 The outdoor _____ was really popular with everyone in the group.

① diet　　　　　② activity　　　　　③ vitamin　　　　　④ stress

3 The food was so healthy and full of beneficial _____s.

① rainbow　　　　　② calorie　　　　　③ mind　　　　　④ nutrient

4 The family was excited to start _____ing their new house.

① build　　　　　② neglect　　　　　③ refocus　　　　　④ burn

5 The athlete was so strong and had really big _____s.

① vegetable　　　　　② bone　　　　　③ muscle　　　　　④ benefit

E 주어진 단어를 보고, 빈칸에 들어갈 단어를 골라 써 넣으시오.

1 She made a delicious dessert using all of the seasonal _____ that was ripe.

2 He resolved to _____ more often during the next year.

3 Her doctor told her she was physically fit, but he was worried about her _____ health.

4 Because the baby cried so _____, nobody could get any sleep.

5 The art teacher encouraged her students to be as _____ as they could.

> **Word Bank**
>
> exercise　　weight　　loudly　　mental　　fruit　　creative

Reading

Having a good diet is key to being healthy. Your body needs a good mix of vitamins and other nutrients. Many of these come from fruits and vegetables. Ideally, you should try to eat a rainbow. Do you know how you can do that?

Fruits and vegetables of different colors have different nutrients. For example, orange fruits are high in vitamin C. Green vegetables are high in vitamins K and E. Red, orange, yellow, white, green, blue, and purple— having something of each color on your plate is better.

Q1 Why should you eat a rainbow?

a. To get a good mix of vitamins and other nutrients

b. To have a more delicious meal on your plate

However, you need more than a good diet. Exercise is also important. Many people think doing exercise is only good for losing weight or building muscles. Of course, ❶ exercise does help you burn calories and ❷ it can

give you stronger muscles, but exercise has more benefits than you might think.

Exercise makes your bones stronger. It also helps your blood flow better. Scientists think that exercise can even help you learn faster. Regular exercise will make you an all-around healthier person.

Q2 According to this reading, what is true about exercise?

a. People don't have enough variety in their exercise.

b. People don't realize how many ways exercise helps them.

Finally, don't neglect your mental health. Stress is something everyone has to deal with. Thinking about stressful things will only make you more stressed. However how can you **turn off** that part of **your mind**?

Try to refocus your thinking. ❸ Do another activity that makes you think or feel differently. ❹ Do something creative. Read an interesting book. Watch a funny video on the internet. ❺ Even just singing loudly in the shower can help you feel healthier.

Q3 What does **turn off** ~ **your mind** mean?

a. To stop thinking about something

b. To think about stressful things

1 Exercise **does help** you burn calories.

do를 이용한 동사의 강조

- 강조하려는 동사 앞에 do를 사용하되, 주어의 수와 시제를 일치시키고 뒤에 동사원형을 사용한다.

   ex) I **do like** swimming. He **does love** soccer. She **did call** you.

2 It can give you **stronger** muscles.

비교급

- 1음절어와 일부 2음절어는 원급에 -er을 더해 비교급을 만든다. 대다수의 2음절어와 3음절어 이상은 more 를 더해 비교급을 만들고, 불규칙 변화를 하는 비교급은 따로 기억하도록 한다.

   ex) Exercising makes me **healthier**. Love is **more precious** than money.

3 Do another activity that **makes you think or feel** differently.

사역동사 make

- '~하도록 만들다'라는 의미의 사역동사 make 다음에 목적어를 사용하고 목적격 보어 자리에는 동사원형을 사용해야 한다.

   ex) He **made me study** all day long.

4 Do **something creative**.

something 수식

- something을 수식하는 형용사는 다른 명사들과는 달리 something 뒤에 위치한다.

   ex) Get me **something cold**.

5 Even just singing loudly in the shower can **help you feel** healthier.

준 사역동사 help

- 목적어가 '~하도록 돕는다'는 의미의 help는 make 등의 사역동사와 같이 목적격보어 자리에 동사원형을 사용할 수 있다.

   ex) It also **helps your blood flow** better.

► Reading Comprehension

A 질문에 알맞은 답을 고르시오.

1 이 글은 무엇에 관한 것인지 고르시오.

    a. The best food to eat
                    b. How to be healthy

    c. What exercise to do

2 이 글을 읽고 excercise에 대한 내용으로 옳지 <u>않은</u> 내용을 고르시오.

    a. It helps you learn faster.
            b. It gives you stronger muscles.

    c. It makes your blood slower.

3 동그라미 한 refocus your thinking의 의미를 고르시오.(182쪽)

    a. To think and pay attention to something new
      b. To be creative when thinking

    c. To continue thinking hard about the same thing

B 주어진 단어를 활용하여 빈칸을 채우시오.

1 Food

○ fruits and vegetables of
different colors have different

    _____

○ eat a _____

    → have each color on your
plate

2 Exercise

○ makes bones and _____ stronger
○ helps _____ flow
○ helps burn _____

3 Mental Health

○ don't think about _____
things
○ _____ your thinking
○ do something that makes you think
or _____ differently

Word Bank			
calories	muscles	refocus	rainbow
nutrients	feel	stressful	blood

► Reading Focus

Paraphrasing (바꿔 표현하기)
같은 내용이지만, 정확한 이해를 위해 어구나 단어를 바꾸어 표현한다!

> 한 지문 내에 때로는 같은 정보가 반복되어 제공될 수 있어요. 그러나 이 경우, 반복되는 정보는 보통 다른 단어를 활용합니다. 이를 '바꿔 표현하기' 또는 '의역'이라고 해요. 이는 보다 더 정확한 이해를 돕거나 표현의 반복을 피하기 위해 사용해요.

의역의 일반적인 특징들
1 같은 뜻을 갖는 다른 단어들을 사용한다.

2 어순을 바꾸거나 다른 문법 표현을 사용하기도 한다.

전략적 읽기의 열쇠
의역은 다른 어휘나 문법, 어순을 사용하더라도 글의 의미는 같다.

ex) Exercise makes your bones stronger.

→ Your bones are made stronger by exercise. (다른 문법을 사용했지만, 의미는 같으므로 올바른 의역임)

→ Your bones become stronger when you exercise. (어순과 문법 다르지만, 의미가 같으므로 올바른 의역임)

연습 다음 글을 읽고, 질문에 알맞은 답을 고르시오.

> How does exercise help your bones? It can cause more bone to be made. This means we get thicker and, thus, stronger bones. But not all exercise does this. For example, swimming does not build bone. Do exercise that keeps you on your feet, like soccer. Both muscles and bones become stronger then.

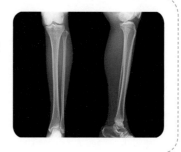

윗글의 내용을 의역한 아래의 문장을 읽고, 맞으면 O, 틀리면 X 하시오.

1 Bone is not made as quickly if we exercise by swimming. _____

2 Our bones become stronger with exercise because exercise makes our bones thicker. _____

3 We need to do exercise while standing to be able to build bone. _____

Grammar

Pre

● 비교급

● 다음 문장을 읽고, 맞으면 C, 틀리면 I를 선택하시오.

1 It makes your bones more stronger.　　　　　(C / I)

2 It helps you learn more fast.　　　　　　　　(C / I)

3 It gives you stronger muscles.　　　　　　　(C / I)

● 비교급의 역할

• 비교급은 두 개를 비교할 때 사용함　　　• 비교급은 '～보다 더 ...한,' '～보다 더 ...하게'를 뜻함

A 다음 문장을 알맞은 한글 뜻과 연결하시오.

1 He is tall. · 　　　　　　　ⓐ 그는 그녀보다 키가 더 크다.

2 He is taller than her. · 　　　　ⓑ 그는 키가 크다.

3 He runs fast. · 　　　　　　　ⓒ 그는 빨리 달린다.

4 He runs faster than she does. · 　　ⓓ 그는 그녀보다 더 빨리 달린다.

● 비교급을 만드는 방법 I

• 형용사 / 부사 +er

대부분의 형용사 / 부사: +er		'자음 +y'로 끝난 형용사 / 부사: y를 i로 고치고 +er		'단모음 + 단자음'으로 끝난 형용사 / 부사: 마지막 자음 한 번 더 쓰고 +er	
tall	taller	pretty	prettier	big	bigger
fast	faster	healthy	healthier	hot	hotter

B 보기의 단어를 알맞은 곳에 변형하여 쓰시오.

보기

+er		y를 i로 고치고 +er		마지막 자음 한 번 더 쓰고 +er	
1	higher	2		3	

thin　fat
happy　high
small　big
easy　hot

186　Unit 10

- more + 2음절 이상의 형용사 / 부사

원급	비교급	원급	비교급
beautiful	more beautiful	careful	more careful
difficult	more difficult	famous	more famous
important	more important	interesting	more interesting

C 다음 단어 중 2음절 이상의 형용사 또는 부사에 동그라미 한 후, 알맞은 비교급을 쓰시오.

1 strong (beautiful) _____more beautiful_____   2 interesting large _____

3 careful small _____   4 famous short _____

5 young difficult _____   6 important tall _____

비교급을 만드는 방법 Ⅲ

- 불규칙 비교급

원급	비교급	원급	비교급
good	better	many	more
well	better	much	more
bad	worse	little	less
ill	worse	far	farther

D 다음 단어의 알맞은 비교급과, 비교급을 만드는 규칙을 차례대로 연결하시오.

1 good   •   • more interesting •   • ⓐ 형용사 / 부사 +er

2 healthy   •   • stronger •

3 important   •   • better •   • ⓑ more + 형용사 / 부사

4 strong   •   • worse •

5 interesting   •   • more important •   • ⓒ 불규칙 비교급

6 bad   •   • healthier •

• 비교급 + than : ~보다 ...하다

• the + 비교급, the + 비교급 : ~할수록 ...하다

E 다음 문장에서 than을 올바른 위치에 넣어 비교급 구문을 완성하시오.

1 Bill is younger Tom.
  than

2 My uncle is taller my dad.

3 My aunt is older my mom.

4 This building is higher that one.

5 Exercise has more benefits you think.

6 He has more money his sister.

7 This is better that.

8 These are worse those.

9 This flower is more beautiful that one.

10 The book is thinner that one.

11 Music is more interesting math.

12 The elephant is bigger the mouse.

F 다음 문장에서 틀린 부분을 찾아 올바른 비교급으로 고치시오.

1 Health is ~~important~~ than money.
  more important

2 Today is hot than yesterday.

3 Math is easy than English.

4 Science is difficult than math.

5 Dad is heavy than Mom.

6 His hair is short than mine.

7 I can run fast than you.

8 She can jump high than her sister.

9 His house is big than mine.

10 He has little money than his brother.

11 The hard you study, the more you achieve.

12 The taller the building is, the long its shadow is.

G 다음 한글 뜻에 알맞은 문장을 고르시오.

1 운동은 뼈를 더 튼튼하게 만들어 준다.

    ⓐ Exercise makes your bones stronger.

    ⓑ Exercise makes your bones strong.

2 운동은 피가 더 잘 흐르도록 도와준다.

    ⓐ Exercise helps your blood flow well.

    ⓑ Exercise helps your blood flow better.

3 운동은 네가 더 빨리 배우도록 도와준다.

    ⓐ Exercise helps you learn fast.

    ⓑ Exercise helps you learn faster.

4 운동은 칼로리를 태우도록 도와준다.

    ⓐ Exercise helps you burn calories.

    ⓑ Exercise helps you burn more calories.

5 규칙적인 운동은 네가 더 건강한 사람이 되도록 만들어 줄 것이다.

    ⓐ Regular exercise will make you a healthy person.

    ⓑ Regular exercise will make you a healthier person.

Post

● 아래의 상자에서 알맞은 내용을 골라 비교급에 대한 설명을 완성하시오.

1 비교급은 __ⓗ 두 개__ 를 비교할 때 사용해요.

2 비교급은 _____, '~보다 더 ...하게'를 뜻해요.

3 대부분의 형용사, 부사는 −er을 붙여서 _____을 만들어요.

4 _____는 앞에 more를 붙여서 비교급을 만들어요.

5 _____는 y를 i로 고치고 −er를 붙여서 비교급을 만들어요.

6 _____은 마지막 철자를 한 번 더 쓰고 −er를 붙여서 비교급을 만들어요.

7 bad, ill의 비교급은 _____이에요.

8 many, much의 비교급은 _____이에요.

ⓐ 비교급   ⓑ worse   ⓒ busy, healthy, pretty   ⓓ more

ⓔ hot, big   ⓕ '~보다 더 ...한'   ⓖ beautiful, important, difficult   ⓗ 두 개

Listening

🎧 T 41

유형 19 어색한 대화 찾기

● 대화를 듣고, 어색한 대화를 고르시오.

①   ②   ③   ④   ⑤

전략 ▶ 질문이나 진술의 의도를 파악하세요.

전략 적용 해보기!

1 질문이나 진술 의미 파악하기

2 올바른 응답 고르기

◉ What time~? 구문의 의미를 고르시오.
  ⓐ 소요 시간을 묻는 질문   ⓑ 시각을 묻는 질문
◉ What time~? 구문의 응답을 고르시오.
  ⓐ at 12   ⓑ for two hours

● 다시 한 번 잘 듣고, 빈칸을 채우시오.

① A: _____ like to have some more French fries?

   B: No, _____ _____. I am stuffed.

② A: _____ _____ are you going to lunch?

   B: My math homework is due tomorrow.

③ A: _____ do you like to do in your free time?

   B: I enjoy painting.

④ A: _____ _____ is your doctor's appointment?

   B: I think it's at 2 p.m.

⑤ A: I am sorry that I am late.

   B: That's _____ _____. We haven't started yet.

Key Words & Key Expressions

제안(Suggestion): **Would you like to drink water?** 물 드릴까요?

수락(Acceptance): **Yes, please. I'd love to.** 네. 감사합니다.

거절(Rejection): **No thanks. / I'm sorry I can't. / I wish I could.** 감사합니다만, 아니요.

감사하기: **Thank you for your help.** 도와주셔서 감사합니다.
I appreciate your offer. 제안해주셔서 감사합니다.

감사에 응답하기:
Don't mention it. You're welcome. My pleasure. 천만에요.

유감 표현하기:

I'm sorry but I can't. 죄송합니다만, 할 수 없습니다.

I'm sorry that you have a cold. 감기가 드셨다니 유감입니다.

빈도 질문하기:

How often do you eat out? 외식을 얼마나 자주 합니까?

걸리는 시간 질문하기:

How long does it take to get there? 거기 가려면 얼마나 걸립니까?

연습1 대화를 듣고, 어색한 대화를 고르시오.

①   ②   ③   ④   ⑤

1 질문이나 진술 의미 파악하기

2 올바른 응답 고르기

◯ I appreciate 구문의 의미를 고르시오.

ⓐ 제안하기   ⓑ 감사하기   ⓒ 거절하기

◯ I appreciate 구문의 응답을 고르시오.

ⓐ Yes, please.   ⓑ Don't mention it.

● 다시 한 번 잘 듣고, 빈칸을 채우시오.

① A: How do I get to the fire station?   B: Go straight and turn right at the church.

② A: Do you have a pencil I can borrow?   B: I am _____ _____, I only have one.

③ A: _____ are you leaving for Vietnam?   B: Not for another month.

④ A: I have a _____.   B: I am so sorry _____ _____ that.

⑤ A: I _____ all your hard work.   B: No thank you, I can't eat another bite.

연습2 대화를 듣고, 어색한 대화를 고르시오.

①   ②   ③   ④   ⑤

1 질문이나 진술 의미 파악하기

2 올바른 응답 고르기

◯ How often~? 구문의 의미를 고르시오.

ⓐ 빈도수에 대한 질문   ⓑ 양에 대한 질문

◯ How often~? 구문의 응답을 고르시오.

ⓐ for an hour   ⓑ once a week

● 다시 한 번 잘 듣고, 빈칸을 채우시오.

① A: Do you _____ _____ see a movie?   B: Not tonight, I am too tired.

② A: _____ _____ is it today?   B: It's Wednesday today.

③ A: How long does it take from here to the market?   B: It _____ about 30 minutes.

④ A: _____ _____ do you play soccer?   B: I love soccer very much.

⑤ A: What's the _____ today?   B: It's June 18th today.

● 대화를 듣고, 여자가 지불해야 할 금액을 고르시오.

① $2　　　　② $9　　　　③ $15　　　　④ $18　　　　⑤ $20

전략 · 지불 금액은 가격과 구입 개수를 모두 고려해야 해요.

전략 적용 해보기!

1 숫자와 친숙해지기

2 개수나 양 또는 할인율 고려하기

● 헤드폰의 개당 가격　　ⓐ $9　　ⓑ $15

● 구입한 헤드폰 수　　ⓐ 1　　ⓑ 2

● 다시 한 번 잘 듣고, 빈칸을 채우시오.

A: Hello, ＿＿＿＿＿ ＿＿＿＿＿＿＿ ＿＿＿＿＿ help you?

B: I ＿＿＿ ＿＿＿＿＿＿＿ ＿＿＿＿＿ a new set of headphones.

A: We have a variety over here. They are all under $＿＿＿＿＿.

B: That sounds great. I like the blue ones. I want ＿＿＿＿＿ of them: one for me, one for my sister.

A: That pair is $＿＿＿＿ per set, so the total will be $＿＿＿＿＿. I can ring you up at the register.

Key Words & Key Expressions

숫자(Numbers):

$1 = one dollar　　50c = fifty cents

$4.50 = four dollars and fifty cents / four-fifty

100 = one hundred　　150 = one hundred and fifty

1,000 = one thousand　　1,100 = one thousand one hundred / eleven hundreds

10,000 = ten thousand　　20,000 = twenty thousand

per 매, ~당

가격(Price):

How much is it? / What's the price? / How much does it cost? 얼마예요?

expensive 비싼　cheap 싼　cost an arm and a leg 매우 비싸다

할인 판매(Sale):

50% off 50퍼센트 할인　Buy 1, Get 1 free! 하나 사면 하나 공짜!

Buy 1, Get second one 50% off! 하나 사면 두 번째 것은 반값 할인!

연습 1 대화를 듣고, 남자가 지불해야 할 금액을 고르시오.

① $9.00   ② $7.50   ③ $4.25   ④ $4.50   ⑤ $6.75

1 숫자와 친숙해지기

2 개수나 양 또는 할인율 고려하기

○ 사과 1kg당 가격   ⓐ $4.50   ⓑ $5.40

○ 구입한 사과의 양   ⓐ 1kg   ⓑ 2kg

● 다시 한 번 잘 듣고, 빈칸을 채우시오.

A: Ma'am? Can you help me?

B: Most certainly! What can I _____ you _____?

A: How _____ _____ these apples?

B: They are $4.50 _____ kilogram.

A: I would like _____ kilograms, please.

연습 2 대화를 듣고, 여자가 지불해야 할 금액을 고르시오.

① $250   ② $400   ③ $500   ④ $600   ⑤ $800

1 숫자와 친숙해지기

2 개수나 양 또는 할인율 고려하기

○ 의자의 원래 가격   ⓐ $600   ⓑ $800

○ 의자의 할인율   ⓐ 20%   ⓑ 25%

● 다시 한 번 잘 듣고, 빈칸을 채우시오.

A: Hi! Is there anything I can _____ you _____?

B: _____ _____ is this chair?

A: The original price is $800. But it's _____ _____ now. It's _____% _____.

B: Wow! It's so expensive. It's still $600. Would you take $400?

A: I cannot sell it for less than $_____. It is a brand new model.

B: I will take it for $500.

A: Okay, deal.

Unit 11 Romeo and Juliet

warring

similar

writer

Hello!

language

speak

difficult

overhear

compare

● 알고 있는 단어에 체크해 보시오.

☐ consider	☐ scary	☐ difficult
☐ writer	☐ some	☐ overhear
☐ language	☐ easy	☐ wish
☐ live	☐ understand	☐ belong
☐ work	☐ himself	☐ compare
☐ warring	☐ speak	☐ similar
☐ tragic	☐ enemy	☐ afraid
☐ today	☐ yourself	☐ turn
☐ especially	☐ have	☐ guess
☐ modern	☐ scene	☐ mean

Vocabulary

A 잘 듣고 큰소리로 따라 말하며 빈칸을 채우시오. T43

No.	Korean	English	Collocation
1	통 고려하다, ~로 여기다	consider	_____ the options 선택 사항들을 고려하다
2	명 작가	writer	a famous _____ 유명한 작가
3	명 언어, 말	language	the Korean _____ 한국어
4	통 살다, 생존하다 명 삶	live	_____ alone 혼자 살다
5	명 작품, 업무 통 일하다	work	hard _____ 힘든 일
6	형 전쟁 중인	warring	_____ nations 교전 중의 국가
7	형 비극적인, 비극의	tragic	_____ ending 비극적인 결말
8	부 요즈음, 현재 명 오늘	today	the world of _____ 현대의 세계
9	부 특히, 유난히	especially	like it _____ 특히 그것을 좋아하다
10	형 현대의, 최신의	modern	_____ times 현대
11	형 무서운, 겁나는	scary	a _____ scene 무서운 장면
12	형 약간의, 몇몇의	some	_____ people 몇몇의 사람들
13	형 쉬운, 편안한	easy	an _____ way 쉬운 방법
14	통 이해하다	understand	easily _____ 쉽게 이해하다
15	명 그 자신, 그 스스로	himself	all by _____ 아무도 없이 그 혼자
16	통 이야기하다, 말하다	speak	_____ with confidence 자신있게 말하다
17	명 적	enemy	fight an _____ 적과 싸우다
18	명 너 자신, 너 스스로	yourself	suit _____ 마음대로 하다
19	통 가지다, 소유하다	have	_____ a meal 식사하다
20	명 현장, 장면	scene	the _____ of an accident 사고현장

No.	Korean	English	Collocation
21	형 어려운, 힘든	difficult	a _____ task 어려운 과제
22	동 우연히 듣다	overhear	_____ a private talk 사적인 얘기을 엿듣다
23	동 원하다 명 소망	wish	parents' _____es 부모님의 소망
24	동 ~에 속하다	belong	_____ to ~의 소유이다
25	동 비교하다	compare	constantly _____ 끊임없이 비교하다
26	형 비슷한, 닮은	similar	_____ interests 비슷한 관심사
27	형 두려워하는, 겁내는	afraid	be _____ of ~을 두려워 하다
28	동 돌다 명 차례	turn	in _____ 차례차례
29	동 추측하다, 짐작하다	guess	_____ incorrectly 잘못 추측하다
30	동 의미하다 형 비열한 명 수단	mean	_____ a great deal 깊은 뜻이 있다

B 영어는 우리말로, 우리말은 영어로 쓰시오.

1	작가		9	가지다, 소유하다	
2	언어		10		belong
3		wish	11	현장, 장면	
4	특히, 유난히		12	어려운, 힘든	
5		consider	13		afraid
6	현대의		14	우연히 듣다	
7		similar	15		yourself
8	약간의, 몇몇의		16	비교하다	

C **A**에서 학습한 내용을 활용하여 빈칸을 채우시오.

1 _____ the options   2 the world of _____

3 a _____ scene   4 some _____

5 suit _____   6 have a _____

7 _____ to   8 in _____

9 _____ a great deal   10 a famous _____

D 다음 중 알맞은 단어를 골라 문장을 완성하시오.

1 He thought it was really fun to learn and converse in a foreign (language / enemy).

2 She hid on the stairs to try and (compare / overhear) her parents talking about her.

3 The math test was so (difficult / afraid) that all the students felt worried afterwards.

4 He tried really hard to (speak / understand) what the teacher was saying.

5 The plane crash was truly (easy / tragic) with so many people losing their lives.

6 The (warring / guess) neighbors fought for years.

7 She was there so often that she seemed to (live / work) in the office.

E 주어진 단어를 보고, 두 문장에 공통으로 들어갈 단어를 골라 써 넣으시오.

1 The _____ car was unlike anything they had seen before.

Her clothes were so _____ and up to date that everyone was jealous.

2 The _____ was so popular that all his books were best sellers.

He was thrilled to meet the _____ of his favorite series.

3 She made a _____ before blowing out her birthday candles.

He had many _____es, but most of all he wanted to be rich.

4 The _____ where the friends were reunited was my favorite.

The view was so beautiful that it seemed like a _____ from a movie.

Word Bank

| tragic | modern | wish | scene | writer | language |

William Shakespeare is considered one of the greatest writers in the English language. Although Shakespeare lived in the 1600s—over 400 years ago—his works are still popular. Think about *Romeo and Juliet*. This story of warring families and tragic love is still famous today.

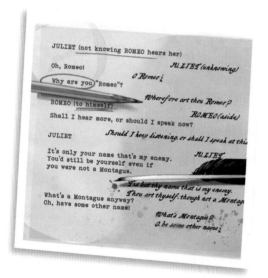

This is especially amazing considering the language. Early English is very different from modern English. Reading Shakespeare can be a little scary at first. But with some help, it is easy to understand what's going on.

 Q1 What does the author think about Shakespeare's popularity today?

a. It is surprising, especially because of the language difference.

b. It is not surprising, especially because he was a great writer.

Modern English

JULIET (not knowing)

Oh, Romeo!

Why are you "Romeo"?

ROMEO (to himself)

❶ Shall I hear more, or should I speak now?

JULIET

It's only your name that's my enemy.

You'd still be yourself even if you were not a Montague.

What's a Montague anyway?

Oh, have some other name!

Early English

JULIET (unknowing)

O, Romeo!

Wherefore art thou Romeo?

ROMEO (aside)

❷ Should I keep listening, or shall I speak at this?

JULIET

'Tis but thy name that is my enemy.

Thou art thyself, though not a Montague.

What's Montague?

O, be some other name!

Q2 What does Juliet think of Romeo?

a. She does not like him because he is a Montague.

b. She likes him even though he is a Montague.

❸ In modern English, this scene is not so difficult to understand. Juliet is thinking about Romeo, and Romeo overhears her. ❹ Juliet loves Romeo, but wishes he did not belong to the Montague family.

The modern English also helps us understand the early English. By comparing, we can see that "thou" is just "you." And "art" is similar to "are." ❺ You don't need to be afraid of Shakespeare! Now it's your turn. Can you guess what "thy" means?

Q3   What does "thy" mean?

a. their   b. your

1 **Shall** I hear more, or should I speak now?

상대방의 의지를 묻는 조동사 shall

· 조동사 shall은 상대방의 의지를 물을 때 사용한다.

ex) **Shall** I come now?

2 Should I **keep listening**, or shall I speak at this?

keep ~ing 구문

· '~을 계속해서 하다'라고 할 때 동사 keep을 사용하며 이때 목적어로 ~ing형태의 동명사를 사용한다.

ex) If you **keep trying**, you will make it someday.

3 In modern English, this scene **is not** so difficult to understand.

부정문

· 부정문은 not을 더해서 표현한다. be동사의 경우 be동사 뒤에, 일반동사의 경우 조동사 do, does, did 뒤에 not을 더해준다.

ex) I **don't like** cooking. He **does not** exercise regularly. I **didn't** like it.

4 Juliet loves Romeo, but wishes he did not **belong to** the Montague family.

belong to 구문

· '~의 것이다, ~에 속하다'를 표현할 때 사용한다.

ex) This doesn't **belong to** you.

5 You don't need to **be afraid of** Shakespeare!

be afraid of 구문

· '~을 두려워 하다'라는 의미이다. 이때 두려워하는 대상이 명사일 경우는 그대로 be afraid of 다음에 사용하고, 동사일 경우는 ~ing 형태의 동명사를 사용한다.

ex) He **is afraid of** dogs. Don't **be afraid of** trying something new.

Reading Comprehension

A 질문에 알맞은 답을 고르시오.

1 *Romeo and Juliet* 연극의 또 다른 제목으로 알맞은 것을 고르시오.

    a. A Tragic Love   b. Death in War

    c. The Great William Shakespeare

2 *Romeo and Juliet*에 관해 사실이 <u>아닌</u> 내용을 고르시오.

    a. Their families were fighting with each other.

    b. Their English is different from English today.

    c. They are enemies so don't like each other.

3 캐퓰릿 집안 사람인 Juliet은 Romeo가 속한 몬테규 집안을 어떻게 생각하는지 고르시오.

    a. She does not like his family at all.

    b. She wants to change her name to Montague.

    c. She thinks the Montagues should change their name.

B 주어진 단어를 활용하여 빈칸을 채우시오.

1 William Shakespeare

  ◯ one of the greatest

  _____ in the

  English language

  ◯ his works are still

  _____

  ◯ wrote *Romeo and Juliet*

2 Early vs. Modern English

  ◯ thou means _____

  ◯ art is similar to _____

  ◯ thy means _____

3 *Romeo and Juliet*

  ◯ a story of _____

  families and tragic love

  ◯ Juliet loves Romeo, but

  wishes he came from a

  _____ family

Word Bank

popular	different	are	warring
your	writers	you	

► Reading Focus

Recognizing Opinions and Attitudes (관점과 입장 파악하기)
작가가 갖고 있는 관점과 입장을 이해 한다!

지문을 읽을 때는 작가의 관점과 입장을 생각하면서 읽어야 해요. 작가가 어떠한 생각을 갖고 있는지, 등장인물의 의견, 감정, 신념은 무엇인지, 이러한 관점과 입장은 직설적으로 나타나기도 하고 때로는 암시되어 있기도 해요. 어떠한 단어들이 사용되었는지, 어떠한 정보가 주어졌는지, 이런 것들이 주어진 지문의 관점과 입장을 대변해 준답니다.

🔵 작가의 관점 파악에 있어 유의점

1 **묘사에 쓰인 단어들** ➡ 감정을 나타내는지, 단어들이 긍정적인지 혹은 부정적인지 확인하세요.
2 **주어진 내용이나 정보** ➡ 사실 또는 이유가 주어졌는지, 어떤 의견을 지지하고 있는지 확인하세요.
3 **연결어들** ➡ 아이디어들이 어떻게 연결되어 있는지, 비교 혹은 대조를 위해 쓰였는지 확인하세요.

🔵 전략적 읽기의 열쇠

1 지문에 긍정적인 단어나 정보가 있나요? ➡ 작가나 등장 인물이 이를 좋아하거나 믿고 있음
2 지문에 부정적인 단어나 정보가 있나요? ➡ 작가나 등장 인물이 이를 싫어하거나 지지하지 않고 있음

연습 다음 글을 읽고, 질문에 알맞은 답을 고르시오.

Romeo and Juliet is considered one of Shakespeare's greatest plays. Some people think it is the best love story of all time. However, this play is more tragedy than romance. Most of the play is about conflict. And the two lovers die in the end!

🔵 윗글을 읽고, 작가가 *Romeo and Juliet*을 보는 관점으로 알맞은 것을 고르시오.

a. It is one of the best love stories.

b. It is not really a love story.

c. It did not have a lot of fighting in it.

Grammar

● **부정문**

● 다음 문장을 읽고, 맞으면 C, 틀리면 I를 선택하시오.

1 He is not a good soccer player. (C / I)

2 He looks not great. (C / I)

3 I don't like cucumbers. (C / I)

● **문장의 종류 : 긍정문**

주어 다음에 동사가 와요!

• 의미: ~이다, ~하다   • 어순: 주어 + 동사 + 보어 / 목적어

인칭		be동사		일반동사	
단수	1	I am Korean.	나는 한국인이다.	I like apples.	나는 사과를 좋아한다.
	2	You are Korean.	너는 한국인이다.	You like apples.	너는 사과를 좋아한다.
	3	He is Korean.	그는 한국인이다.	He likes apples.	그는 사과를 좋아한다.
복수	1	We are Korean.	우리는 한국인이다.	We like apples.	우리는 사과를 좋아한다.
	2	You are Korean.	너희는 한국인이다.	You like apples.	너희는 사과를 좋아한다.
	3	They are Korean.	그들은 한국인이다.	They like apples.	그들은 사과를 좋아한다.

A 다음 문장에서 동사를 찾아 표시하시오.

1 He is very strong.

2 We are friends.

3 They work out every day.

4 He works out every day.

5 It is easy to understand.

6 Romeo loves Juliet very much.

7 *Rome and Juliet* is famous and popular.

8 William Shakespeare is one of the greatest writers in the English language.

🌑 문장의 종류 : 의문문

• 의미: ~이니?, ~하니?   • 어순: be동사 + 주어~ ?, Do / Does + 주어 + 동사원형?

인칭		be동사		일반동사	
단수	1	Am I Korean?	나는 한국인인가?	Do I like apples?	나는 사과를 좋아하니?
	2	Are you Korean?	너는 한국인인가?	Do you like apples?	너는 사과를 좋아하니?
	3	Is he Korean?	그는 한국인인가?	Does he like apples?	그는 사과를 좋아하니?
복수	1	Are we Korean?	우리는 한국인인가?	Do we like apples?	우리는 사과를 좋아하니?
	2	Are you Korean?	너희는 한국인인가?	Do you like apples?	너희는 사과를 좋아하니?
	3	Are they Korean?	그들은 한국인인가?	Do they like apples?	그들은 사과를 좋아하니?

B 다음 중 알맞은 것을 고르시오.

1 (Is) / Are   she Juliet?

2 Is   Are   they Romeo and Juliet?

3 Do   Does   Juliet love Romeo?

4 Do   Does   they love each other?

5 Do   Are   you understand English?

6 Is   Does   he understand English?

🌑 문장의 종류 : 부정문

• 의미: ~가 아니다, ~하지 않다   • 어순: be동사 + not, do not / does not + 일반동사 원형

인칭		be동사		일반동사	
단수	1	I am not Chinese.	나는 중국인이 아니다.	I don't like apples.	나는 사과를 안 좋아해.
	2	You are not Chinese.	너는 중국인이 아니다.	You don't like apples.	너는 사과를 안 좋아해.
	3	He is not Chinese.	그는 중국인이 아니다.	He doesn't like apples.	그는 사과를 안 좋아해.
복수	1	We are not Chinese.	우리는 중국인이 아니다.	We don't like apples.	우리는 사과를 안 좋아해.
	2	You are not Chinese.	너희는 중국인이 아니다.	You don't like apples.	너희는 사과를 안 좋아해.
	3	They are not Chinese.	그들은 중국인이 아니다.	They don't like apples.	그들은 사과를 안 좋아해.

C 다음 문장에서 <u>틀린</u> 부분을 찾아 올바르게 고치시오.

1 He ~~not is~~ Japanese.
   is not

2 He not speaks Japanese.

3 They are Chinese not.

4 We not like cucumbers.

be동사 부정문 축약형

- 축약: 두 단어를 붙여서 줄여 발음하는 현상
- am, are, is의 첫 글자를 생략하고, '(아포스트로피)를 붙인 후, 앞 단어와 붙여서 소리 내는 현상

긍정문	부정문		긍정문	부정문	
I'm	I'm not	X	we're	we're not	we aren't
you're	you're not	you aren't	you're	you're not	you aren't
he's	he's not	he isn't			
she's	she's not	she isn't	they're	they're not	they aren't
it's	it's not	it isn't			

D 다음 문장을 축약형을 사용한 문장으로 쓰시오.

1 The novel is not popular.

→ _____The novel isn't popular._____

2 The writer is not famous.

→ _____

3 We are not afraid of him.

→ _____

4 They are not easy to understand.

→ _____

일반동사 부정문 축약형

- 일반동사이 부정문: do not = don't / does not = doesn't
- don't / doesn't 다음에는 동사원형

주어	부정문	예문
I / You / We / They (1, 2인칭 단수 & 모든 복수)	주어 + do not don't + 동사원형	I do not like tomatoes. = don't
He / She / It (3인칭 단수)	주어 + does not doesn't + 동사원형	He does not like tomatoes. = (doesn't)

E 주어진 단어를 사용해서 부정문을 완성하시오.

1 I ___don't drink___ coffee. 나는 커피를 마시지 않아요.
        drink

2 My teacher _____ green tea. 내 선생님은 녹차를 마시지 않는다.
              drink

F 빈칸에 알맞은 단어를 넣으시오.

1 Andy doesn't take a taxi to go to work. He _____takes_____ a bus.

2 Beth doesn't brush her teeth twice a day. She _____ her teeth three times a day.

3 Randy doesn't play baseball. He _____ basketball.

4 We don't speak early English. We _____ modern English.

5 My parents don't go to bed early. They _____ to bed after midnight.

G 다음 문장을 읽고, 맞으면 C, 틀리면 I를 선택하세요.

1 Shakespeare live in the 1600s.   (C / I)

2 Does Juliet love Romeo?   (C / I)

3 Early English not is easy.   (C / I)

4 She doesn't study history.   (C / I)

5 *Romeo and Juliet* was still famous today.   (C / I)

Post

● 아래의 상자에서 알맞은 내용을 골라 긍정문, 의문문, 부정문에 대한 설명을 완성하시오.

1 문장의 대표적 3가지 종류에는 _____ⓗ 긍정문, 의문문, 부정문_____ 이 있어요.

2 긍정문의 어순은 일반적으로 _____ 로 되어 있어요.

3 일반동사 의문문의 어순은 _____ 으로 되어 있어요.

4 you are not의 축약형은 you're not 또는 _____ 두 가지 다 가능해요.

5 it is not의 축약형은 it's not 또는 _____ 두 가지 다 가능해요.

6 I am not의 축약형은 일반적으로 _____ 한 가지로 사용해요.

7 일반동사의 부정문은 _____ 을 사용해요.

8 don't, doesn't 다음에는 _____ 이 오는 것을 꼭 기억해요.

ⓐ I'm not   ⓑ 동사원형   ⓒ you aren't   ⓓ it isn't   ⓔ '주어 + 동사'

ⓕ 'don't 또는 doesn't + 동사원형'   ⓖ 'Do / Does + 주어 + 동사원형'   ⓗ 긍정문, 의문문, 부정문

Listening

● 대화를 듣고, 남자아이가 방학에 한 일을 고르시오.

① 공룡 만화 보기　　　　② 숙제 끝내기　　　　③ 독서하기

④ 여행하기　　　　⑤ 박물관 방문하기

전략 · 주요 내용을 메모(Note-taking) 해 보세요.

전략 적용 해보기!

1 행동의 주체 확인하기

2 행동을 동사 중심으로
　메모하며 확인하기

ⓐ 남자아이　　　　ⓑ 여자아이

· _____ sick　　　　· _____ in bed

· _____ movies　　　· _____ to the museum

● 다시 한 번 잘 듣고, 빈칸을 채우시오.

A: How was your vacation?

B: It was awful. I was _____ for most of it. I _____ in bed, _____ a lot, and watched movies.

A: You didn't get to do _____ fun?

B: I went to the history _____ on Saturday. The dinosaur exhibit was great.

A: Did you get your homework _____?

B: Oh no. I _____ all about it.

Key Words & Key Expressions

일상생활(Daily Routine): **get up** 잠에서 깨다 **go to bed** 자다 **eat breakfast** 아침식사하다 **take a shower** 샤워하다 **shampoo one's hair** 머리를 감다 **brush one's teeth** 이를 닦다 **do one's homework** 숙제하다 **watch TV** 텔레비전을 보다

취미(Hobby): **swimming** 수영 **skating** 스케이팅 **reading** 독서 **snorkeling** 스노클링 **listening to music** 음악 감상 **painting** 그림 그리기 **playing the instrument** 악기 연주하기 **playing sports** 운동하기 **playing computer games** 컴퓨터 게임하기

장소(Place): **museum** 박물관 **amusement park** 놀이공원 **library** 도서관 **hotel** 호텔 **bank** 은행 **supermarket** 슈퍼마켓 **pharmacy** 약국 **grocery store** 식료품점 **convenience store** 편의점 **parking lot** 주차장 **police station** 경찰서 **bakery** 빵집 **department store** 백화점 **bus terminal** 버스 터미널 **subway station** 지하철역 **airport** 공항 **theater** 극장 **fire station** 소방서

① 할리우드 표지판 보기　　② 놀이공원 가기　　③ 스키타기
④ 수영하기　　⑤ 스노클링하기

> **1** 행동의 주체 확인하기
>
> **2** 행동을 동사 중심으로
> 　메모하며 확인하기

◎ ⓐ 남자아이　　　　　　ⓑ 여자아이

◎ • _____ us to a theme park　• _____ swimming
　• _____ snorkeling　　　　• _____ the sign

● 다시 한 번 잘 듣고, 빈칸을 채우시오.

A: How was your winter _____?

B: It was fantastic. My dad _____ us to a new theme park in California. We also went _____ and snorkeling in the ocean.

A: Did you see the Hollywood sign?

B: Sure did!

연습 2 대화를 듣고, 남자아이가 여름방학에 하지 <u>않은</u> 일을 고르시오.

① 모래 위에서 쉬기　　② 바다 낚시하기　　③ 스노클링하기
④ 항해하기　　⑤ 영화 관람하기

> **1** 행동의 주체 확인하기
>
> **2** 행동을 동사 중심으로
> 　메모하며 확인하기

◎ ⓐ 남자아이　　　　　　ⓑ 여자아이

◎ • _____ snorkeling　• _____ fishing
　• _____ on the sand　• _____ movies

● 다시 한 번 잘 듣고, 빈칸을 채우시오.

A: How was your summer _____?

B: It was so much _____. We loved every minute of it.

A: What did you do?

B: We went _____, deep sea _____, and _____ on the sand watching the waves.

A: I am so jealous. Did it rain a lot?

B: It only rained one afternoon. We stayed inside and _____ movies.

● 대화를 듣고, 들려주는 내용과 일치하지 <u>않는</u> 것을 고르시오.

① 여자는 추수감사절 식사를 준비하려고 한다. ② 친척들이 여자의 집에 오는 중이다.

③ 여자는 칠면조 요리를 준비할 것이다.   ④ 남자아이는 호박파이를 만들 것이다.

⑤ 계피가루는 찬장에 있다.

전략 ▶ 보기와 비교하면서 듣고, ○×표기를 하세요.

전략 적용 해보기!

1 지시문 꼼꼼히 확인하기

2 들으면서 보기에 OX 표기하기

◇ ⓐ 일치   ⓑ 불일치

◇ ① 추수감사절 ② 친척 ③ 칠면조 ④ 호박파이 ⑤ 계피

● 다시 한 번 잘 듣고, 빈칸을 채우시오.

A: I am _____ excited _____ we are having family Thanksgiving here.

B: Me, too. Are grandma and grandpa coming?

A: _____. Along with Uncle John, and all your cousins. I will roast the _____.

B: Great. I am going to make the _____ _____. Mom, where is the cinnamon powder?

A: We don't have any.

B: I'd _____ _____ to the store.

Key Words & Key Expressions

특별한 날: New Year's Day 1월 1일 Lunar New Year's Day 구정 Valentine's Day 밸런타인데이 Children's Day 어린이날 Parents' Day 어버이날 Mother's Day 어머니날(5월 둘째 일요일) Father's Day 아버지날(6월 셋째 일요일) Thanksgiving 추수감사절 Halloween 할로윈 Christmas 크리스마스

추수감사절 음식: turkey 칠면조 요리 pumpkin pie 호박파이 cranberry sauce 크랜베리 소스 mashed potato 으깬 감자요리

요리: cook 요리하다 bake 굽다 steam 찌다 roast (오븐에서) 굽다 stir 젓다 fry 튀기다 salt 소금 pepper 후추 flour 밀가루

cinnamon 계피

조리기구: pan 후라이팬 pot 냄비 kettle 주전자 bowl 공기 plate 접시 knife 칼 fork 포크 chopsticks 젓가락 ladle 국자 cutting board 도마

상점: How may I help you? / How can I assist you? / What can I do for you? 무엇을 도와드릴까요? How much is it? / What's the price? 얼마예요? I will take it. 그것으로 살게요.

연습1 대화를 듣고, 들려주는 내용과 일치하는 것을 고르시오.

① 남자아이는 환불을 원한다.　　　　② 상점에 모니터가 없다.

③ 남자아이는 컴퓨터를 구매하려고 한다.　　④ 사용 가능한 컴퓨터가 없다.

⑤ 남자아이는 키보드를 경품으로 받았다.

| 1 지시문 꼼꼼히 확인하기 | ◎ ⓐ 일치　　ⓑ 불일치 |
| 2 들으면서 보기에 OX 표기하기 | ◎ ① 환불　② 모니터 없음　③ 컴퓨터　④ 컴퓨터 없음　⑤ 키보드 |

● 다시 한 번 잘 듣고, 빈칸을 채우시오.

A: _____ can I _____ you today?

B: I _____ _____ _____ buy this desktop computer.

A: Great! Would you like a monitor?

B: No, I _____ have one.

A: Do you need a keyboard and a mouse?

B: No, _____ this desktop computer _____ me today.

연습2 대화를 듣고, 들려주는 내용과 일치하는 것을 고르시오.

① 여자는 2인용 소형 텐트가 필요하다.　　② 여자는 캠핑을 처음 준비한다.

③ 캠핑용 난로는 할인 판매 중이다.　　④ 여자는 새 텐트를 구매했다.

⑤ 텐트 가격은 200달러이다.

1 지시문 꼼꼼히 확인하기	◎ ⓐ 일치　　ⓑ 불일치
2 들으면서 보기에 OX 표기하기	◎ ① 2인용 텐트　　② 캠핑 처음　　③ 난로 할인
	④ 새 텐트　　　⑤ 200달러

● 다시 한 번 잘 듣고, 빈칸을 채우시오.

A: I _____ a new tent that sleeps six.　　B: Our tents are over here. Do you camp a lot?

A: We go _____ _____ five times a year.　B: I _____ this one with stronger zippers.

A: _____ is the _____ difference?　B: The cheapest is $125 and this one is $199.

A: Okay, I will _____ it.

insect

stuck

opposite

sparkle

trap

bud

vegetarian

pollen

● 알고 있는 단어에 체크해 보시오.

☐ environment	☐ dry	☐ sunshine
☐ survive	☐ opposite	☐ corpse
☐ lead	☐ insect	☐ flower
☐ unexpected	☐ trap	☐ smell
☐ adaptation	☐ glue	☐ dead
☐ typical	☐ touch	☐ horrible
☐ definitely	☐ stuck	☐ beetle
☐ vegetarian	☐ digest	☐ pollen
☐ bud	☐ sparkle	☐ butterfly
☐ occasionally	☐ bright	☐ rarely

Vocabulary

A 잘 듣고 큰소리로 따라 말하며 빈칸을 채우시오. 🔊 T47

No.	Korean	English	Collocation
1	명 환경, 자연환경	environment	learning _____ 학습 환경
2	동 살아남다, 생존하다	survive	_____ to the end 끝까지 살아남다
3	동 안내하다, 이끌다 명 선두	lead	_____ to victory 승리로 이끌다
4	형 예상 밖의, 뜻밖의	unexpected	_____ situations 예상하지 못한 상황
5	명 적응, 각색	adaptation	successful _____ 성공적인 적응
6	형 전형적인, 대표적인	typical	a _____ method 전형적인 방법
7	부 분명히, 틀림없이	definitely	say _____ 분명하게 말하다
8	명 채식주의자	vegetarian	a strict _____ 엄격한 채식주의자
9	명 싹, 꽃봉오리 동 싹을 틔우다	bud	a leaf _____ 잎눈
10	부 가끔	occasionally	_____ pass through 가끔 ~를 지나가다
11	형 건조한 동 말리다	dry	in the _____ season 건기에
12	형 맞은편의 명 반대	opposite	_____ side 반대편
13	명 곤충	insect	a tiny _____ 작은 곤충
14	명 덫, 함정 동 가두다	trap	hidden _____ 숨겨진 덫
15	명 접착제 동 붙이다	glue	instant _____ 순간 접착제
16	동 만지다 명 촉각	touch	_____ softly 부드럽게 만지다
17	형 움직일 수 없는, 꼼짝 못 하는	stuck	completely _____ 완전히 꼼짝 못 하는
18	동 소화하다, 소화되다	digest	_____ fully 충분히 소화하다
19	동 반짝이다 명 광채	sparkle	eyes _____ 눈이 빛나다

No.	Korean	English	Collocation
20	형 밝은, 빛나는	bright	_____ color 밝은 색
21	명 햇빛, 햇살	sunshine	warm spring _____ 따스한 봄 햇살
22	명 시체, 송장	corpse	bury a _____ 시체를 매장하다
23	명 꽃, 화초	flower	a _____ garden 화단
24	동 냄새가 나다 명 냄새	smell	the strong _____ of garlic 강한 마늘 냄새
25	형 죽은	dead	almost _____ 거의 죽어가는
26	형 소름 끼치는, 끔찍한	horrible	a _____ crime 무서운 범죄
27	명 딱정벌레	beetle	a flying _____ 나는 딱정벌레
28	명 꽃가루, 화분	pollen	_____ allergy 꽃가루 알레르기
29	명 나비	butterfly	beautiful _____ 아름다운 나비
30	부 드물게, 좀처럼 ~하지 않는	rarely	_____ or never 좀처럼 ~ 하지 않는

B 영어는 우리말로, 우리말은 영어로 쓰시오.

1	반짝이다, 광채		9	건조한, 말리다	
2	이끌다, 선두		10	곤충	
3		environment	11		unexpected
4	전형적인, 대표적인		12		survive
5		occasionally	13	밝은, 빛나는	
6	소화하다		14		dead
7		adaptation	15	딱정벌레	
8	움직일 수 없는		16	드물게	

C **A** 에서 학습한 내용을 활용하여 빈칸을 채우시오.

1 say _____

2 _____ pass through

3 _____ side

4 _____ softly

5 bury a _____

6 beautiful _____

7 a _____ garden

8 warm spring _____

9 instant _____

10 hidden _____

D 다음 중 알맞은 단어를 골라 문장을 완성하시오.

1 It was very exciting to see the rose _____s coming out in the spring.
  ① environment   ② sparkle   ③ dead   ④ bud

2 There were so many mosquitos and _____s outside at night.
  ① flower   ② insect   ③ trap   ④ sunshine

3 It was very tough to _____ in the dry and hot desert.
  ① survive   ② dry   ③ glue   ④ digest

4 The horse got _____ in the deep and thick mud.
  ① smell   ② bright   ③ survive   ④ stuck

5 She always hated spring because of her terrible flower _____ allergies.
  ① beetle   ② adaptation   ③ butterfly   ④ pollen

E 주어진 단어를 보고, 빈칸에 들어갈 단어를 골라 써 넣으시오.

1 She wasn't sure that she could dance, but she followed his _____.

2 The chocolate center in the muffin was a(n) _____ surprise.

3 She wasn't very fond of the mountain, so she _____ went hiking up it.

4 Her effort to be _____ was going well, but the chicken smelled so good.

5 The smell was so _____ that they didn't stay by the water and just went home.

Word Bank

lead   touch   unexpected   horrible   vegetarian   rarely

Reading

Nature is amazing. No matter the environment, plants and animals find ways to survive. This can lead to plants and animals with some unexpected adaptations. The *Bagheera kiplingi* spider of Central America is one such surprise.

❶ The *Bagheera kiplingi* looks like a typical spider. However, it definitely is not. This spider is vegetarian! It eats buds from the Acacia tree. About 90% of this spider's diet is from plants. It will occasionally eat ants, but mostly only in the dry season.

Q1 How is the *Bagheera kiplingi* different from other spiders?

a. It only eats ants living in trees.   b. It eats mostly plants instead of insects.

On the opposite end of things is the *Byblis* of Australia. ❷ Rather than a plant-eating spider, the *Byblis* is an insect-eating plant! Insects land on a *Byblis* plant, but ❸ they never leave. The *Byblis* gets its nutrition from these trapped insects.

❹ A *Byblis* is covered in natural glue. Once an insect touches the glue, it is stuck. The plant then slowly digests the insect. Another name for the *Byblis* is the rainbow plant. The glue on the plant sparkles with rainbow colors in bright sunshine.

Q2 Why can't insects leave *Byblis* plants?

a. Its beautiful colors attract them.   b. Its natural glue traps them.

One final surprising adaptation is that of the corpse flower plant. This plant from Indonesia has a scary name, but it is not meat-eating. Actually, ❺ **this plant is named for the smell of its flower!** People say it smells similar to a dead body.

Why does this flower smell so horrible? Scientists think it is to attract carrion beetles. The beetles come looking for food, but leave carrying pollen. Instead of bees or butterflies, beetles usually pollinate this plant. Luckily for its human neighbors, this plant rarely flowers.

Q3 Why does the corpse flower smell so horrible?

a. To attract special insects   b. To scare away beetles

1 The *Bagheera kiplingi* **looks like** a typical spider.

look like 구문

- '~인 것처럼 보이다' 혹은 '~할 것 같다'라는 뜻을 가진다.

  ex) You **look like** you've seen a ghost. You **look like** a movie star.

2 **Rather than** a plant-eating spider, the *Byblis* is an insect-eating plant!

rather than 구문

- '~라기 보다는'이라는 뜻을 표현할 때 사용한다.

  ex) I will have a cold drink **rather than** coffee.

3 They **never** leave.

빈도부사 위치

- always, usually, often, sometimes, never 등 일이나 상황이 일어나는 빈도를 나타내는 빈도부사는 위치가 중요하다. 일반동사 앞, be동사와 조동사 뒤에 위치한다.

  ex) I **always brush** my teeth before I go to bed. She **is never** late for class.

4 A *Byblis* **is covered in** natural glue.

be covered in 구문

- '~로 덮이다'라는 뜻을 가지며, be covered with도 사용할 수 있다.

  ex) He **was covered in** sweat again.

5 This plant is **named for** the smell of its flower!

name for 구문

- '~의 이름을 따서 이름 짓다'라고 할 때 name for 혹은 name after의 구문을 사용한다.

  ex) This building is **named for** the founder of this company.

► Reading Comprehension

A 질문에 알맞은 답을 고르시오.

1 이 글은 무엇에 관한 내용인지 고르시오.

    a. Unusual adaptations   b. The amazing environment

    c. Three interesting animals

2 *Byblis*가 무지개 식물이라고 불리는 이유를 고르시오.

    a. It is more colorful in the rain.   b. It is covered in natural glue.

    c. It shows many colors in the sun.

3 시체꽃 식물은 언제 나쁜 냄새가 나는지 고르시오.

    a. When it is flowering   b. All the time

    c. When it is pollinating

B 주어진 단어를 활용하여 빈칸을 채우시오.

1 The *Bagheera Kiplingi*

- looks like a _____ spider
- is _____; 90% of its diet is from plants

2 The *Byblis*

- is an insect-eating plant
- is covered in natural _____
- insects get stuck on the plant
- _____ with color in the sunshine

3 The Corpse Flower Plant

- is from Indonesia
- its flower smells similar to a _____ body
- carrion beetles _____ this plant

Word Bank			
	pollinate	sparkles	glue
	dead	vegetarian	typical

► Reading Focus ————————————————●

Cause and Effect (인과 관계 파악하기)

상관관계에서 원인과 결과의 관계를 밝힌다!

지문을 읽을 때, 때로는 원인과 결과 간의 인과 관계를 이해해야 해요. 원인은 어떠한 사건을 발생하게 한 이유이고, 이것은 또 다른 행동을 발생시킬 수 있어요. 결과는 어떠한 일로 인해 발생하는 결과물을 말해요. 원인은 항상 결과에 앞서서 발생하지요. 인과 관계를 나타낼 때 쓰이는 단어들을 살펴보면, 이유와 결과들을 알 수 있어요.

🔵 인과 관계를 보여주는 단어들:

1 Cause(원인): because, since, due to

2 Effect(결과): so, therefore, as a result

🔵 전략적 읽기의 열쇠

1 인과 관계를 보여주는 단어들이 사용되었는지 살펴보세요.

2 인과 관계를 보여주는 어떤 단어들은 문장 안의 다른 위치에 사용되기도 해요.

3 중요한 정보는 대개 원인 또는 결과 다음에 사용돼요.

ex) The *Byblis* plant is also called the rainbow plant **because** it shows many colors in the sunshine.

= **Because** it shows many colors in the sunshine, the *Byblis* plant is called the rainbow plant.

연습 다음 글을 읽고, 질문에 알맞은 답을 고르시오.

Insect-eating plants are not uncommon. There are almost 700 different kinds. You can find this kind of plant almost anywhere in the world. There are even insect-eating plants in the arctic. What caused this kind of adaptation? Most insect-eating plants developed because the soil in the area had few nutrients.

🔵 윗글을 읽고, 곤충을 먹는 식물이 생겨난 이유는 무엇인지 고르시오.

a. The environment did not have good soil.　　b. There were many insects in the soil.

c. The arctic is not a good environment.

Grammar

● 빈도부사

● 다음 문장을 읽고, 맞으면 C, 틀리면 I를 선택하시오.

1 He is always kind to me.   (C / I)

2 He always helps me.   (C / I)

3 He tells never a lie to me.   (C / I)

● 빈도부사의 종류와 의미

• 빈도부사: 일, 상황이 얼마나 자주 일어나는지를 나타냄

빈도부사의 종류

always	usually	often	sometimes	rarely, hardly	never
(항상)	(보통, 대개)	(종종)	(가끔)	(거의 ~하지 않는)	(절대로 ~하지 않는)

100% ←――――――――――――――――――――――――――――――――→ 0%

A 다음 표를 보고 적절한 빈도부사를 사용하여 문장을 완성하시오.

	Sun.	Mon.	Tue.	Wed.	Thu.	Fri.	Sat.
apple	○	○	○	○	○	○	○
mllk		○	○	○	○	○	○
banana			○		○		○
juice						○	○
tomato						○	
coffee							

1 I ___always___ eat apples.   나는 항상 사과를 먹는다.

2 I _____ drink milk.   나는 대개 우유를 마신다.

3 I _____ eat bananas.   나는 종종 바나나를 먹는다.

4 I _____ drink juice.   나는 가끔 주스를 마신다.

5 I _____ eat tomatoes.   나는 토마토를 거의 먹지 않는다.

6 I _____ drink coffee.   나는 커피를 전혀 마시지 않는다.

be동사와 빈도부사의 위치

- 빈도부사: be동사 뒤! 빈도부사의 위치를 꼭 기억해야 함!

B 다음 문장에서 빈도부사가 들어갈 알맞은 곳을 고르시오.

1 (always) My music / teacher is / kind to / us.   나의 음악선생님은 항상 우리에게 친절하시다.
       ⓐ   ⓑ✓   ⓒ

2 (always) My / brother / is / happy.   내 남동생은 항상 행복하다.
       ⓐ   ⓑ   ⓒ

3 (often) Math / exams / are / difficult.   수학시험은 종종 어렵다.
       ⓐ   ⓑ   ⓒ

4 (never) His dad / is / angry / at him.   그의 아빠는 절대로 그에게 화를 내지 않는다.
       ⓐ   ⓑ   ⓒ

5 (sometimes) He / is / sleepy / after lunch.   그는 가끔 점심식사 후 졸린다.
       ⓐ   ⓑ   ⓒ

6 (sometimes) That / old man / is / tired after taking a walk.   저 노인은 산책 후 가끔씩 피곤하다.
       ⓐ   ⓑ   ⓒ

C 다음 문장에서 동사를 표시하고, 빈도부사를 알맞은 곳에 넣으시오.

1 Nature (is) amazing.   자연은 항상 놀랍다.
    always

2 My sister is angry.   내 여동생은 거의 화를 내지 않는다.

3 I am hungry at around 4:00.   4시 즈음에는 대개 배가 고프다.

4 You are late for school.   너는 지각을 절대로 안 한다.

5 I am tired in the afternoon.   나는 오후에 가끔 피곤하다.

6 The mountain is covered with snow.   그 산은 종종 눈으로 덮인다.

일반동사와 빈도부사의 위치

- 빈도부사: 일반동사 앞! 빈도부사의 위치를 꼭 기억해야 함!
- 주어가 3인칭 단수이고, 현재시제일 때 특히 유의해야 함

D 다음 문장을 읽고, 맞으면 C, 틀리면 I를 선택하시오.

1 Plants always find ways to survive.   (C / I)

2 It always snows a lot in winter.   (C / I)

3 She usually gets up early in the morning.   (C / I)

4 Animals find usually ways to survive, too.   (C / I)

5 This spider always eats buds from the Acacia tree.   (C / I)

6 He works often late.   (C / I)

7 He sometimes goes to bed early.   (C / I)

8 This plant rarely flowers.   (C / I)

9 It will occasionally eat ants.   (C / I)

10 Beetles usually pollinate this plant.   (C / I)

E 다음 문장을 빈도부사를 활용하여 올바른 문장으로 완성하시오.

1 My best friend goes to bed late. (90% of the time)

→ _____ My best friend usually goes to bed late. _____

2 My uncle plays golf on the weekend. (75% of the time)

→ _____

3 Their science teacher teaches them very well. (100% of the time)

→ _____

4 His aunt calls him on the weekend. (5% of the time)

→ _____

F 다음 문장들을 읽고, 나에게 해당되는 것에 표시하시오.

1 I always wake up before 7:00.   Yes   No

2 I usually eat toast for breakfast.   Yes   No

3 I rarely take a shower in the morning.   Yes   No

4 I never shampoo my hair in the morning.   Yes   No

5 I am often late for class.   Yes   No

6 I sometimes do my homework in the morning.   Yes   No

7 I occasionally walk to school with my friend.   Yes   No

8 I always watch TV while I eat breakfast.   Yes   No

Post

● 아래의 상자에서 알맞은 내용을 골라 빈도부사에 대한 설명을 완성하시오.

1 ___ⓕ 빈도부사___ 란 일, 상황이 얼마나 자주 일어나는지를 나타내는 표현이에요.

2 빈도부사의 종류에는 _____ 등이 있어요.

3 빈도부사 위치는 일반 동사 앞, _____예요.

4 빈도부사는 일상을 나타내는 _____와 자주 함께 사용돼요.

5 빈도부사 always는 _____라는 의미로 100%를 의미해요.

6 빈도부사 rarely, hardly는 _____라는 의미로 부정을 나타내요.

7 빈도부사 never는 _____로 0%를 의미해요.

8 빈도부사를 일이나 상황이 자주 일어나는 순서대로 나열하면, always,_____,
hardly/rarely, never로 할 수 있어요.

ⓐ be동사 뒤	ⓑ 현재시제	ⓒ usually, often, sometimes
ⓓ '거의 ~하지 않다'	ⓔ '항상, 언제나'	ⓕ 빈도부사
ⓖ '전혀 ~하지 않다, 절대로 ~하지 않다'		ⓗ always, usually, often, sometimes, hardly, never

Listening

● 대화를 듣고, 남자의 마지막 말에 이어질 여자의 말로 적절한 것을 고르시오.

① I am too busy tonight.　　② Where are my keys?　　③ That sounds great.

④ The bus leaves at noon.　　⑤ No, thank you. I am full.

전략 ▸ 표현의 기능(Funtion)을 파악하세요.

전략 적용 해보기!

| 1 표현의 기능을 파악하기 | ◎ How about ~?　　ⓐ 방법 질문하기　　ⓑ 제안하기 |
| 2 앞 문장에 적절한 응답 고르기 | ◎ ⓐ That sounds great.　　ⓑ My pleasure. |

● 다시 한 번 잘 듣고, 빈칸을 채우시오.

A : What _____ you _____ _____ do on Saturday?

B : I am _____ _____ watch the new SF movie at the Victoria cinema.

A : Oh, that _____ wonderful. Can I come?

B : The more the merrier.

A : _____ _____ going to the museum after that?

B : _____

▶ Key Words & Key Expressions

적절한 응답(Proper Response):

A: I can't find my pen. 펜이 어디 있는지 모르겠어.

B: Here it is. 여기 있어.

A: I have an exam tomorrow. 나 내일 시험 있어.

B: Good luck. 행운을 빌어.

A: I am sorry for being late. 늦어서 미안해.

B: That's all right. 괜찮아.

A: I have a cold. 나 감기 들었어.

B: That's too bad. 저런 안 됐다.

A: Can you join us for lunch? 점심 같이 할까?

B: Maybe next time. 다음에 하자.

A: Can you stay longer? 조금 더 있을 수 있어?

B: I am afraid not. 유감스럽지만 안 돼. (거절)

A: How about going to the park? / Let's go to the park.
공원에 가자. (제안)

B: That's great. 좋아. (수락)　Sorry, I can't. 미안하지만 난 갈 수 없어. (거절)

A: Thank you for your help. 도와주셔서 고마워. (감사하기)

B: You're welcome. / Don't mention it. / Never mind. /
No problem. / My pleasure. 천만에.

A: Would you like more? 더 먹을래? (권유)

B: No, thank you. I'm full. 아니, 괜찮아. 배가 불러.

연습1 대화를 듣고, 남자의 마지막 말에 이어질 여자의 말로 적절한 것을 고르시오.

① We will go to the movies tonight.　② He will eat burgers for lunch.

③ Thank you! We like basketball, too.　④ Thank you! We sure hope we win!

⑤ No, we can't go.

| 1 표현의 기능을 파악하기 | ◐ Good luck!　ⓐ 행운 빌기　ⓑ 축하하기 |
| 2 앞 문장에 적절한 응답 고르기 | ◐ ⓐ Thank you.　ⓑ You're welcome. |

● 다시 한 번 잘 듣고, 빈칸을 채우시오.

A: I hear that your son's team will make the playoffs.

B: Yes, he is the number one pitcher in his league.

A: Wow, that _____ _____ a lot of practice.

B: It _____ does. He throws 80 pitches a day.

A: _____ _____ at the playoffs on Saturday!

B: _____

연습2 대화를 듣고, 여자의 마지막 말에 이어질 남자의 말로 적절한 것을 고르시오.

① Did you get any snacks?　② I want to stay another day.

③ When are you coming back?　④ There is another train tomorrow.

⑤ Oh, here they are.

| 1 표현의 기능을 파악하기 | ◐ I can't find my keys.　ⓐ 물건 찾기　ⓑ 물건 사기 |
| 2 앞 문장에 적절한 응답 고르기 | ◐ ⓐ Here I am.　ⓑ Here they are. |

● 다시 한 번 잘 듣고, 빈칸을 채우시오.

A: What time does the train _____?　B: _____ from the Central Station.

A: Are you packed and _____ to go?　B: Sure I am. But I have a problem.

A: What is it?　B: I _____ find my keys.

A: _____

● 대화를 듣고, 들려주는 상황에 어울리는 속담으로 가장 적절한 것을 고르시오.

① No news is good news.　　　② Never judge a book by its cover.

③ Once a thief, always a thief.　　④ Hit the iron when it's hot.

⑤ Easier said than done.

전략 · 자주 인용되는 빈출 속담을 익히세요.

전략 적용 해보기!

1 사용된 속담 고르기

2 속담의 역할 또는 주제

ⓐ 칭찬하기　　　ⓑ 안심시키기

ⓐ That's a good news.　　ⓑ No news is good news.

● 다시 한 번 잘 듣고, 빈칸을 채우시오.

A: Hi! _____ time _____ see!

B: It's been a while. I am glad to see you! How are you doing?

A: Fine, thanks. And you?

B: Couldn't be better. How about your sister, Susie?

A: She is traveling in Europe.

B: Wow! She _____ be having a great time.

A: She should be, but I haven't heard from her more than a week.

B: Don't worry. _____ news is _____ news!

Key Words & Key Expressions

속담 표현:

A little knowledge is dangerous. 선무당이 사람 잡는다.

Promise little, do much. 약속은 적게, 실행은 많이

Walls have ears. 낮 말은 새가 듣고 밤 말은 쥐가 듣는다.

A squeaky wheel gets the grease. 우는 아이 젖 준다.

Speak of the devil. 호랑이도 제 말 하면 온다.

Many a little makes a mickle. 티끌 모아 태산이다.

Every cloud has a silver lining. 쥐구멍에도 볕 들 날 있다.

Empty vessels make the most sound. 빈 수레가 요란하다.

No smoke without fire. 아니 땐 굴뚝에 연기 날까.

No bees, no honey. 고생 끝에 낙이 온다.

A good book is a great friend. 좋은 책은 좋은 친구다.

Hope is the poor man's bread. 희망은 가난한 사람의 빵이다.

There is no place like home. 집만한 곳이 없다.

A sound mind in a sound body. 건강한 신체에 건강한 정신이 깃든다.

A friend in need is a friend indeed.
어려울 때 친구가 진정한 친구다.

연습1 대화를 듣고, 들려주는 상황에 어울리는 속담으로 가장 적절한 것을 고르시오.

① Look before you leap.　　　　② Better late than never.

③ Practice makes perfect.　　　④ Spare the rod and spoil the child.

⑤ Two heads are better than one.

1 사용된 속담 고르기	⊙ ⓐ 우정　　　　　ⓑ 노력
2 속담의 역할 또는 주제	⊙ ⓐ Slow and steady wins the race.　ⓑ Walls have ears.

● 다시 한 번 잘 듣고, 빈칸을 채우시오.

A: Have you heard about Sora? She _____ the piano competition.

B: I _____ _____ I'm surprised.

A: Why do you say that?

B: She has been working _____. Lots of _____.

A: Is that why she would not go to the movies with us last month?

B: Yes. She has only been at home playing or _____ lessons at the studio for months.

연습2 대화를 듣고, 들려주는 상황에 어울리는 속담으로 가장 적절한 것을 고르시오.

① April showers bring May flowers.　　② All good things must come to an end.

③ Don't cry over spilled milk.　　　　④ A penny saved is a penny earned.

⑤ Blood is thicker than water.

1 사용된 속담 고르기	⊙ ⓐ 티끌 모아 태산의 힘　ⓑ 겸손함의 중요성
2 속담의 역할 또는 주제	⊙ ⓐ Face the music.　ⓑ Many a little makes a mickle.

● 다시 한 번 잘 듣고, 빈칸을 채우시오.

A: Is that a new bike?

B: Yes, and I _____ _____ it myself!

A: Without a job?

B: I always _____ my mom _____ her extra _____.

A: How could extra change buy a bike?

B: I have _____ _____ for over two years. It _____ ____.

A: Wow, that is a long time. I'm impressed.

Test 3

● 1번부터 6번 까지는 듣고 답하는 문제입니다. 🔊 T51

01 대화를 듣고, 여자가 남자아이에게 요청한 것을 고르시오.

① 빵 가져오기　　② 토마토 가져오기

③ 토마토 심기　　④ 음식 만들기

⑤ 시장 가기

02 대화를 듣고, 여자아이가 남자아이에게 제안한 것을 고르시오.

① 음식 만들기　　② 쇼핑 하러 가기

③ 생일 카드 쓰기　④ 용돈으로 선물 사기

⑤ 직접 선물 만들기

03 대화를 듣고, 두 사람의 대화가 어색한 것을 고르시오.

①　　②　　③　　④　　⑤

04 대화를 듣고, 들려주는 내용과 일치하는 것을 고르시오.

① 대화가 이루어지고 있는 장소는 서점이다.

② 여자는 도서대출증을 집에 두고 왔다.

③ 도서대출증 없이도 책 대여가 가능하다.

④ 한 번에 한 권만 대출할 수 있다.

⑤ 한 번에 여러 권을 대출할 수 있다.

05 대화를 듣고, 여자아이의 마지막 말에 이어질 남자아이의 말로 적절한 것을 고르시오.

① Everyone goes to Paris.

② You must be sad to hear that.

③ No, I've never been to Paris.

④ Sorry, I can't do that for you.

⑤ Let's go to New York.

06 대화를 듣고, 들려주는 상황에 어울리는 속담으로 가장 적절한 것을 고르시오.

① When in Rome, do as the Romans.

② The pen is mightier than the sword.

③ Two wrongs don't make a right.

④ Better late than never.

⑤ Birds of a feather flock together.

● 여기부터는 읽고 답하는 문제입니다.

07 빈칸 (A), (B), (C)에 들어갈 말로 알맞은 것은?

- You look ＿＿＿＿＿(A)＿＿＿＿＿ in that dress.
- He runs ＿＿＿(B)＿＿＿.
- ＿＿＿＿(C)＿＿＿＿, I got the last train.

① beautiful　－　fast　－　Lucky

② beautiful　－　fast　－　Luckly

③ beautiful　－　fast　－　Luckily

④ beautifully　－　fast　－　Luckily

⑤ beautifully　－　fastly　－　Luckily

[8-10] 다음 글을 읽고, 물음에 답하시오.

Serves: 6   **Cook time:** 20 mins

Ingredients:

450g ground beef, 450g ground pork, 1 egg, 1 tablespoon minced onion, 6 hamburger buns, 1/4 cup bread crumbs, 1 large tomato sliced, lettuce

1. In large bowl, __(A) mix together__ beef, pork, onion, bread crumbs, and egg.
2. Preheat the grill on medium−high heat.
3. Form meat mixture into 6 patties.
4. Place onto grill and cook for 12 −15 minutes.
5. Remove from heat and serve on hamburger buns with lettuce and tomato.

08 윗글의 종류로 알맞은 것을 고르시오.

① 편지   ② 일기
③ 리포트   ④ 시
⑤ 조리법

09 윗글의 밑줄 친 (A)와 같은 의미의 표현을 고르시오.

① separate   ② put together
③ grind   ④ cut together
⑤ pour

10 윗글의 내용과 일치하지 <u>않는</u> 것은?

① 6인분에 대한 조리법이다.
② 조리시간은 20분이 걸린다.
③ 이 조리법의 패티는 소고기만 쓰인다.
④ 패티 반죽에 빵가루와 달걀이 첨가된다.
⑤ 패티는 그릴에서 중불로 굽는다.

11 다음 글을 읽고, 잠이 부족할 경우 생기는 결과를 모두 고르시오.

They say that having little sleep can result in fatigue and a bad mood in the morning. Everyone will agree with the fact that several sleepless nights can cause more serious mental effects. If you don't have enough sleep, your ability to focus will decrease significantly. The health effects are much worse in a long−term perspective.

① 아침의 불쾌한 기분   ② 불면증
③ 머리카락이 빠짐   ④ 떨어진 집중력
⑤ 식욕 감퇴

12 다음 문장 중 올바른 비교급이 <u>아닌</u> 것을 고르시오.

① My brother runs faster than me.
② Who can make a bigger bubble?
③ He can jump higher than you.
④ You are more beautiful than you think.
⑤ You need to be carefuler when you use a knife.

13 밑줄 친 단어들과 같은 의미들로 바르게 이어진 것을 고르시오.

- The *Byblis* gets it's nutrition from these __(A) trapped__ insects.
- The *Bagheera kiplingi* looks like a __(B) typical__ spider.
- One final surprising __(C) adaptation__ is that the corpse flower plant.

	(A)	(B)	(C)
①	freed	special	change
②	captured	special	adjustment
③	freed	ordinary	adjustment
④	captured	ordinary	adjustment
⑤	hidden	special	change

14 밑줄 친 부분이 문법적으로 틀린 것은?

① He is always late for the meeting.

② It is usually sunny in California.

③ She answers never her phone.

④ She is often confused.

⑤ John usually gets up at seven in the morning.

[15-17] 다음 글을 읽고, 물음에 답하시오.

Subject: Offer on the Latest Office Furniture
Date: July 21st

Dear Ms. Marsha,

I am pleased __(A) inform__ you about the new offer we are giving on the Latest Office Furniture Series. You can avail this offer and get a Special Discount of 15% as our valued customer. Visit our website www.excellentfurniture.com to see the wide variety of our products for yourself.
This discount has not been offered across the board, and is only for valued customers like you.
Thank you!

Sincerely,
John Smith
General Manager, Excellent Furniture Company

15 윗글의 수신인과 발신인, 그리고 제목으로 알맞은 것은?

① John – Marsha 양 – 최신 가구 판매

② Marsha 양 – John – 최신 가구 판매

③ Marsha 양 – John – 가구 회사 취직 신청

④ Marsha 양 – John – 가구 배송 문의

⑤ John – Marsha 양 – 최신 가구 판매

16 윗글의 밑줄 친 (A)에 알맞은 inform의 형태는?

① inform   ② informing

③ to inform   ④ informed

⑤ have informed

17 윗글의 내용과 일치하지 <u>않는</u> 것을 고르시오.

① Excellent 가구회사에서는 신제품 세일을 실시한다.

② Excellent 가구회사에서는 재고 정리 세일을 실시한다.

③ 선택된 우수고객에 한해 세일을 실시한다.

④ 웹사이트를 통해 Excellent 가구회사의 가구를 찾아볼 수 있다.

⑤ Excellent 가구회사는 사무용 가구 전문점이다.

18 밑줄 친 부분의 뜻이 알맞지 <u>않은</u> 것은?

① A *Byblis* is covered in <u>natural glue</u>.
(인공접착제)

② Tickets are <u>first-come, first-serve</u>.
(선착순)

③ Romeo <u>belongs to</u> the Montague family.
(~속하다)

④ You don't need to <u>be afraid of</u> the dark.
(~을 두려워 하다)

⑤ <u>Even though</u> they are in their 70s, they are excited about going. (비록 ~이지만)

19 주어진 단어를 사용하여 문장을 완성하시오.

> reply this to do not mail. Please

→ _____

20 주어진 우리 말을 영어로 완성하시오.

(1) 창의적인 일을 하는 것은 당신이 더 건강하게 느끼게 도울 수 있다.

→ _____

_____

(2) 그는 토스트와 함께 항상 우유를 마신다.

→ _____

Listening Test

01 대화를 듣고, 여자가 사려는 원피스로 가장 적절한 것을 고르시오.

①   ②

③   ④

⑤

02 다음을 듣고, this가 가리키는 것으로 가장 적절한 것을 고르시오.

① 텔레비전 ② 냉장고
③ 진공 청소기 ④ 에어컨
⑤ 전자레인지

03 다음을 듣고, 오늘의 날씨로 가장 적절한 것을 고르시오.

① ②

③ ④

⑤

04 대화를 듣고, 남자의 마지막 말의 의도로 가장 적절한 것을 고르시오.

① 거절 ② 제안
③ 사과 ④ 위로
⑤ 축하

05 다음을 듣고, 남자가 언급하지 않은 것을 고르시오.

① 바자회 장소 ② 바자회 시간
③ 바자회 물품 ④ 바자회 이익금 사용처
⑤ 바자회 주최

06 대화를 듣고, 두 사람이 만날 시각을 고르시오.

① 7:00 a.m.　　② 9:00 a.m.

③ 3:00 p.m.　　④ 6:00 p.m.

⑤ 7:00 p.m.

07 대화를 듣고, 여자아이의 장래 희망으로 가장 적절한 것을 고르시오.

① 패션 디자이너　　② 유치원 교사

③ 운동선수　　　　④ 화가

⑤ 의사

08 대화를 듣고, 남자아이의 심정으로 가장 적절한 것을 고르시오.

① 지루한　　　　② 무관심한

③ 짜증 난　　　　④ 슬픈

⑤ 자랑스러운

09 대화를 듣고, Tom이 대화 직후에 할 일로 가장 적절한 것을 고르시오.

① 재활용품을 분리하는 일

② 진공청소기로 청소하는 일

③ 세탁물을 분류하는 일

④ 쓰레기를 밖으로 가지고 나가는 일

⑤ 쓰레기통을 청소하는 일

10 대화를 듣고, 무엇에 관한 내용인지 가장 적절한 것을 고르시오.

① 인기 있는 명절　　② 인사법

③ 편지 쓰는 법　　　④ 작문 하는 법

⑤ 방학 계획

11 대화를 듣고, 여자가 이용할 교통수단으로 가장 적절한 것을 고르시오.

① 자전거　　　　② 걷기

③ 버스　　　　　④ 지하철

⑤ 택시

12 대화를 듣고, 남자가 식당에 간 이유로 가장 적절한 것을 고르시오.

① 점심을 먹기 위해

② 파티 음식을 주문하기 위해

③ 친구를 만나기 위해

④ 파티에 참석하기 위해

⑤ 포장 음식을 주문하기 위해

13 대화를 듣고, 두 사람의 관계로 가장 적절한 것을 고르시오.

① 이모와 조카
② 교사와 학생
③ 손님과 점원
④ 의사와 환자
⑤ 사장과 직원

14 대화를 듣고, 남자아이가 가려고 하는 장소를 고르시오.

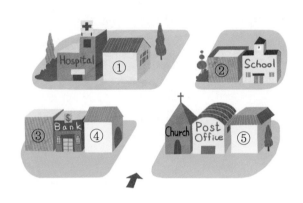

15 대화를 듣고, 여자가 남자에게 요청한 일로 가장 적절한 것을 고르시오.

① 병을 씻는 일
② 병을 가져 오는 일
③ 음료수를 주문하는 일
④ 병을 여는 일
⑤ 식당을 예약하는 일

16 대화를 듣고, 여자가 남자에게 제안한 것으로 가장 적절한 것을 고르시오.

① 병원 가기
② 식단 조절하기
③ 함께 공부하기
④ 함께 조깅하기
⑤ 쇼핑가기

17 대화를 듣고, 두 사람의 대화가 어색한 것을 고르시오.

①   ②   ③   ④   ⑤

18 대화를 듣고, 여자가 지불해야 할 금액을 고르시오.

① 20 달러
② 40 달러
③ 50 달러
④ 80 달러
⑤ 90 달러

[19-20] 대화를 듣고, 남자아이의 마지막 말에 이어질 여자아이의 말로 가장 적절한 것을 고르시오.

19 G: _____

① Cheer up! You'll do better next time.

② Thanks. It's so sweet of you.

③ I don't like it.

④ I'm so disappointed.

⑤ You make me angry.

20 G: _____

① I can't go to the concert.

② Sure, I will.

③ It's too expensive.

④ It's too early.

⑤ What's wrong with you?

대명사의 격변화

인칭	수	격			
		주격	소유격	목적격	소유대명사
1인칭	단수	I	my	me	mine
	복수	we	our	us	ours
2인칭	단수	you	your	you	yours
	복수	you	your	you	yours
3인칭	단수	he	his	him	his
		she	her	her	hers
		it	its	it	–
	복수	they	their	them	theirs

기수와 서수

기수		서수		기수		서수	
1	one	1st	first	11	eleven	11th	eleventh
2	two	2nd	second	12	twelve	12th	twelfth
3	three	3rd	third	13	thirteen	13th	thirteenth
4	four	4th	fourth	14	fourteen	14th	fourteenth
5	five	5th	fifth	20	twenty	20th	twentieth
6	six	6th	sixth	21	twenty-one	21st	twenty-first
7	seven	7th	seventh	22	twenty-two	22nd	twenty-second
8	eight	8th	eighth	23	twenty-three	23rd	twenty-third
9	nine	9th	ninth	24	twenty-four	24th	twenty-fourth
10	ten	10th	tenth	100	hundred	100th	hundredth

동사원형ing 만들기

동사	대부분의 동사	e로 끝난 동사	'단모음+단자음'으로 끝난 동사	ie로 끝난 동사
-ing	동사원형 +ing	e를 빼고 +ing	마지막 자음 한 번 더 쓰고 +ing	ie를 y로 바꾸고 +ing
예	eat – eating listen – listening play – playing read – reading speak – speaking study – studying	drive – driving dance – dancing make – making ride – riding save – saving smile – smiling	cut – cutting put – putting run – running shop – shopping stop – stopping swim – swimming	die – dying lie – lying tie – tying

Appendix 2

비교급과 최상급

형용사 / 부사	비교급	최상급	예시
대부분의 형용사 / 부사	형용사 / 부사 +er	형용사 / 부사 +est	long – longer – longest old – older – oldest small – smaller – smallest tall – taller – tallest fast – faster – fastest
자음 +y로 끝난 형용사 / 부사	y를 i로 고치고 +er	y를 i로 고치고 +est	busy – busier – busiest easy – easier – easiest happy – happier – happiest pretty – prettier – prettiest early – earlier – earliest
'단모음+단자음'으로 끝난 형용사 / 부사	마지막 자음 한 번 더 쓰고 +er	마지막 자음 한 번 더 쓰고 +est	big – bigger – biggest fat – fatter – fattest hot – hotter – hottest thin – thinner – thinnest wet – wetter – wettest
2음절 이상의 형용사 / 부사	more + 형용사 / 부사	most + 형용사 / 부사	beautiful – more beautiful – most beautiful careful – more careful – most careful delicious – more delicious – most delicious famous – more famous – most famous interesting – more interesting – most interesting
불규칙	암기	암기	good – better – best bad – worse – worst little – less – least many (much) – more – most far – farther – farthest

규칙 동사의 과거형

동사	대부분의 동사		자음 +y로 끝난 동사		'단모음+단자음'으로 끝난 동사	
–(e)d	동사원형 +(e)d		y를 i로 고치고 +ed		마지막 자음 한 번 더 쓰고 +ed	
예	like – liked	love – loved	bury – buried	cry – cried	beg – begged	plan – planned
	look – looked	talk – talked	carry – carried	marry – married	rub – rubbed	shop – shopped
	play – played	stay – stayed	study – studied	worry – worried	stop – stopped	

불규칙 동사의 과거형

A-A-A

의미	원형	과거형	과거분사형	의미	원형	과거형	과거분사형
비용이 들다	cost	cost	cost	다치게 하다	hurt	hurt	hurt
자르다	cut	cut	cut	놓다	put	put	put
치다	hit	hit	hit	읽다	read	read	read

A-B-A

의미	원형	과거형	과거분사형	의미	원형	과거형	과거분사형
오다	come	came	come	달리다	run	ran	run

A-B-B

의미	원형	과거형	과거분사형	의미	원형	과거형	과거분사형
사다	buy	bought	bought	지불하다	pay	paid	paid
잡다	catch	caught	caught	말하다	say	said	said
먹이를 주다	feed	fed	fed	팔다	sell	sold	sold
찾다	find	found	found	보내다	send	sent	sent
가지다	have	had	had	앉다	sit	sat	sat
듣다	hear	heard	heard	자다	sleep	slept	slept
잡다	hold	held	held	서다	stand	stood	stood
떠나다	leave	left	left	가르치다	teach	taught	taught
잃어버리다	lose	lost	lost	말하다	tell	told	told
만들다	make	made	made	생각하다	think	thought	thought
만나다	meet	met	met	이기다	win	won	won

A-B-C

의미	원형	과거형	과거분사형	의미	원형	과거형	과거분사형
시작하다	begin	began	begun	가다	go	went	gone
깨뜨리다	break	broke	broken	성장하다	grow	grew	grown
선택하다	choose	chose	chosen	알다	know	knew	known
하다	do	did	done	타다	ride	rode	ridden
그리다	draw	drew	drawn	흔들다	shake	shook	shaken
마시다	drink	drank	drunk	노래하다	sing	sang	sung
운전하다	drive	drove	driven	말하다	speak	spoke	spoken
먹다	eat	ate	eaten	수영하다	swim	swam	swum
떨어지다	fall	fell	fallen	가져가다	take	took	taken
날다	fly	flew	flown	(잠에서) 깨다	wake	woke	woken
얻다	get	got	gotten	옷을 입다	wear	wore	worn
주다	give	gave	given	(글을) 쓰다	write	wrote	written

EBS 초목달

예비 중학 영어

1

Galaxy

EBS

Unit 1 Italy

Vocabulary

B p. 8~9

1. island 2. valley 3. 선사시대의 4. over 5. 화석
6. exciting 7. 제국 8. last 9. remains
10. 건축학, 건축양식 11. 중세의 12. climb
13. 유명한, 친숙한 14. country 15. culture
16. popular

C

1. hill 2. valley 3. drawing 4. tower
5. wonder 6. whole 7. interested 8. center
9. still 10. huge

D

1. beach 2. ancient 3. last 4. prehistoric
5. tilt 6. popular 7. huge

---

1. 우리는 해변으로 수영하러 갈 것이다.
2. 고대 피라미드는 환상적이다.
3. 이번 토요일은 우리의 마지막 수업이다.
4. 그 박물관은 선사시대의 모형들로 가득하다.
5. 나는 그 탁자를 옆으로 살짝 기울여야 했다
6. 그녀는 반에서 가장 인기 있는 소녀이다.
7. 그 판매의 할인은 정말 컸다.

E

1. fossil 2. tilt 3. culture 4. inside

---

1. 우리는 그 사막에서 고대 화석을 발견했다.
   그 박물관은 공룡 화석으로 가득하다.
2. 너의 머리를 왼쪽으로 약간만 기울여 봐.
   더 쏟아 붓기 위해서 그 병을 조금 더 기울여라.
3. 너희 문화에서는 생일을 어떻게 축하하니?
   나는 영국문화에 관심이 있다.
4. 날씨가 추워지니, 강아지를 안으로 데리고 들어가.
   이 영화관 안은 매우 춥다.

Reading p. 10~12

이탈리아는 유럽에 있어요. 이 나라는 몇 개의 섬과 하나의 큰 반도로 이루어져 있지요. 그리고 나라의 대부분은 지중해로 둘러싸여 있어요. 이탈리아는 큰 산들이 있고 낮은 언덕들과 강의 유역, 해변들 또한 있어요.
사람들은 선사시대 이후로 이 땅에 살아왔어요. 그들은 돌 위에 그

림을 그렸고, 이곳에는 250,000점 이상의 선사시대의 암면조각이 있어요. 만약 당신이 선사시대에 관심을 갖고 있다면, Monte San Giorgio 산에 있는 화석들 또한 좋아할 거예요.
이탈리아는 흥미로운 역사를 가지고 있어요. 고대 도시인 로마는 천 년 이상 유지되었던 거대한 제국으로 성장했어요. 이탈리아에 방문하는 많은 사람들은 고대 로마 건축물의 유적지를 보고 싶어해요. 콜로세움은 전 세계에서 가장 방문객이 많은 장소 중에 하나예요.
이것은 피사의 사탑이에요. 이 탑은 중세 시대의 7가지 불가사의 중 하나예요. 이것은 매년 1mm씩 기울고 있지만 여전히 사람들은 꼭 대기까지 올라가 볼 수 있어요.
이 그림은 세계적으로 가장 유명한 그림 중 하나예요! 르네상스 시기에 레오나르도 다빈치가 이것을 그렸지요. 이탈리아의 가장 잘 알려진 르네상스 예술품들 중 몇 점이 바티칸시국에 있어요. 바티칸시국은 가톨릭 교회의 중심이에요. 이탈리아 영토 안에 있음에도 그곳은 실제로 하나의 개별적인 국가예요.
이탈리아에는 많은 볼거리와 즐길거리가 있어요. 하지만 이곳을 방문할 여력이 없다고 해도, 당신은 여전히 이탈리아의 문화를 즐길 수 있어요. 이탈리아의 음식은 세계적으로 인기가 있지요. 다음에 당신이 피자를 먹을 때, 이 흥미로운 나라에 대해 생각해보세요!

Q1 이탈리아에 대한 설명으로 알맞은 것은?
ⓐ 이탈리아는 바다로 둘러싸여 있다.
b. 이탈리아는 수백 개의 섬으로 이루어져 있다.

Q2 사람들은 왜 콜로세움을 보러 가나요?
a. 현대 건물을 보려고
ⓑ 고대 건축물을 보려고

Q3 12쪽에 어울리는 제목은 무엇인가요?
ⓐ 이탈리아의 매력들
b. 이탈리아의 매력적인 패션

A p. 14

1. b. The History and Culture of Italy
   (이탈리아의 역사와 문화)

2. c. Since prehistoric times
   (선사시대 이래로)

3. b. A famous leader of Rome
   (로마의 유명한 지도자)

B

1. Rome, empire, thousands

2. remains, tilts

3. most famous, da Vinci

---

1. History
   → 고대 도시였음
   → 거대한 제국으로 성장함
   → 수천 년 동안 지속됨

---

2. Architecture

→ 고대 로마의 유적

→ 피사의 사탑: 매년 1mm씩 기울어짐

3. Art

→ 이탈리아에서 가장 유명한 그림들 중 하나

→ 레오나르도 다빈치에 의해 그려짐

연습   **p. 15**

c. The History of Pizza (피자의 역사)

가장 유명한 이탈리아 음식 중 하나는 피자이다. 그것은 오래된 이탈리아 음식이나. 그것은 수백 년 동안 존재해 왔다. 오늘날 피자는 풍미가 좋은 음식으로 여겨진다 – 이것은 짭짤한 음식을 가리킨다. 그러나 초기의 피자는 매우 달콤했다!

Grammar
p. 16~19

Pre

1. I   **2.** I   **3.** I

1. They want lots of potatoes, carrots, and tomatoes.
2. I bought some bread, juice, sugar, and milk.
3. Rome is one of the most visited places in the whole world.

1. 그들은 감자와 당근, 그리고 토마토를 많이 원한다.
2. 나는 약간의 빵, 주스, 설탕, 그리고 우유를 샀다.
3. 로마는 전 세계에서 가장 방문객이 많은 장소 중에 하나이다.

A

1. boy   2. bed   3. rabbit   4. house   5. zoo
6. Tom   7. juice   8. book   9. love

B

1. cat   2. dog   3. banana   4. computer

C

1. cheese   2. salt   3. China   4. water

D

1. a   2. an   3. an   4. a   5. a   6. a   7. an   8. a   9. an

E

1. ⓒ   2. ⓓ   3. ⓒ

F

1. I want to buy some bread.
2. He drinks juice every morning.
3. Do not eat too much sugar.
4. Italy is surrounded by the sea.

5. Do you use milk in your coffee?
6. Friendship is the most important thing.
7. Air and water are natural resources.
8. He is a man of great courage.

1. 나는 약간의 빵을 사고 싶다.
2. 그는 매일 아침 주스를 마신다.
3. 설탕을 너무 많이 먹지 마세요.
4. 이탈리아는 바다로 둘러 싸여 있다.
5. 너는 커피에 우유를 넣니?
6. 우정은 가장 중요한 것이다.
7. 공기와 물은 천연자원이다.
8. 그는 대단한 용기를 가진 사람이다.

G

1. rocks   2. boxes   3. beaches   4. knives   5. cities
6. potatoes   7. buses   8. wolves   9. babies

H

1. ⓐ   2. ⓐ   3. ⓑ   4. ⓐ   5. ⓑ   6. ⓑ   7. ⓑ   8. ⓐ   9. ⓐ

I

1. one of the oldest countries
2. one of the seven wonders
3. one of the most visited places
4. one of the largest islands

1. 이집트는 세계에서 가장 오래된 나라 중 하나이다.
2. 피사의 사탑은 중세의 7대 불가사의 중 하나이다.
3. 콜로세움은 이탈리아에서 가장 방문객이 많은 장소 중 하나이다.
4. 그것은 유럽에서 가장 큰 섬 중 하나이다.

Post

1. ⓗ 사람, 사물, 동물   2. ⓓ 셀 수 없는 명사
3. ⓑ bread, cheese   4. ⓒ an
5. ⓐ −s 또는 −es   6. ⓔ −sh, −ch
7. ⓖ i   8. ⓕ one of 복수명사

Listening
p. 20~23

유형 1 설명에 알맞은 그림 고르기

④

1. 연필   2. ⓒ   3. stars, striped, spotted

stars, striped, spotted

A: 어떤 연필을 갖고 싶니?

B: 별 모양이 있는 것을 사야 할 것 같은데.

A: Charlie가 그런 것을 갖고 있는 것 같아.

B: 아, 그럼, 줄 무늬가 있는 것은 어떨까?

A: 그것도 좋아 보여. 그런데 그것 너무 비싸지 않아?

B: 그래, 맞아. 그럼 난 이 물방울 무늬가 있는 것으로 살 것 같아!

연습 1 ②

1. 강아지 **2.** ⓑ **3.** small, long fur, bushy tail

small, long fur, bushy tail

A: 엄마, 강아지 한 마리 키워도 돼요?

B: 강아지는 보살핌이 많이 필요해. 어떤 종류의 강아지를 키우고 싶니?

A: 털이 긴 작은 강아지를 원해요. 길고 숱이 많은 꼬리를 가진 강아지요.

B: 강아지에 관해 많은 것을 생각해뒀구나. 엄마가 아빠에게 말씀 드리고 아빠 생각을 알아볼게.

연습 2 ③

1. 셔츠 **2.** ⓒ

3. long sleeves, polka dot, black plaid, perfect

long sleeves, polka dot, black plaid, perfect

A: 다음 주에 있을 콘서트에 입고 갈 새 셔츠가 필요해.

B: 이 긴 소매 하얀 셔츠가 좋은 것 같은데.

A: 하얀색 무늬 없는 셔츠는 싫어. 이 물방울 무늬는 어때?

B: 가격표는 봤니?

A: 왜! 비싸다. 이 검은색 체크무늬 셔츠가 좋은 것 같아. 이걸로 살래.

유형 2 알맞은 날씨 고르기

③

1. Sunday **2.** ⓒ

sunny, muggy, cloudy, no rain

A: 이번 주말에 무엇을 할 거니?

B: 나는 장거리로 자전거를 타러 가고 싶어.

A: 날씨를 확인해보자. 음, 토요일 아침에는 화창한데 오후에는 후텁지근할 확률이 높아.

B: 일요일에는 온종일 부분적으로 흐리고 비는 안 올 거래.

A: 일요일에 가는 것은 어때?

B: 좋아.

연습 1 ③

1. today **2.** ⓑ

sunrise, bright, sunny, warm, colder, showers

A: 좋은 아침입니다. 오늘 아침 아름다운 일출을 보셨나요? 정말 장관이었는데요! 오늘 날씨는 계속 밝고, 화창하며, 따뜻할 것입니다. 내일은 많이 추워지고 온종일 소나기가 올 확률이 있으니 오늘 이 좋은 날씨를 꼭 야외에서 즐기세요.

연습 2 ②

1. tomorrow **2.** ⓓ

sunny, windy, rainy

A: 밖에 날씨가 어때?

B: 밖에는 화창하고 바람이 불어. 연날리기를 하고 싶다.

A: 나도. 난 연 날리는 거 정말 좋아하는데. 내일 연 날리러 가자.

B: 내일은 집에 있는 게 나아. 일기예보에서 내일은 하루종일 비가 내린다고 하네.

Unit 2 Two Days in Italy

Vocabulary

B p. 26~27

1. trip　**2.** 보이다, ~인 것 같다　**3.** 큰, 위대한, 멋진

4. smile　**5.** 대답하다, 대답　**6.** stomach　**7** 콧수염

8. 얼굴을 찡그리다, 찌푸림　**9.** room　**10.** forward　**11.** 거리

12. 기울다, 기대다　**13.** 대신에　**14.** amazing

15. 섬광, 반짝이는　**16.** 아래에

C

1. letter　**2.** arrive　**3.** first　**4.** guide　**5.** room

6. reach　**7.** finally　**8.** spend　**9.** river　**10.** road

D

1. ③　**2.** ②　**3.** ④　**4.** ③　**5.** ②

1. 저기에 덥수룩한 콧수염이 있는 저 남자는 누구니?

2. 질문에 답하기 전에 생각해 보세요.

3. 나는 그렇게 놀라운 것을 이전에 본 적이 없어요.

4. 날씨가 심상치 않아요. 폭염이에요.

5. 버스가 너무 붐벼서 난 비집고 들어가야만 했다.

E

1. trip　**2.** shocked　**3.** different　**4.** smile　**5.** forward

1. 나는 이번 여름에 정말로 여행을 가고 싶다.

2. 나는 그의 대답에 크게 충격을 받았다.

3. 저 자동차는 그 어떤 다른 차들과는 완벽하게 다르다.

4. 그녀가 미소 지을 때 그녀는 매우 행복해 보인다.

5. 찬성표를 던지고 싶으면 앞으로 한 걸음 나와라.

Reading

p. 28~30

Sally의 아빠는 이탈리아 여행 상품에 당첨 되었어요. 그는 편지를 손에 들고 흔들었어요. Sally의 엄마는 그 편지를 읽었지만 (아빠보다는) 그다지 좋아하지 않아 보였어요.

"이 편지에 따르면 우리가 이틀 동안 네 군데나 되는 다른 도시들을 여행할 거라는데," 라고 편지를 손에 쥔 채 그녀가 말했어요. "너무 심하다고 생각지 않아요?"

"이건 대단한 여행이 될 거야!" 아빠가 미소 지었어요.

"너는 무엇을 하길 원하니?" 우리가 로마에 도착했을 때 아빠는 나에게 무엇을 하고 싶은 지 물었어요.

"저는 배가 고파요," 배를 잡고 대답했어요. "우리 피자 먹으러 가요."

"그러자꾸나," 아빠가 말했어요. "하지만 먼저, 우리 가이드인 Rossi 씨를 만나보자."

Rossi 씨는 커다란 콧수염이 난, 체구가 작은 남자였어요.

그는 먼저 우리의 짐을 보더니, 자신의 작은 승합차를 바라보았어요. 그는 눈살을 찌푸렸지요. 짐을 다 싣고 나니 자리가 넉넉지 않았지만, 우리는 안으로 비집고 탔어요.

"우리 피자 먹을 수 있죠?" 내가 물었어요.

"그럴 시간은 없단다!" Rossi 씨가 말했어요.

그의 자그마한 승합차는 힘겹게 앞으로 나아갔어요. 머지않아, 우리는 로마 거리를 쌩 지나고 있었어요.

우리는 콜로세움을 보았고, 또한 비티간시국도 방문했어요. 우리가 피사에 다다랐을 때, Rossi 씨는 많은 장소들을 보여주었어요. 마침내, 우리는 피사의 사탑을 보았지요. 나는 충격을 받았어요! 그것은 곧 무너져 버릴 것처럼 보였어요. 우리는 피사에서 그날 밤을 보내지는 않았어요. 대신에, Rossi 씨는 우리를 베니스로 데려갔어요. 정말 긴 하루였어요! 베니스에서 아침을 맞는다는 것은 놀라웠어요. 우리는 호텔 창문 아래로 빛나는 거리를 내려다 보았어요. 그것들은 도로가 아니었어요! 그것들은 강이었어요!

Q1 This가 가리키는 것은 무엇인가요?

ⓐ 그들이 이탈리아 여행 상품에 당첨되었음을 알리는 편지

b. 이탈리아를 소개하는 잡지

Q2 그들은 누구의 승합차를 탔나요?

a. Sally의 삼촌 승합차

ⓑ Rossi 씨의 승합차

Q3 Sally의 가족은 어느 도시에서 하룻밤을 보냈나요?

a. 피사　　ⓑ 베니스

A p. 32

1. a. A short trip

(짧은 여행)

2. b. Sally's mom

(Sally의 엄마)

3. c. The family went to many sites.

(그 가족이 많은 지역을 다녔다.)

B

1. ⓑ　**2.** ⓓ　**3.** ⓕ　**4.** ⓗ

5. ⓐ　**6.** ⓔ　**7.** ⓒ　**8.** ⓖ

Before the Trip

1. ⓑ: 여행에 관한 편지를 받았음

Day 1 of Trip

2. ⓓ: 로마에 도착함

3. ⓕ: 가이드 Rossi 씨를 만남

4. ⓗ: 콜로세움과 바티칸시국을 보았음

5. ⓐ: 피사에 감

6. ⓔ: 피사의 사탑을 보았음

7. ⓒ: 베니스로 차를 타고 이동함

8. ⑨: 잠에서 깬 강으로 된 도로를 보았음

연습   p. 33

a. Gondolas (곤돌라)

Rossi 씨는 우리를 베니스 주변에 데리고 갔어요. 그곳은 역사가 깊어서 흥미로운 지역이 많이 있어요. 그런데 그는 차를 이용할 수 없었어요. 모든 도로가 다 물로 되어 있었거든요! 대신 우리는 곤돌라를 이용했어요. 이것은 작고 좁은 배예요. 사람들은 긴 노를 이용해서 배를 움직여요.

Grammar   p. 34~37

Pre

1. I   **2.** I   **3.** C

1. We arrived in Rome.
2. You look happy.
3. She has a brother.
1. 우리는 로마에 도착했다.
2. 너는 행복해 보인다.
3. 그녀는 남자형제가 있다.

A

1. 1   **2.** 2   **3.** 3   **4.** 4   **5.** 5

1. 우리는 도착했다.
2. 나는 배가 고프다.
3. 그는 스포츠를 매우 좋아한다.
4. 그는 우리에게 많은 곳을 보여주었다.
5. 그들은 그를 원숭이라고 부른다.

B

1. They go to Rome.
2. She works hard.
3. He arrived in Italy.
4. I live in Seoul.
5. I go to bed at 10.
6. They are in the kitchen.
7. We go to school every day.
8. She dances very beautifully.

1. 그들은 로마에 간다.   **2.** 그녀는 열심히 일한다.
3. 그는 이탈리아에 도착했다.   **4.** 나는 서울에 산다.
5. 나는 10시에 잔다.   **6.** 그들은 부엌에 있다.
7. 우리는 매일 학교에 간다.   **8.** 그녀는 매우 아름답게 춤을 춘다.

C

1. This bread smells great.
2. This soup tastes good.
3. This cake looks beautiful.
4. He looks happy.
5. The flower looks pretty.
6. The scarf feels soft.
7. Her voice sounds nice.
8. The cookies smell delicious.
9. This tea tastes good.
10. This sweater feels smooth.

1. 이 빵은 냄새가 좋다.   **2.** 이 수프는 맛이 좋다.
3. 이 케이크는 아름답다.   **4.** 그는 행복해 보인다.
5. 그 꽃은 예쁘다.   **6.** 그 스카프는 부드럽다.
7. 그녀는 목소리가 듣기 좋다.   **8.** 그 쿠키는 맛있는 냄새가 난다.
9. 이 차는 맛이 좋다.   **10.** 이 스웨터는 부드럽다.

D

1. We like cookies.
2. I want some pizza.
3. She read the letter.
4. He has a dog.
5. They visited Vatican City.
6. We saw Colosseum.
7. I like the dancer.
8. She watches TV at night.

1. 우리는 쿠키를 좋아한다.
2. 나는 피자를 먹고 싶다.
3. 그녀는 편지를 읽었다.
4. 그는 강아지 한 마리가 있다.
5. 그들은 바티칸시국을 방문했다.
6. 우리는 콜로세움을 보았다.
7. 나는 그 댄서를 좋아한다.
8. 그녀는 밤에 TV를 본다.

E

1. 주어, 동사, 간목, 직목   ⓑ
2. 주어, 동사, 간목, 직목   ⓐ
3. 주어, 동사, 간목, 직목   ⓓ
4. 주어, 동사, 간목, 직목   ⓒ

5. 주어, 동사, 간목, 직목　　ⓔ

F

1. She calls (her) "Princess."　　ⓑ

2. She calls (him) "Prince."　　ⓐ

3. We call (him) "Genius."　　ⓔ

4. I call (her) "Genius."　　ⓒ

5. They call (him) "King."　　ⓓ

G

1. ⓑ　**2.** ⓐ　**3.** ⓐ　**4.** ⓑ

5. ⓐ　**6.** ⓐ　**7.** ⓑ　**8.** ⓐ

> **1.** 나는 기분이 너무 좋다.　　**2.** 그거 좋은데요.
>
> **3.** 저는 추워요.　　**4.** 이 방은 악취가 난다.
>
> **5.** 그녀는 슬퍼 보인다.　　**6.** 그 피자는 맛이 좋다.
>
> **7.** 그건 좀 심각한 것 같아.　　**8.** 그는 친절해 보인다.

Post

1. ⓑ 5

2. ⓖ '주어+동사'

3. ⓗ '주어+동사+보어'

4. ⓓ '주어+동사+목적어'

5. ⓐ '주어+동사+간접목적어+직접목적어'

6. ⓔ '주어+동사+목적어+목적격보어'

7. ⓕ 2

8. ⓒ 형용사

Listening
p. 38~41

유형 3 설명하는 것 고르기

①

1. honey　**2.** ⓑ

> **run, stripes, wings to fly, buzzes, make honey**
>
> A: 이것은 두 가지 색깔을 가지고 있어요. 여러분이 그걸 보면, 도망갈 거예요. 그것은 부드럽고 줄무늬가 있어요. 그것은 날개를 사용해서 이곳 저곳을 날아다녀요. 그것은 가는 곳마다 윙윙거려요! 그것은 꿀을 만들 수 있어요.

연습 1　③

1. cold　**2.** ⓒ

> **treat, hot, cold, cone, flavors, strawberry**
>
> A: 이것은 특히 더운 날 특별한 선물처럼 먹을 수 있는 음식이에요. 그것은 항상 차갑게 제공이 돼요. 그것은 맛이 풍부하고 크림이 많아요. 그것은 콘 안에 담기거나, 그것만으로 내어지거나, 아니면 다른 후식의 맨 위에 올려져 있을 수 있어요. 그것은 다양한 맛이 있어요. 바닐라, 초콜릿, 딸기가 대표적이에요.

연습 2　③

1. warm　**2.** ⓒ

> **feet, pairs, keep, dry, warm**
>
> A: 그것들은 발에 신겨지고, 한 쌍을 이루고 있어요. 그것들은 비가 올 때, 당신의 발이 젖지 않게 해 줘요. 눈이 올 때는 발을 따뜻하게 해 줘요. 그것들은 높이가 높고 긴 끈이 달려 있고 털이 있어요. 그것들은 무엇일까요?

유형 4 의도 파악하기

③

1. You're　**2.** ⓑ

> **I'd rather not, couldn't even, and, will be, pays off**
>
> A: 집에 일찍 왔구나. 새 스케이트보드는 어땠니?
>
> B: 그 이야기는 하고 싶지 않아요.
>
> A: 네가 생각했던 것 보다 어려웠니?
>
> B: 네. 저는 묘기를 부리고 싶었는데, 보드 위에 그대로 멈춰 있는 것조차 할 수 없었어요.
>
> A: 무슨 일이든지 가치가 있는 일은 연습과 인내심이 필요하단다. 계속 노력하면 곧 묘기를 부릴 수 있을 거야.
>
> B: 정말 그렇게 생각하세요?
>
> A: 당연하지. 열심히 노력하면 항상 좋은 결과가 있단다.

연습 1　②

1. have you　**2.** ⓑ

> **been up to, trip, but, sunburned, have to**
>
> A: 안녕, Mary. 어떻게 지냈니?
>
> B: 이번 여름에 가족들과 해외여행을 다녀 왔어.
>
> A: 우와! 어디에 갔니?
>
> B: 일주일 동안 태국에 갔어. 해변이 정말 예뻤는데 햇볕에 좀 탔어.
>
> A: 저런! 선크림을 꼭 발라야 해. 그렇지 않으면 탈 수 있어.

연습 2　⑤

1. the　**2.** ⓑ

> **harder than, no idea, too many, Which, for, for**
>
> A: 이 비디오 게임은 내가 생각하던 것보다 더 어려워! 내가 뭐하고 있는 건지도 모르겠어.
>
> B: 이것은 쉬운데, 너는 잘못된 버튼을 사용하고 있구나.
>
> A: 버튼이 너무 많은걸. 움직이고 쏘려면 어떤 버튼을 눌러야 해?
>
> B: 달리려면 초록색 버튼을 사용하고 쏘려면 빨간색 버튼을 사용해.

Unit 3 Uncommon Careers

Vocabulary

B   p. **44~45**

1. choose   **2**. career   **3**. 과학자   **4**. busy

5. 개인적인, 사적인   **6**. clothes   **7** 연구, 공부하다

8. (문제를) 풀다   **9**. crime   **10**. 발자국   **11**. information

12. ranger   **13**. 장소, 자리, 놓다   **14**. 식물, 공장, 심다

15. 기억하다   **16**. unique

C

1. future   **2**. moment   **3**. kind   **4**. grocery

5. marine   **6**. forensic   **7**. collect   **8**. catch

9. unique   **10**. remember

D

1. taste   **2**. study   **3**. plant   **4**. unusual

5. fingerprint   **6**. clue   **7**. shipwreck

---

1. 나는 저 샌드위치의 맛을 좋아하지 않는다.

2. 그는 수학 공부하는 것을 매우 좋아한다.

3. 나는 꽃을 심는 엄마를 도와드렸다.

4. 이 수프는 맛이 매우 특이하다.

5. 그 도둑이 지문을 남겼고, 그들은 그를 잡았다.

6. 그들은 수수께끼를 풀기 위해 힌트를 사용했다.

7. 난파선에서 발견된 생존자는 없었다.

E

1. solve   **2**. career   **3**. choose   **4**. footprint

---

1. 그 형사가 그 범죄를 해결할 수 있을까?

    이 수학문제는 너무 어려워서 풀 수가 없다.

2. 너는 어떤 종류의 직업을 갖고 싶니?

    그의 어머니께서는 교직에 계신다.

3. 너는 어떤 아이스크림 맛을 고를 거니?

    어느 대학으로 진학할 지 고르는 것은 너무 어렵다.

4. 곰이 남긴 발자국은 그 사냥꾼들이 곰을 쫓는 것을 도왔다.

    그 교활한 도둑은 경찰에게 발자국 하나 남기지 않았다.

Reading

p. **46~48**

당신은 자라서 무엇이 되고 싶은지 알고 있나요? 당신의 장래 직업을 선택하기 전에, 몇몇의 흔하지 않은 직업들을 함께 살펴볼까요?

아이스크림 감식가는 새로운 종류의 아이스크림을 만들어보고 맛보는 사람들이에요. 아이스크림 감식가는 식품 과학자라고도 불려요. 또한 그들은 우리가 먹는 음식의 맛을 더 좋게 만들기도 해요.

어떤 이들은 너무 바빠서 쇼핑하러 갈 시간이 없어요. 누가 그들을 도울 수 있을까요? 개인을 위한 구매대행자는 모든 종류의 쇼핑을 도울 수 있어요. 이들은 식료품, 옷, 애완동물 사료, 당신이 원하는 그 무엇이건 간에 그것들을 구매하는 것을 도와줄 수 있어요.

해양 고고학자는 오래된 배들을 탐사하며 해저를 연구하는 사람들이에요. 그들은 난파선에 대해서도 연구하고 그 배들에게 무슨 일이 일어났었는지 알아내요.

법의학자는 과학을 이용해서 범죄사건을 해결하는 것을 돕는 일을 해요. 그들은 지문, 발자국, 그리고 머리카락을 수집해요. 그리고 그 단서들을 이용해서 경찰들을 도와줘요. 이 수집된 정보들은 범죄자 체포를 돕는 데에 아주 유용해요.

공원 관리원은 우리가 살고 있는 곳 주변에 있는 공원들을 관리하는 사람들이에요. 그들은 공원에서 살고 있는 동식물들을 돌보아요.

이미 드물고 희귀한 직업들이 많이 있어요. 일하는 것이 즐거운 직업도 많이 있고요. 더 많은 직업들이 매일 생겨나고 있어요. 독특한 직업이 어디에나 존재한다는 것을 기억하세요.

이제 여러분에게 가장 알맞은 직업을 선택하기만 하면 돼요.

Q1 본문에 나온 make와 같은 뜻으로 쓰인 것은?

    a. 당신은 좋은 선생님이 될 것이다.

    ⓑ 이것은 당신을 기분 좋게 만들 것이다.

Q2 법의학자에 대한 직업 묘사로 알맞지 않은 것은?

    ⓐ 그들은 범죄자를 체포한다.

    b. 그들은 증거를 수집한다.

Q3 최고의 직업을 선택하는 방법은?

    ⓐ 당신이 즐길 수 있는 것을 선택한다.

    b. 당신이 많은 돈을 벌 수 있도록 도와주는 것을 선택한다.

A   p. **50**

1. c. Unusual jobs

    (특이한 직업)

2. b. Help busy people

    (바쁜 사람들 돕기)

3. a. T   b. F   c. T

---

1. 해양 고고학자는 물속에서 일한다.

2. 식품 과학자는 단서를 찾는다.

3. 법의학자는 경찰을 돕는다.

B

1. scientists, taste   **2.** shopping, groceries

3. ocean, shipwrecks   **4.** parks, take care

1. Ice Cream Tasters
  → 식품 과학자
  → 새로운 종류의 아이스크림을 만들고 맛봄
2. Personal Shoppers
  → 쇼핑을 도움
  → 식료품, 옷, 당신이 원하는 어떤 것이라도 살 수 있음
3. Marine Archeologists
  → 해저에서 오래된 배들을 탐사함
  → 난파선을 연구함
4. Park Rangers
  → 공원을 관리함
  → 공원의 동식물들을 돌봄

연습   p. **51**

a. T   b. F   c. T

'greensman'이란 직업을 들어 본 적 있나요? 아마도 많은 이들이 들어보지는 못 했을 거예요. 하지만 이것은 영화계에 실제로 있는 직업이에요. greensman은 영화 속에 나오는 어떤 식물이든지 정리하고 관리해요. greensman은 조경도 설계해요. 여러분이 영화 속에서 정글을 보았다면, 그건 greensman이 구상했던 거예요!
a. greensman은 영화계에서 일한다.
b. greensman은 배우들을 관리한다.
c. greensman은 영화의 배경을 디자인한다.

Grammar   p. **52~55**

Pre

1. l   **2.** l   **3.** C

1. Who can help him?
2. We can help the police.
3. He can help us.
1. 누가 그를 도울 수 있니?
2. 우리는 그 경찰을 도울 수 있다.
3. 그는 우리를 도울 수 있다.

A

1. ⓓ   **2.** ⓒ   **3.** ⓐ   **4.** ⓑ

B

1. ⓐ   **2.** ⓐ   **3.** ⓐ   **4.** ⓐ

C

1. can play the piano   **2.** can run very fast

3. can sing well   **4.** can dance very well

5. can collect stamps   **6.** can solve crime

D

1. cannot (can't)   **2.** cannot (can't)

3. cannot (can't)

E

1. ⓑ   그는 중국어를 말할 수 없다.

2. ⓑ   그는 빨리 달릴 수 없다.

3. ⓐ   그는 운전할 수 없다.

4. ⓑ   그는 케이크를 만들 수 없다.

F

1. Can, he, ?   **2.** Can, she, ?

3. Can, he, ?   **4.** Can, she, ?

5. Can, you, ?   **6.** Can, you, ?

7. Can, she, ?   **8.** Can, they, ?

G

1. ⓑ   그 남자는 노래를 매우 잘 할 수 있니?

2. ⓑ   그 남자는 요리를 매우 잘 할 수 있니?

3. ⓑ   그 남자는 춤을 매우 잘 출 수 있니?

4. ⓐ   그 남자는 운전을 안전하게 할 수 있니?

H

1. l   **2.** l   **3.** l   **4.** C   **5.** C

1. Emily can sing songs very well.
2. Nick cannot (can't) speak Chinese.
3. Mrs. Johnson cannot (can't) speak Japanese.
4. Can you help me with shopping?
5. My friend can help buy clothes.
1. Emily는 노래를 매우 잘 부를 수 있다.
2. Nick은 중국어를 말할 수 없다.
3. Johnson 부인은 일본어를 말할 수 없다.
4. 너는 내가 쇼핑하는 것을 도와줄 수 있니?
5. 내 친구는 옷을 사는 것을 도와줄 수 있다.

I

1. You can sing very well. **2.** He cannot sing well.

Post

1. ⓗ 본동사의 의미   **2.** ⓑ should, must

3. ⓓ 본동사 앞   **4.** ⓒ 동사원형

5. ⓔ can't   **6.** ⓖ 'Can+주어+동사원형?'

7. ⓐ '능력, 가능'   **8.** ⓘ '추측'

Listening

유형 5 언급되지 않은 것 고르기

③

1. ⓐ **2.** snack

---

can't wait, need, towel, chips, lying, should try

A: 빨리 해변에 가고 싶어.

B: 나도 너무 기대돼. 우리가 필요한 모든 것을 챙겼어?

A: 난 선크림과 타월을 챙겼어.

B: 난 과자 조금이랑 시원한 물을 챙겼어.

A: 이번에는 바다수영 할 거지?

B: 아마도, 하지만 난 수영하는 것보다 해변에 누워있는 것이 더 좋은 걸.

A: 나랑 수영하는 거 도전해야만 해. 정말 재미있다고!

연습 1 ②

1. ⓑ **2.** skiing, sledding

---

ski, scary, got the hang of, ice skating, sledding

A: 모두들 안녕. 내가 보낸 겨울 방학에 대해 이야기 해볼게. 우리 가족은 양평에 가서 스키와 스노보드 타는 법을 배웠어. 처음에는 무서웠지만, 이내 곧 나는 감을 잡았어. 또한 아이스 스케이트 타는 것도 도전했어. 실력이 좋진 않았어. 내 누나는 스케이트를 정말 잘 탔어. 또한 우린 썰매도 탔지.

연습 2 ④

1. ⓒ **2.** snack

---

go camping, sleeping bag, sleeping mat, camping stove, cooler, chocolate

A: 나 이번 주에 캠핑 가는 것이 너무 기대돼. 우리가 어떠한 것도 빠뜨리지 않길 바라.

B: 나는 텐트랑 우리 침낭, 그리고 텐트를 고정시킬 말뚝을 박을 망치를 챙겼어.

A: 잘 때 쓸 매트 챙기는 것도 기억했지?

B: 물론이지, 그리고 캠핑용 난로도 챙겼어.

A: 좋아, 난 냉장박스를 챙기고 등산 할 때 먹을 초콜릿을 좀 샀어.

B: 정말 좋을 것 같다. 난 캠핑이 정말 좋아!

유형 6 올바른 시각 또는 날짜 고르기

②

1. ⓒ **2.** both wrong

5, 4, 5, but, wrong, 2, at 3, at 3

A: 너는 우리가 밴드 연습 하기로 한 시간이 4시인지 5시인지 알고 있어?

B: 악기를 챙기는 시간이 4시야.

A: 난 이미 내 악기를 챙겼어.

B: 그럼 아마 5시일까? 내가 확인해볼게. 내게 아직 정보지가 있어.

A: 그래, 확인해줘.

B: 오! 안됐지만, 우리 둘 다 틀렸네. 악기를 챙기는 게 2시이고 연습 시작은 3시야.

A: 고마워, Betty. 그럼 3시에 만나자.

연습 1 ④

1. ⓒ **2.** 3

Sounds, but, 11 a.m., 1, work, make, 3, problem, then

A: 이번 주 토요일에 우리 테니스하자.

B: 정말 좋지만, 나 11시에 피아노 연습이 있어.

A: 그럼 1시에는 가능해?

B: 미안해, 우리 3시에 할 수 있을까? 역사 숙제를 먼저 끝내야만 해서 그래. 괜찮아?

A: 그래. 그때 보자!

연습 2 ③

1. ⓑ **2.** July 31st

---

excited, it isn't, June, July 10th, but, July 31st

A: Jo 이모가 이번 여름에 결혼하신대. 난 너를 볼 생각에 너무 기대가 돼.

B: 나는 내 축구 토너먼트랑 같은 주가 아니길 바라고 있어.

A: 내 기억으로는 네가 축구 토너먼트는 6월에 있다고 말했었는데.

B: 아니야, 토너먼트는 7월 10일에 시작해. 결혼식은 언제야?

A: 음, 결혼식은 7월이야. 하지만 7월 31일이야.

B: 멋진 여름이 되겠는걸!

Unit 4 Treasure Hunter

Vocabulary

B   p. 62~63

1. grow   2. slowly   3. 찾다, 알아내다, 발견물

4. 보물, 귀하게 여기다   5. 해적, 불법 복제하다

6. hundred   7. 설명하다   8. sometimes   9. storm

10. 가라앉다, 싱크대   11. bottom   12. 주장하다, 주장

13. 잠수부   14. 난파선, 파괴하다   15. million   16. floor

C

1. slowly   2. treasure   3. simple   4. ago   5. jewel

6. happen   7. Ocean   8. right   9. million   10. floor

D

1. ①   2. ④   3. ③   4. ④   5. ②

> 1. 그 은행원은 매우 부유하다.
> 2. 그 배는 암초에 부딪친 후 가라앉았다.
> 3. 그들은 모두 영화를 보고 아주 많이 웃었다.
> 4. 그 가족은 저녁 식사 후에 산책하러 나갔다.
> 5. 그 왕관은 보석들로 뒤덮여 있었다.

E

1. sure   2. simple   3. continue   4. carry   5. sail

> 1. 나는 여기 탁자 위에 열쇠를 두었다는 것을 확신해.
> 2. 저녁 식사는 간단했지만 아주 맛있었다.
> 3. 엄마는 내게 텔레비전을 계속 그렇게 많이 볼 수는 없다고 말씀하셨다.
> 4. 책 옮기는 것 좀 도와줄래?
> 5. 너는 바다에서 돛단배를 타본 적이 있니?

Reading

p. 64~66

Jim과 Cindy는 집으로 걷고 있는 중이에요. 그들은 커서 무엇을 할 것인지에 대해 이야기를 나누고 있어요.

"나는 자라서 무엇을 할 것인지 확실히 모르겠어. 나는 내가 부자가 되고 싶은 건 알고 있어." Cindy가 말했어요. "너는 커서 무엇을 하고 싶은데?"

Jim이 잠시 생각하더니, "음," 그가 천천히 말했어요. "난 정말로 보물을 찾고 싶어." "어디에서 보물을 찾을 건데?" Cindy가 물었어요. "간단해," Jim이 대답했어요. "난 해적들의 보물을 찾을 거야.""해적들의 보물?" Cindy가 웃었어요. "요즘에는 해적들의 보물 따윈 존재하지 않아."

"1600년대 그리고 1700년대에는 해적들의 보물이 아주 많았다

고." Jim이 말했어요. "그 일은 몇 백 년 전의 일인 걸. 모두 사라졌어." Cindy가 말했어요. "수천 척의 배가 그 시기에 항해했고," Jim이 설명했어요. "그들은 배에 엄청난 양의 보석을 가져왔어. 때로, 그들은 유럽으로 돌아가지 못했지." "무슨 일이 있었는데?" Cindy가 물었어요. "그것들은 가라앉아버렸어." Jim이 말했어요. "어떤 것들은 암초에 부딪혔고, 또 어떤 것들은 폭풍우 속에 침몰되었어. 그리고 다른 배들에 의해서 가라앉기도 했어." "그런데, 그 모든 보물들은 어떻게 된 거야?" Cindy가 물었어요. "해저에 가라앉았지," Jim이 말했어요. "그 보물들은 지금 나를 기다리며 그대로 놓여있어."

"바다는 거대하다고," Cindy가 주장했어요. "넌 결코 보물을 찾지 못 할거야."

"1985년에 잠수부들이 난파선 Atocha를 발견했어." Jim은 간략히 말했어요. "그 배에는 무려 5억 달러 이상의 보물이 실려 있었다고." "그리고 수백 척의 다른 배들이 바다 저 밑바닥에서 그저 발견되기만을 기다리고 있어," Jim이 계속 말했어요. "그게 바로 내가 커서 하게 될 일이야."

Q1 Jim을 가장 잘 묘사한 형용사는?
  ⓐ 외향적인, 모험심 많은, 활동적인
  b. 수줍은, 차분한, 수동적인

Q2 Jim에 따르면 어디에서 보물을 찾을 수 있나요?
  ⓐ 그는 보물을 바다 밑 바닥에서 찾을 수 있다.
  b. 그는 암초에 놓인 보물을 찾을 수 있다.

Q3 잠수부들이 Atocha에서 발견한 것은?
  a. 오래된 해적선   ⓑ 막대한 보물

A   p. 68

1. c. A future job

(미래의 직업)

2. a. There is treasure waiting to be found.

(발견되기를 기다리는 보물이 있다.)

3. a. It is a wrecked ship.

(그것은 난파된 배이다.)

B

1. rich, doesn't, too big, impossible

2. treasure, bottom, hundreds, floor

> 1. Cindy
>   → 부자가 되고 싶음
>   → 해적들의 보물이 남아있을 거라고 생각하지 않음
>   → 바다는 너무 크다고 생각함; 보물을 찾는 것은 불가능함
> 2. Jim
>   → 보물을 찾고 싶음
>   → 해저에 아직 보물이 있다고 생각함
>   → 수백 척의 다른 배들이 여전히 바다 밑바닥에 있다고 생각함

1. 식민지 – ⓒ   **2.** 파산한 – ⓐ

> Atocha는 스페인의 배였다. 그것은 스페인의 식민지들(스페인의 지배에 있던 다른 나라들)에서 금을 스페인으로 운반하고 있었다. 스페인 왕은 그 금이 필요했다. 그 금이 없으면 스페인은 자금이 전혀 없게 될 것이었다. 스페인은 파산할 것이었다. 왕에게는 불행하게도, 그 배는 침몰하였다!
> ⓐ 완전히 자금이 없는
> ⓑ 깊은 바다에서 항해를 하던 큰 범선
> ⓒ 다른 나라의 지배 아래에 있는 나라

Grammar   p. **70~73**

Pre

1. I   **2.** C   **3.** I

> **1.** I want to go home.
> **2.** He wants to be rich.
> **3.** He wants to find treasure.
> **1.** 나는 집에 가고 싶다.
> **2.** 그는 부자가 되기를 원한다.
> **3.** 그는 보물을 찾고 싶어한다.

A

1. To stand for a long time   **2.** to ride his bike
3. to ride his bike   **4.** to meet you   **5.** to be rich
6. to eat   **7.** to drink   **8.** to live in

B

1. To understand math   **2.** to watch TV
3. to read books   **4.** to hear that
5. to see you again   **6.** to see you again

> **1.** 수학을 이해하는 것은 중요하다.
> **2.** 나의 취미는 텔레비전을 보는 것이다.
> **3.** 나는 책을 읽고 싶다.   **4.** 그 소식을 들으니 유감이다.
> **5.** 너를 다시 만나기를 바란다.   **6.** 너를 다시 만나서 기쁘다.

C

1. To sit in the sunshine / 주어   **2.** to travel / 보어
3. to dance / 목적어   **4.** to eat icecream / 목적어
5. to meet him / 목적어   **6.** to travel / 목적어
7. to listen to music / 목적어   **8.** to help her / 목적어

> **1.** 햇빛을 받으며 앉는 것은 좋다.
> **2.** 그의 취미는 여행하는 것이다.
> **3.** 그는 춤추는 것을 좋아한다.
> **4.** 그는 아이스크림을 먹고 싶어한다.
> **5.** 그녀는 오늘 그를 만날 것을 기대한다.
> **6.** 나는 여행하기를 바란다.
> **7.** Sally는 음악 듣기를 좋아한다.
> **8.** 그는 그녀를 돕기를 원한다.

D

1. time to get up   **2.** time to have lunch
3. time to come home   **4.** time to do homework
5. time to go to bed

> **1.** 오전 7시 → 일어날 시간이다.
> **2.** 오후 12시 → 점심 먹을 시간이다.
> **3.** 오후 3시 → 집에 돌아올 시간이다.
> **4.** 오후 5시 → 숙제할 시간이다.
> **5.** 오후 9시 → 잘 시간이다.

E

1. I want ⟨something⟩ to drink.   **2.** I want ⟨something⟩ to eat.
3. He has ⟨food⟩ to share.   **4.** He has ⟨money⟩ to spend.

> **1.** 나는 마실 것을 원한다.   **2.** 나는 먹을 것을 원한다.
> **3.** 그는 나눠먹을 음식이 있다.   **4.** 그는 쓸 돈이 있다.

F

1. to win / 목적   **2.** to succeed / 목적
3. to fail / 감정의 원인   **4.** to see him / 감정의 원인
5. to be healthier / 목적

> **1.** 그는 이기기 위해서 빨리 달렸다.
> **2.** 나는 성공하기 위해서 최선을 다한다.
> **3.** 그는 실패해서 슬펐다.
> **4.** 모든 사람들이 그를 보고 놀란다.
> **5.** 그들은 보다 건강해지기 위해서 운동을 한다.

G

1. 명사적 용법   **2.** 명사적 용법   **3.** 형용사적 용법
4. 부사적 용법   **5.** 부사적 용법

> **1.** 나는 디자이너가 되기를 원한다. **2.** 과학을 이해하는 것은 중요하다.
> **3.** 그는 잠 잘 시간이 필요하다.   **4.** 그는 그녀를 만나서 행복했다.
> **5.** 우리는 성공하기 위해서 열심히 일한다.

H

1. He ran fast to catch the bus.

2. His mom exercises to keep healthy.

3. Albert worked hard to be a scientist.

I

1. ⓑ **2.** ⓐ **3.** ⓒ **4.** ⓑ **5.** ⓐ

> **1.** 나는 그들을 도와주고 싶다.
>
> **2.** 그는 머물러 있기로 했다.
>
> **3.** 우리는 로마에 방문할 계획이다.
>
> **4.** 그들은 뉴욕에 갈 것을 기대한다.
>
> **5.** 우리는 너와 함께 있고 싶다.

Post

1. ⓔ 'to+동사원형' **2.** ⓗ 명사적, 형용사적, 부사적

3. ⓐ 주어, 목적어, 보어 **4.** ⓑ 명사, 대명사

5. ⓕ 목적, 감정의 원인

6. ⓖ decide, expect, plan, promise

7. ⓓ 명사적 **8.** ⓒ 부사적

Listening
p. 74~77

유형 7 직업 고르기

①

1. ⓒ **2.** taking care of animals

> **brought, didn't help, such a, good at, vet, take care of**
> A: 내 강아지가 너무 아파. 내가 옆에 앉아서 쓰다듬고 그에게 먹을 것과 물을 하루 종일 가져다 줬지만 도움이 되진 않았어.
> B: 안됐구나. Buster는 정말 좋은 강아지야. 너는 동물을 정말 잘 돌보는구나.
> A: 고마워. 난 동물들을 정말 사랑해. 난 크면 수의사가 되고 싶어.
> B: 너는 동물원 사육사도 될 수 있고 이국적인 동물들도 돌볼 수 있을 거야!
> A: 뱀? 고릴라? 말도 안돼. 난 내가 알고 있는 동물만 돌볼 거야.

연습 1 ①

1. ⓒ **2.** fly, pilot

> **write, easy, want, really, author, writing, pilot, fly**
> A: 너 영어 수업에 필요한 단편 썼니?
> B: 물론이지. 정말 쉬웠어. 내가 쓴 단편 읽어 보고 싶어?
> A: 응. 와, 정말 잘 썼다. 넌 커서 작가가 되야 해.
> B: 난 글 쓰는 것이 좋지만, 항상 조종사가 되길 원했어. 난 나는 것이 정말 좋아!

연습 2 ②

1. ⓐ **2.** different dishes

> **future, would like to, choice, dishes, hours, problem**
> A: 너는 미래에 무엇이 되고 싶은지 결정했니?
> B: 난 100% 확신은 없지만 요리사가 되길 원하는 거 같아.
> A: 그것 참 멋진 선택이네! 왜 그런지 말해 줄래?
> B: 음, 난 다양한 요리를 만드는 것이 좋고, 사람들이 그것들을 먹는 것을 보는 것도 좋아.
> A: 그러나 요리사는 아주 많은 시간을 일하잖아. 넌 재미를 즐길 시간이 없을 거야.
> B: 요리하는 것은 재미있어. 그래서 그건 문제가 되지 않아.

유형 8 감정 고르기

⑤

1. ⓑ **2.** today, yesterday

> **down, blue, passed away, asking, because, had been, hard to say**
> A: 너 오늘 왜 이렇게 우울해 보여? 우리 이야기 좀 할까?
> B: 안녕, Jenny. 나 오늘 우울해. 할머니께서 어제 돌아가셨어.
> A: 오 세상에, 그 소식을 들어서 정말 유감이구나. 내가 할 수 있는 일이 뭐 있을까?
> B: 아니야, 하지만 물어봐 준 것만으로 고마워. 할머니께서 오랫동안 아프셨기 때문에 우리는 이별이 다가오고 있다는 것을 알고 있었어.
> A: 그래, 하지만 우리는 사랑하는 사람을 잃었을 땐 항상 힘들잖아.
> B: 작별인사 하기도 힘들지. 위로의 말 고마워.

연습 1 ②

1. ⓐ **2.** used to, has changed

> **used to, excited, taught, changed, a lot of, different**
> A: 나는 학교를 사랑했었어요. 아침에 일어나서 학교에 가서 새로운 것을 배우는 게 신이 났어요. 모든 과목을 가르치는 한 선생님을 만났고, 그 분은 매우 친절했어요. 내가 중학생이 된 이후에 모든 것이 바뀌었죠. 나는 많은 숙제를 떠안고 매일 공부해야만 해요. 지금은 각 과목에 다른 여러 선생님들이 계세요.

연습 2 ③

1. couldn't be happier **2.** has always been

> **finished, performance, hard, honest, happier**
> A: 내 딸은 막 중학교를 졸업했어요. 그녀는 반에서 가장 우수한 학생이었어요. 그녀는 피아노 수업에서도 훌륭하고, 여름 연주회 공연에서 스포트라이트를 받길 희망하고 있어요. 그녀는 매우 열심히 하기에 그 스포트라이트를 받을 자격이 있다고 생각해요. 그녀는 항상 남을 배려하고 외향적이며 정직해요. 그녀가 이렇게 잘해줘서 우리 부부는 정말 많이 기뻐요.

Test 1 정답 및 해설

Test 1
p. 78~81

01 ③	02 ⑤	03 ③	04 ④	05 ①
06 ④	07 ③	08 ⑤	09 ③	10 ④
11 ⑤	12 ④	13 ③	14 ③	15 ②
16 ⑤	17 ④	18 ⑤		

19 This will make you feel better.

20 (1) We decided to help you.

(2) I have lived in Seoul for ten years.

01

A: You need this when it's raining. You can also use this for protection from the Sun. It is usually circular. You can carry this.

비가 올 때 이것이 필요해. 태양을 피하는데 사용할 수도 있어. 대개 둥근 덮개 모양이고, 가지고 다닐 수 있어.

02

A: Vatican City is inside Italy, but actually it is a country itself. Did you know that?

B: _____

A: 바티칸시국은 이탈리아 안에 있지만 사실은 그 자체가 나라야. 너 알고 있었니?

B: _____

① 미안하지만, 아니야.   ② 그래, 그러고 싶어.

③ 아니, 나는 아니야.   ④ 응, 그래.

⑤ 물론 알고 있었어.

→ Did you ~?라는 과거 시제를 사용했으므로 과거로 답해야 한다.

03

A: What do you want to do when you grow up, Sally?

B: I love to build things.

A: Who is your role model?

B: Gaudi is my role model. I admire his buildings.

A: Sally, 너는 커서 무엇을 하고 싶어?

B: 나는 만드는 것을 좋아해.

A: 네가 본받고 싶은 사람은 누구니?

B: 가우디가 내 롤 모델이야. 나는 그의 건물들이 감탄스러워.

① 패션 디자이너   ② 교장   ③ 건축가

④ 의사   ⑤ 엔지니어

04

A: What's wrong with you? You look down today.

B: I am so worried about my dog, Max.

A: What about Max? Is there anything wrong with him?

B: He doesn't feel much like eating.

A: I am sorry to hear that. Cheer up! He will get better soon.

A: 너 무슨 일 있니? 너 오늘 우울해 보인다.

B: 우리 강아지 Max가 너무 걱정돼.

A: Max가 왜? 뭐가 잘못 됐어?

B: 요즘 밥을 잘 먹지 않아.

A: 어머, 어떡하니. 기운 내! 곧 괜찮아 질 거야.

05

A: Hi Jane, can you come to our pool party this Saturday? We are planning a day of fun in the sun!

B: Sounds fun! I will come. What should I bring?

A: Bring a swimsuit, some sunscreen, and an appetite.

B: I will. What time should I come over?

A: At two o'clock, this Saturday.

B: Give me your address there.

A: 1234 Melrose Place, 90210

A: 안녕 Jane, 이번 주 토요일에 수영장 파티에 올 수 있니? 뜨거운 태양 아래 즐거운 시간을 보내려고 해.

B: 재미있겠다! 갈게. 뭐 가져가야 해?

A: 수영복과 자외선 차단제, 그리고 (음식을 즐길) 배고픔도 가져와.

B: 그럴게. 언제 가야 해?

A: 이번 주 토요일 두 시야.

B: 그곳 주소 좀 줘.

A: 1234 Melrose Place, 90210이야.

→ 수영장 파티에 초대하는 내용의 전화 통화이다. 대화 내용 중 참여 인원 수는 나와 있지 않다.

06

A: What's wrong with you, Tim?

B: We lost the game by a narrow margin.

A: Oh, no! You've been practicing so hard for the game.

B: You're right. I thought we would win this time.

A: Tim, 무슨 안 좋은 일 있어?

B: 우리 팀이 아주 아깝게 그 경기에서 졌어.

A: 저런! 그 경기에 대비해 정말 열심히 연습해 왔잖아.

B: 맞아. 이번에는 우리가 이길 거라고 생각했었어.

→ Tim은 열심히 연습하고 준비한 시합에서 아깝게 저서 실망하고 있다.

07

A: 무슨 일이야? 너 무척 행복해 보이네.

B: 수학 시험에서 A 받았어.

A: 잘 했구나. 너 수학 좋아해?

B: 응, 수학은 내가 가장 좋아하는 과목 중 하나야.

→ 동사 look 다음에는 부사가 아닌 형용사가 와야 하므로 happy. one of 다음에는 복수명사가 와야 하므로, subjects가 답이다.

[8-10]

안녕, Jane,

우리는 로마에 도착해서 많은 흥미로운 장소들을 보았어. 그리고 나서 바티칸시국을 방문했지. 난 놀라운 그림들을 보면서 감동 받았단다. 우리의 다음 목적지는 피사였어. 우리는 피사의 사탑을 보았어. 난 그 탑을 보고 (A) 충격을 받았어. 우리는 거기서 머무르지 않고 베니스로 이동했어. 베니스는 나를 실망시키지 않았어. 매우 아름다운 도시였어. (B) 이탈리아에서 정말 멋진 여행을 했어! 내가 돌아가면 이탈리아에 대한 엄청난 것들을 얘기해줄게.

사랑을 담아,
Sally로부터

08

→ 충격을 받았다는 의미로 수동태가 와야 한다. 그리고 앞뒤 문장에서 과거 시제가 적절하므로 답은 was shocked이다.

09

→ 감탄문에 들어갈 적절한 표현을 찾는 문제로 what으로 시작한다.

10

→ 본문의 9번째 줄. Venice did not disappoint me.(베니스는 날 실망시키지 않았어.)라고 했기 때문에 ④번이 일치하지 않는다.

11

이탈리아에는 할 것과 볼 것이 많이 있다. 그러나 이탈리아를 방문하지 않더라도 이탈리아의 문화를 경험할 수 있다. 이탈리아 음식은 전 세계에서 유명하다. 여러분은 여러분의 나라에서도 이를 경험할 수 있다!

→ this가 들어간 문장의 바로 앞 문장을 살펴보면, this가 가리키는 단어가 Italian food임을 알 수 있다.

12

• 이탈리아의 가장 (A) 유명한 르네상스 시대 예술품들 일부는 바티칸시국에 있다.

• (B) 고대 도시 로마는 천 년이 넘게 지속된 거대한 제국으로 성장했다.

• 그들은 경찰을 돕기 위해 이 (C) 단서들을 사용한다.

13

① 나는 읽을 책이 필요하다.

② 그는 너에게 말할 것이 있다.

③ 나는 너에게 비밀을 말할 것이다.

④ Jane은 의지할 언니가 있다.

⑤ 너를 도와줄 많은 친구들이 있다.

→ ③번을 제외한 나머지는 to부정사의 형용사적 용법으로 명사를 꾸며 주고 있으나 ③번의 to는 be going과 함께 쓰여 '할 것이다'라는 의미를 가진다.

14

① 그녀는 이번 토요일 그 팀에 합류할 것이다.

② 나는 그 모임에 참석할 것이다.

③ 그는 새로운 직원을 고용하기로 결정했다.

④ 어떤 이들은 사과를 좋아한다. 다른 이들은 오렌지를 좋아한다.

⑤ 벤치에 앉아있는 한 소녀가 있다.

→ ① 조동사 will + 동사원형
　② 미래의 뜻을 가진 be going to + 동사 원형
　③ decide는 목적어로 to부정사를 사용하기 때문에 He decided to hire a new person.이 되어야 한다.
　④ Some ~ Others … 구문이다.
　⑤ 현재분사 sitting이 앞에 나온 a girl을 꾸며주어 형용사 역할을 하고 있다.

[15-17]

한국에 가 본 적이 있는가? (A) 한국에서는 볼 것과 할 것들이 많이 있다. 한반도는 바다로 (B) 둘러싸여 있다. 서울은 매우 훌륭한 지하철 시스템을 갖추고 있다. (C) 이는 서울의 지하철 시스템이 세계 최고의 대중교통 시스템 중 하나로 선정된 사실을 입증한다.

15

→ (A) 나라 앞에는 전치사 in을 사용한다.
　(D) '~중 하나'라는 표현은 one of the 복수명사로 나타낸다.

16

→ 한반도가 바다에 의해 둘러 싸여 있으므로 수동태 형식이 되어야 한다. 따라서 알맞은 형태는 is surrounded이다.

17

→ 여기서 This는 앞 문장 전체 즉, '서울이 매우 훌륭한 지하철 시스템을 갖추고 있다'는 문장을 지칭한다. 지시대명사 this는 한 단어를 지칭하기도 하지만 이와 같이 문장 전체를 지칭하기도 한다.

18

① 아이스크림 감식가는 식품 과학자라고도 불려요.

② 개인을 위한 구매 대행자는 모든 종류의 쇼핑을 도울 수 있어요.

③ 해양 고고학자는 오래된 배들을 탐사하며 해저를 연구해요.

④ 법의학자는 지문, 발자국, 그리고 머리카락을 수집해요.

⑤ 공원 관리원은 공원에서 살고 있는 동식물들을 돌보아요.

→ park rangers는 공원 설계자가 아니라 공원을 관리하는 공원 관리원이다.

이것은 당신을 더욱 기분 좋아지게 만들 것이다.

→ '~하게 만들다'는 사역동사 make를 사용한다. '기분 좋다'는 feel good. '더욱 기분 좋다'는 feel better이므로 This will make you feel better.가 된다.

→ (1) decide는 목적어로 to부정사를 사용하고, '결정했다'는 과거시제이므로 We decided to help you.가 된다.

→ (2) '~동안 살아왔다'는 현재완료 시제를 사용하여 have lived로 표현하고, 지역 명 앞에는 전치사 in을 사용해 in Seoul. '10년 동안'은 전치사 for를 사용해 for ten years가 된다.

Unit 5 Amazon Eco Tours

Vocabulary

B   p. 84~85

1. 어렴풋이 보이다   **2.** 흥미로운, 매력적인   **3.** 자연, 본성

4. learn   **5.** rainforest   **6.** 토박이의, 타고난

7. 카누, 카누를 타다   **8.** prepare   **9.** prey

10. fresh   **11.** squawk   **12.** 다양한

13. experience   **14.** 집, 거처를 제공하다

15. bring   **16.** 발견하다, 찾다

C

1. loom   **2.** nature   **3.** rainforest

4. canoe   **5.** fresh   **6.** diverse

7. species   **8.** discover   **9.** fascinating

10. learn

D

1. prey   **2.** bring   **3.** ecosystem

4. form   **5.** world-famous   **6.** cuisine

7. ingredient

> **1.** 그 독수리는 먹이를 찾는 중이었다.
> **2.** 그는 나에게 마실 것을 가져오라고 요청했었다.
> **3.** 그 과학자는 열대 우림과 그곳의 생태계를 연구하는 것을 좋아했었다.
> **4.** 그 담당자는 우리에게 양식을 작성해 주기를 요청했다.
> **5.** 그것이 진짜 세계적으로 유명했기 때문에 모두가 그것을 알았다.
> **6.** 그가 가장 좋아하는 음식의 종류는 이탈리아 요리이다.
> **7.** 한 가지 중요한 재료가 빠졌었기에 그 음식의 맛은 이상했다.

E

1. experience   **2.** scenery   **3.** authentic

4. explore

> **1.** 경험이 거의 없었기 때문에 그는 쉽게 직업을 얻지 못했다.
> 그 인턴은 급료를 받지 않음에도 불구하고, 경험을 얻는 것을 좋아했다.
> **2.** 그들은 기차가 달리는 동안 지나가는 경치를 보는 것을 정말로 즐겼다.
> 아름다운 경치가 그 호텔을 성공하도록 만든 것이다.
> **3.** 그 발표자의 억양이 매우 정확해서 이해하기 쉬웠다.
> (한국에서 먹는) 전통 김치의 맛이 외국에서 먹는 김치 맛보다 더 낫다.
> **4.** 그 두 사람은 매우 신이 나서 새로운 도시를 답사하러 출발했다.
> 그 선원은 그의 여행 중 새로운 섬을 탐험하길 희망했다.

Reading   p. 86~88

재규어는 뛰어 올라 사냥감을 낚아채요. 마코 앵무새는 비단뱀이 스르르 옆을 지나가면 깍깍 울어요. 피라냐는 수영할 때 수초를 스쳐 지나가요. 땅에서 멀리 저 위에는, 나무 꼭대기가 하늘을 가리운 채 어렴풋이 보여요.

지금 자연 다큐멘터리를 보고 있는 중인가요? 아니에요, 여러분은 아마존 열대 우림의 경이로움을 체험하는 아마존 생태 여행에 와있어요.

아마존 생태 여행을 통해, 여러분께 아마존을 가져다 드려요. 우리 여행에서 여러분은 열대 우림을 직접 체험하게 될 거예요. 아마존을 따라 카누를 타고 올라갈 수도 있어요. 신선한 열대 우림 삼림욕을 할 수 있고요. 그저 경치를 즐길 수도 있어요. (무엇을 하든지) 우리는 확실히 여러분의 경험을 진정한 경험으로 만들어 줄 거예요. 아마존 열대 우림은 전 세계적으로 유명해요. 이곳은 지구상에서 가장 다양한 종을 가진 생태계 중 하나예요. 수백 종의 포유류, 수천 종의 나무, 그리고 수백만 종의 벌레들에게 서식지를 제공해요! 놀랍게도, 과학자들이 여전히 아마존에서 새로운 종들을 발견하고 있어요. 사실 과학자들은 발견할 것들이 수천 종 이상 더 있다고 생각해요. 우리와 함께 이 매력적인 곳을 탐험해 봐요. 그곳의 열대 우림을 하이킹하면서 아마존에 대해서 알아봐요. 우리의 현지 가이드가 주변에 있는 놀라운 동식물들에 대해 이야기해줄 거예요.

자연 그대로의 공간에서 캠핑을 하며 아마존 음식을 즐겨보세요! 여러분의 식사는 오직 현지 재료만 사용한 전통음식으로 준비될 거예요. 오늘 이 여행에 신청하세요! 여행에 등록하려면, 아래의 양식을 채워주세요. 평생 기억에 남을 여행을 위해 어서 와서 우리와 함께 해요! 여러분을 뵙기를 고대할게요!

Q1. 왜 작가가 자연 다큐멘터리를 언급했을까요?

   a. 열대 우림의 경이로움에 대해 가르치기 위해서

   b. 아마존 생태 여행이 얼마나 놀라운지를 보여주기 위해서

Q2. 왜 아마존 열대 우림은 세계적으로 유명한가요?

   a. 매우 진정한 실제 경험을 주어서

   b. 열대 우림의 생태계가 다양한 많은 종들을 갖고 있어서

Q3. 어떻게 여행에 등록할 수 있나요?

   a. 양식을 완성해서

   b. 신용카드로 결제해서

A   p. 90

1. a. A special kind of tour

   (특별한 여행)

2. a. To get people to sign up for Amazon Eco Tours

   (아마존 생태 여행에 참가할 사람을 모으기 위해)

3. c. You can enjoy hunting for dangerous animals.

   (당신은 위험한 동물 사냥을 즐길 수 있다.)

B

1. world-famous, ecosystem, species

2. Eco Tour, explores, firsthand, cuisine

3. native, plants

> **1.** 세계적으로 유명한 아마존 열대 우림
> → 아주 다양한 종을 포함하고 있음
> → 수백 종의 포유류 생태계에 살 곳을 제공함
> **2.** 아마존 생태 여행 여행객
> → 열대 우림을 탐사함
> → 직접 체험함
> → 경치와 아마존 토종 음식을 즐김
> **3.** 현지 안내인
> → 놀라운 동식물들에 대해 이야기 함

연습   p. **91**

b.

> 아마존 열대 우림은 매우 거대하다. 그것은 6만 제곱 킬로미터 이상이다. 그러나 아마존이 거대함에도 불구하고 위험에 처해있다. 급격하게 크기가 줄어들고 있는 중이다. 게다가 매년 열대 우림의 더 많은 부분이 목재 혹은 농사를 위해 잘려나간다. 우리는 이것을 그만둘 필요가 있다! 건강한 세상을 위해 우리는 아마존 열대 우림이 필요하다!
> a. 열대 우림에 대해 가르치기 위해
> b. 열대 우림을 지키려 우리를 설득하기 위해
> c. 열대 우림 이야기를 갖고 우리를 즐겁게 하기 위해

Grammar   p. **92~95**
Pre

1. I   **2.** I   **3.** C

> **1.** A tiger catches its prey.
> **2.** Are you watching a movie?
> **3.** Mt. Everest is famous.
> **1.** 호랑이는 그것의 먹이를 잡는다.
> **2.** 당신은 영화를 보고 있나요?
> **3.** 에베레스트 산은 유명하다.

A

1. 일상습관/반복동작   **2.** 생각/감정/상태   **3.** 사실/진리

4. 생각/감정/상태   **5.** 사실/진리   **6.** 생각/감정/상태

> **1.** 나는 10시에 자러 간다.   **2.** 나는 아이스크림을 좋아한다.
> **3.** 거미는 다리가 8개이다.   **4.** 나는 건강은 중요하다고 생각한다.
> **5.** 태양은 지구보다 더 크다.   **6.** 나는 춥다.

B

1. I am always happy.   **2.** He usually gets up at 7:00.

3. She is often hungry.   **4.** She sometimes plays the piano.

> **1.** 나는 항상 행복하다.
> **2.** 그는 대개 7시에 일어난다.
> **3.** 그녀는 종종 배가 고프다.
> **4.** 그녀는 가끔 피아노를 친다.

C

1. likes   **2.** runs   **3.** brushes   **4.** teaches

5. watches   **6.** goes   **7.** tries   **8.** cries

9. carries   **10.** plays

D

1. runs, catches   **2.** drinks, drink

3. often cries, never cry   **4.** usually watches, usually reads

> **1.** 재규어는 뛰어 올라 먹이를 잡아챈다.
> **2.** Max는 우유를 마시고 그의 부모님은 커피를 마신다.
> **3.** 그 아기는 종종 밤에 울지만 그의 남자형제들은 절대 울지 않는다.
> **4.** 저녁식사 후에 아빠는 보통 텔레비전을 보시고 엄마는 보통 책을 읽으신다.

E

1. brushing   **2.** enjoying   **3.** finding   **4.** camping

5. taking   **6.** using   **7.** swimming   **8.** running

9. coming   **10.** exploring   **11.** stopping   **12.** sitting

F

1. am watching   **2.** am writing   **3.** are enjoying

4. are swimming   **5.** is running   **6.** is smiling

7. are hiking   **8.** are finding   **9.** are sitting

10. are riding

> **1.** 나는 텔레비전을 보고 있는 중이다.
> **2.** 나는 편지를 쓰고 있는 중이다.
> **3.** 너는 경치를 즐기고 있는 중이다.
> **4.** 너는 나와 함께 수영을 하고 있는 중이다.
> **5.** 그는 공원에서 달리고 있는 중이다.
> **6.** 그녀는 나를 향해 웃고 있는 중이다.
> **7.** 우리는 그 숲에서 하이킹을 하고 있는 중이다.
> **8.** 우리는 그 가방을 찾고 있는 중이다.
> **9.** 그들은 책상에 앉아 있는 중이다.
> **10.** 그들은 자전거를 타고 있는 중이다.

G

1. I am Korean.

2. He is twelve years old.

3. I am riding my bike now.

4. He is swimming right now.

> 1. 나는 한국 사람이다.
> 2. 그는 12살이다.
> 3. 나는 지금 내 자전거를 타고 있는 중이다.
> 4. 그는 지금 수영하고 있는 중이다.

H

1. I 2. C 3. C 4. I

> 1. The pretty girl is smiling now.
> 2. It is cold in winter in Canada.
> 3. My mom always gets up early in the morning.
> 4. My dad usually comes back at 8:00.
> 1. 그 예쁜 소녀는 지금 웃고 있는 중이다.
> 2. 캐나다는 겨울에 춥다.
> 3. 나의 엄마는 항상 아침에 일찍 일어나신다.
> 4. 나의 아빠는 보통 8시에 귀가하신다.

I

1. get up 2. is getting up 3. is enjoying 4. enjoys

> 1. 나는 보통 7시에 일어난다.
> 2. 그는 지금 일어나는 중이다.
> 3. 그녀는 지금 음악을 즐기는 중이다.
> 4. 그녀는 항상 음악을 즐긴다.

Post

1. ⑨ 일상적인 습관, 반복적인 동작

2. ⓗ 일반적인 사실, 변하지 않는 진리

3. ⑥ 생각, 감정, 상태

4. ⓐ be동사 뒤, 일반동사 앞

5. ⓑ 동사원형에 +s/+es

6. ⓒ -ss, -ch, -sh, -x, -o

7. ⓓ '~하고 있는 중이다'

8. ① 'be동사+동사원형ing'

Listening   p. 96~99
유형 9 할 일 고르기

③

1. will 2. I'm going to

Have you finished, have to do, will, I'm going to

A: 안녕, Josh! 지리학 숙제 끝냈니?

B: 물론 했지. 엄청 쉬웠어. 네가 정말 해야 할 건 온라인에서 정보를 찾는 것뿐이야.

A: 나는 그게 그렇게 쉬운지 깨닫지 못했었어. 너는 어떤 검색 엔진을 사용했니?

B: 나는 잉글리시헌트를 사용했어. 그것은 항상 최선의 답을 줘. 언제 네 숙제 할거야?

A: 지금 당장 활용해 봐야겠어. 팁 고마워.

연습 1 ④

1. will 2. I'm going to

---

written, need to, will you, I'm going to

A: Mary, 너의 과학 프로젝트 끝냈니?

B: 거의 했어요. 모든 재료들을 조립해 두었고 에세이도 써놨어요. 그런데 판자에 몇 가지 설명을 붙여야 해요.

A: 무엇 때문에 중단을 하게 되었니? 언제 끝낼 거니?

B: 음… 아빠, 프린트의 잉크가 떨어졌어요.

A: 걱정하지마. 지금 바로 잉크를 사러 갈게.

연습 2 ④

1. will 2. am going to

---

not yet, Have, eaten, has, eaten, will, am going to

A: 애야, 강아지 밥 줬니?

B: 아뇨, 아직 안 줬어요. 그렇지만 신선한 물을 줬어요.

A: 잘했구나, 하지만 Rex는 뭘 좀 먹어야 해. 넌 오늘 밥 먹었니?

B: 네. 저는 아침이랑 점심을 먹었고 조금 있다가 간식도 먹으려고 해요.

A: 근데, Rex는 오늘 한 번만 밥을 먹었구나. 언제 밥을 줄꺼니?

B: 지금 밥을 줄게요.

유형 10 주제 찾기

②

1. dentist 2. ⓑ

---

library, have to, dentist, cavity, get, cleaned, cleanings

A: 방과 후에 도서관 갈 거야?

B: 못 가. 난 치과에 가야만 해. 솔직하게 살짝 긴장돼.

A: 왜? 충치 생겼니?

B: 아니, 단지 치아를 깨끗이 해야만(스케일링) 해서.

A: 그러면 걱정할 거 없어. 스케일링은 아프지 않아.

B: 나도 그러길 바라!

연습 1   ①

1. I will tell you   **2.** ⓑ

---

extra weight, lost, diet, exercising, difference

A: 오늘 여러분에게 연설하도록 저를 초대해 주셔서 감사합니다.
우리는 모두 과체중과 사투를 벌입니다. 오늘 저는 여러분에게
제가 어떻게 약 10kg를 뺐는지에 대해 말하려 합니다. 첫 번째,
저는 저의 식단을 바꿨습니다. 빵과 단 음식을 끊었습니다. 두
번째, 저는 운동을 시작했습니다. 처음에는 걸었고, 나중에는 뛰
기 시작했습니다. 작고 더딘 변화가 모든 것을 변하게 합니다.

연습 2   ③

1. after school   **2.** homework

---

after school, What about, hang out with

A: 너는 방과 후에 무엇을 할 거야?
B: 나는 피아노 레슨이 있고 수학 과외가 있어. 다음엔, 영어 숙제
와 역사 숙제를 끝내야만 해. 너는 뭐 할 거야?
A: 나는 친구들과 놀려고, 그리고 숙제도 할 거야.

Unit 6 Rainforest Diary

Vocabulary

B   p. **102~103**

1. 화요일   **2.** 흐름, 흐르다   **3.** cover
4. 꽤, 아주, 정말   **5.** area   **6.** 가지고 오다
7. discharge   **8.** 토요일   **9.** reason
10. 포함하다, 포함시키다 **11.** 시간   **12.** Friday
13. 특별한, 특유의   **14.** grab   **15.** 위치하다, 두다
16. pick

C

1. Tuesday   **2.** flow   **3.** quite   **4.** fetch
5. Saturday **6.** include **7.** poison   **8.** enough
9. powerful **10.** harmless

D

1. ③   **2.** ①   **3.** ②   **4.** ④   **5.** ③

---

1. 그는 정말로 가방을 싸서 모험을 떠나고 싶어했다.
2. 그 케이크는 그녀가 맛 보았던 것 중 가장 맛있었다.
3. 마지막 퍼즐 조각을 맞추는 것은 매우 어려웠다.
4. 그녀는 정말 추워서 화덕 쪽으로 더 가까이 움직였다.
5. 그의 어머니는 항상 그가 특별한 소년이라 말씀하셨다.

E

1. sad   **2.** poison   **3.** pick   **4.** area   **5.** appear

---

1. 네가 떠난다는 소식을 들으니 매우 슬프구나.
2. 그 경찰은 차에 들어 있던 독 때문에 그가 죽은 것이라 의심 했다.
3. 그들 모두가 너무 귀여워서 집으로 데려올 한 마리의 강아지를
고르기가 어려웠다.
4. 그는 그 지역을 전에 와 본 적이 전혀 없어서 길을 잃었다.
5. 그 요정은 갑자기 마법처럼 나타난 것 같았다.

Reading   p. **104~106**

4월 26일, 화요일
아마존 열대 우림에서 보낸 나의 시간
나는 특별한 한 주를 보내고 있어요. 아마존 열대 우림에서 시간을
보낼 수 있어서 신나요. 아마존 열대 우림은 남아메리카에 위치해있
어요. 이곳은 다양하고 많은 종들이 있는 것으로 알려져 있어요. 열
대 우림은 250만 제곱 마일의 지역을 덮고 있는 만큼 거대해요. 아
마존 강은 이 숲에 많은 종의 동식물이 사는 이유 중 하나예요. 이
강은 4000마일 이상을 흐르며 그 물길은 대서양으로 방출되어요.
나는 오늘 이전에 보지 못했던 많은 것들을 봤어요.

4월 29일, 금요일
가장 맛있는 식사
여기에는 모든 것들이 꽤 달라요. 나는 또 하루의 즐거운 날을 보냈어요. 내가 잠을 깼을 때, 거미원숭이 한 마리가 텐트 덮개에서 뛰어 내렸어요. 그 원숭이는 우리가 딴 과일을 움켜쥐려고 했어요. 저녁식사를 만드는 것은 나에게 또 다른 모험이었어요. 우리는 아마존 강에서 물을 길어왔어요. 그 다음에 우리는 그 물을 이용해 식탁을 깨끗이 했어요. 그 후, 우리는 고기를 굽기 위해 불을 지필 곳을 만들었어요. 이때 먹었던 고기는 지금껏 먹었던 제일 맛있는 음식 중 하나예요. 내일은 어떤 것이 날 기다리고 있을지 궁금해요!

4월 30일, 토요일
치명적인 동물들과의 만남
이곳은 일년 내내 습하고 더워요. 그러나, 이제 시원해지고 있어요. 독침 개구리를 포함해서 생명을 위협하는 동물들이 더 많이 나타나기 시작하고 있어요. 안내원이 우리에게 말했어요. 독침 개구리는 몸집이 매우 작지만 사람 100명을 죽일 수 있을 만큼 충분한 독을 가지고 있다고요. 이 개구리는 사람에게 가장 강력한 독을 가진 것으로 알려져 있어요. 좋은 소식은 그 독침 개구리를 그냥 놔두기만 하면 무해하다는 것이에요. 나는 이곳에서 많은 것들을 배우고 있어요. 나는 며칠 후에 집으로 돌아가는 게 슬플 거라는 걸 알고 있어요.

Q1. 무엇이 그 숲에서 많은 종들이 살 수 있도록 만드나요?
  ⓐ 아마존 강
  b. 대서양

Q2. 그녀는 먼저 무엇을 했나요?
  ⓐ 그녀는 거미원숭이 한 마리를 보았다.
  b. 그녀는 불을 지필 곳을 만들었다.

Q3. 마지막 날, 그녀의 감정을 표현하는 단어를 고르세요.
  ⓐ 아쉽고, 여행을 그리워하다.
  b. 기쁘고, 신경 쓰지 않는다.

A p. **108**

1. c. A trip to the rainforest
   (열대 우림 여행)

2. a. She cleaned a table.
   (그녀는 식탁을 깨끗이 했다.)

3. a. Its poison is very powerful.
   (그것의 독은 매우 강력하다.)

B

1. located in, Atlantic Ocean

2. fetched, table, fire pit

3. poison dart, powerful, harmless

---

1. About Rainforest
   → 남아메리카에 위치해 있음
   → 많은 다른 종들로 알려져 있음
   → 아마존 강은 모두 대서양 방향으로 흐름

2. Making a Meal
   → 아마존 강에서 물을 길러옴
   → 식탁을 깨끗이 하고, 불을 지피고, 고기를 요리함

3. Deadly Animal
   → 독침 개구리가 나타남
   → 사람에게 가장 강력한 독으로 알려져 있음
   → 혼자 있으면 사람에게 해를 끼치지 않음

연습 p. **109**

3-1-4-2

열대 우림으로 여행을 갈 것인가요? 가기 전에, 준비를 확실하게 하세요. 덥고 습한 지역에서 입기 좋은 옷들을 챙기세요. 그리고 도착한 후에, 지역 안내인을 고용하세요. 그는 당신에게 최고의 장소들을 보여줄 것이에요. 마지막으로, 사진을 많이 찍는 것을 잊지 마세요.

Grammar p. **110~113**
Pre

1. I 2. C 3. I

1. Tom and Jane were happy.
2. We used it yesterday.
3. We made dinner.
1. Tom과 Jane은 행복했다.
2. 우리는 그것을 어제 사용했다.
3. 우리는 저녁을 만들었다.

A

1. I 2. I 3. I 4. C 5. C 6. C

1. I had a good day yesterday.
2. It was hot last night.
3. I saw many things yesterday.
4. They played soccer.
5. We made a fire pit to cook in.
6. He walked in the forest.
1. 나는 어제 좋은 하루를 보냈다.
2. 어제 밤에는 더웠다.
3. 나는 어제 많은 것들을 보았다.
4. 그들은 축구를 했다.
5. 우리는 요리하기 위해 불을 지폈다.
6. 그는 숲 속을 걸었다.

B

1. was   **2.** were   **3.** was   **4.** were

5. were   **6.** were

C

1. liked   **2.** walked   **3.** am   **4.** were

5. stop   **6.** studied   **7.** tried   **8.** played

9. jumped   **10.** stopped

D

1. ⓓ   **2.** ⓒ   **3.** ⓑ   **4.** ⓐ

1. I was hungry an hour ago.
2. I am usually hungry in the afternoon.
3. I played soccer last Sunday.
4. He never walks to school.
1. 나는 한 시간 전에 배가 고팠다.
2. 나는 오후에 대개 배가 고프다.
3. 나는 지난 일요일에 축구를 했다.
4. 그는 결코 학교에 걸어가지 않는다.

E

1. walked   **2.** walked   **3.** studied   **4.** studied

1. John은 어제 오후에 공원으로 걸어갔다.
2. John과 그의 친구들은 지난 토요일에 공원으로 걸어갔다.
3. Lisa는 2시간 전에 수학 공부를 했다.
4. Lisa와 그녀의 친구들은 지난 수요일에 수학 공부를 했다.

F

1. bought   **2.** wrote   **3.** saw   **4.** swam

5. ran   **6.** taught   **7.** sold   **8.** found

9. gave   **10.** ate

1. 나는 새 가방을 샀다.   **2.** 나는 편지를 썼다.
3. 너는 그 영화를 봤다.
4. 우리는 수영장에서 수영을 했다.
5. 그는 공원에서 달리기를 했다.   **6.** 이 씨는 수학을 가르쳤다.
7. 그는 그의 오래된 자동차를 팔았다.
8. 우리는 그 가방을 찾았다.
9. 그들은 나에게 선물을 주었다.   **10.** 그들은 점심을 먹었다.

G

1. saw   **2.** made   **3.** used   **4.** worked

1. I saw many things yesterday.
2. They made a fire pit to cook in last night.
3. We used it to clean the room.
4. He worked hard an hour ago.
1. 나는 어제 많은 것들을 보았다.
2. 그들은 어제 밤에 요리하기 위해 불을 지폈다.
3. 우리는 그 방을 깨끗이 하기 위해 그것을 사용했다.
4. 그는 한 시간 전에 열심히 일했다.

H

1. ⓐ   **2.** ⓒ   **3.** ⓑ   **4.** ⓑ

1. Nick saw her last night.
2. Max read a book yesterday.
3. Sam eats lunch every day.
4. Paul learned history last week.
1. Nick은 어제 밤에 그녀를 보았다.
2. Max는 어제 책을 읽었다.
3. Sam은 매일 점심을 먹는다.
4. Paul은 지난 주에 역사를 배웠다.

Post

1. ⓔ 이미 일어난 일   **2.** ⓐ yesterday, ~ago, last~

3. ⓗ now, tomorrow   **4.** ⓑ was, were

5. ⓓ '동사원형 + (e)d'   **6.** ⓕ studied

7. ⓒ ate   **8.** ⓖ 불규칙동사

Listening   p. 114~117

유형 11 교통수단

⑤

1. ⓐ   **2.** It would be nicer if

getting there, would drive, take, would be, by plane
A: 안녕, Joe! 네가 내일 도시 밖으로 나간다고 들었어.
B: 나의 부모님이 짧은 휴가에 나를 데려가셔.
A: 질투 나는 걸. 어떻게 그곳에 갈 거야?
B: 아버지가 거기까지 운전해서 가신다고 말씀하셨어. 여기서부터 10시간 이상 걸릴지도 몰라.
A: 좀 지루하겠다.
B: 맞아. 비행기를 타고갈 수 있다면 좋을텐데.

1. ⓑ   **2.** I will pass

> **very long, bus, pass, ride, bike**
> A: Emily, 너 괜찮니? 많이 스트레스 받은 것처럼 보여.
> B: 너무나 긴 한 주였어.
> A: 유감이다. 네가 그렇게 스트레스 받는 것이 마음이 좋지 않네. 나는 보통 집에 버스를 타고 가지만 네가 원한다면 같이 걸어 갈 수 있어.
> B: 그 제의는 고맙지만 이번엔 건너 뛸게. 난 자전거를 타고 집으로 가면서 날씨를 즐기려고 해.
> A: 정말 좋은 생각이다!

연습 2   ⑤

1. ⓑ   **2.** can't wait

> **bus stop, subway station, drive, get, sold, ride**
> A: 이번 주말에 영화 보러 가자.
> B: 물론이지. 우리 버스 정류장이나 지하철 역에서 만나야겠지?
> A: 우리 집에서 보자. 엄마가 우리를 데려다 주실 거야.
> B: 뭐라고? 언제 차를 사셨어?
> A: 오래된 자동차를 지난 주에 파셨어. 그리고 난 새 자동차를 빨리 타고 싶어.
> B: 나도 너무 기대된다!

유형 12 음식 주문하기

②

1. ⓐ   **2.** ⓑ

> **familiar, delicious, sweet, a big fan of, not at all, tasty, have**
> A: 너는 무엇을 주문 할 거야?
> B: 글쎄 잘 모르겠다. 난 한국 음식에 친숙하지가 않아.
> A: 소고기 좋아하니? 불고기는 맛있고 약간 달기도 해. 밥과 김치가 같이 제공돼.
> B: 내가 단 음식을 좋아하는 편이 아니라 좀 걱정되는 걸.
> A: 걱정할 것 없어. 떡만둣국은 그렇게 달지 않기도 하고 아주 맛있어.
> B: 맛있겠네. 그걸 먹을게.

연습 1   ③

1. ⓐ   **2.** ⓐ

> **vegetables, ham, mushrooms, else, pepperoni, onions**
> A: 우리 피즈 위에 무엇을 올릴까?
> B: 나는 다 좋아. 그렇지만 야채를 제일 좋아해.
> A: 나도 야채를 좋아해. 하지만 햄을 정말 좋아하지.
> B: 그래. 우리 햄이랑 버섯을 올린 피자를 먹자. 다른 것 더 필요해?
> A: 정말로 더 많은 토핑이 필요해. 페퍼로니와 양파도 추가하자.
> B: 맛있겠다. 내가 지금 주문할까?

연습 2   ⑤

1. ⓑ   **2.** ⓐ

> **on it, onions, cheese, hold, right up**
> A: 저는 치즈버거를 주문하고 싶어요.
> B: 네. 무엇을 올릴 건가요?
> A: 양파랑 치즈를 올리고, 피클은 빼 주세요.
> B: 네. 케첩이나 머스타드 뿌려 드릴까요?
> A: 아니에요.
> B: 금방 나올 겁니다.

Vocabulary

1. 방식, (옷의) 스타일   **2.** 초기의, 이른, 일찍

3. 기념하다, 축하하다   **4.** 놀다, 희곡   **5.** blend

6. sell   **7.** attract   **8.** 진행자, 주최하다

9. 장르   **10.** hear   **11.** local   **12.** stage

13. 종교의, 독실한   **14.** offer   **15.** 전통의

16. 봄, 용수철, 튀어오르다

C

1. style   **2.** genre   **3.** early   **4.** host

5. play   **6.** celebrate   **7.** religious   **8.** spring

9. traditional   **10.** attract

D

1. melt   **2.** showcase   **3.** each   **4.** jazz

5. performing   **6.** ticket   **7.** listen

---

1. 그 뜨거운 태양이 아이스크림을 녹아 내리게 만들고 있었다.

2. 그 방송 프로그램은 춤 장기를 선보이는 믿을 수 없는 행사였다.

3. 각각의 연필이 이미 부러진 것처럼 보였다.

4. 그는 보통 콘서트를 좋아하지만 재즈는 좋아하지 않는다.

5. 그녀는 무대 위에서 공연하는 딸을 정말 자랑스러워했다.

6. 좋은 좌석에 앉기 위해선 일찍 표를 구매하는 것이 최선이다.

7. 그녀는 진심으로 선생님의 가르침을 듣는 것을 좋아했다.

E

1. history   **2.** stages   **3.** music   **4.** festival

---

1. 학교에서 역사를 공부한다는 것은 정말 중요하다.
나는 그 회사 연혁에 대해 잘 알지 못한다.

2. 나비의 삶에는 많은 단계가 있다.
그 시험은 여러 단계로 치뤄졌다.

3. 그녀는 음악과 관련된 모든 부분에서 정말 재능이 출중했다.
마지막 종소리는 마치 모든 학생들에게 음악처럼 들렸다.

4. 매년 그 영화제는 많은 여행객들의 마음을 끌었다.
그 축제 기간이 일년 중 가장 바쁜 시간이었다.

Reading

뉴올리언스는 재즈로 잘 알려져 있어요. 사실, 재즈의 고향은 뉴올리언스예요. 이곳 사람들은 1900년대 초부터 재즈 풍으로 음악을 연주하기 시작했어요. 그 이후로 줄곧 재즈는 뉴올리언스에서 연주되어 왔어요. 1900년대의 뉴올리언스는 음악의 용광로였어요. 블루스, 오페라, 종교음악, 전통 아프리카 민요, 이 모든 것들을 도시 전체에서 들을 수 있었어요. 왜 그런지 모르겠지만, 이러한 모든 스타일의 음악들이 섞이게 되었고, 재즈 장르가 생기게 되었어요.

놀라울 것도 없이 뉴올리언스는 유명한 재즈 축제를 주최해요. 뉴올리언스 재즈 & 헤리티지 페스티벌은 놀라운 재즈 연주자들을 소개해요. 또한 이 축제는 뉴올리언스의 역사를 기념하기도 해요. 그리고 매해 봄마다 두 번의 주말에 걸쳐서 진행되지요.

많은 사람들이 매년 이 유명한 행사에 참석해요. 이 두 번의 주말 동안 500팀이 넘는 다양한 밴드들이 연주를 해요. 다양한 무대들이 세워지고, 각각의 무대에는 몇 시간마다 다른 밴드가 선을 보여요. 사람들은 주변을 걸어 다니면서 광범위한 재즈 스타일을 감상할 수 있어요.

이 축제에서는 음악만 제공하는 것은 아니에요. 축제의 참가자들은 뉴올리언스만의 고유한 음식을 맛볼 수 있어요. 그들은 또한 지역 예술가들의 작품을 보며 감탄할 수도 있어요.

작년에 이 축제는 40만 명 이상의 사람들을 불러 모았어요. 올해 축제 또한 다르지 않을 거예요. 올해 이 축제의 출연진들은 놀라워요. 재즈의 거장, Sonny Rollins가 첫날밤에 공연할 거예요. 당신은 굉장한 재즈를 듣게 될 거예요. 축제 티켓이 곧 매진될 것이니, 지금 바로 구매하세요. 그럼 축제에서 만나요!

Q1. "용광로"가 의미하는 바는 무엇입니까?
  a. 일한 후에 먹는 일종의 전통음식
  ⓑ. 수많은 다른 것들이 섞이는 장소

Q2. 재즈 축제는 얼마 동안 열리나요?
  a. 봄 내내
  ⓑ. 두 번의 주말 동안

Q3. 첫 번째 문단의 또 다른 중심 문장이 될 수 있는 것은 무엇일까요?
  ⓐ. 사람들은 축제에서 뉴올리언스의 문화 또한 즐길 수 있어요.
  b. 뉴올리언스 재즈 & 헤리티지 축제는 아주 유명해요.

1. a. Things to see and do at a jazz festival
(재즈 축제의 볼거리와 즐길 거리)

2. b. How jazz was created
(재즈가 어떻게 만들어졌는지)

3. b. It showcases different jazz styles.
(그것은 다양한 재즈 스타일을 소개한다.)

B

1. New Orleans, a blend

2. talent, two weekends

3. authentic, local artists, over **500**

---

1. History of Jazz
   - → 뉴올리언스에서 태어남
   - → 음악적 스타일이 혼합되어 나옴
2. About the Festival
   - → 놀라운 새수 연주가를 소개함
   - → 봄에 두 번의 주말에 걸쳐서 진행됨
3. Things to See and Do
   - → 정통 뉴올리언스의 음식을 즐길 수 있음
   - → 지역 예술가들의 작품을 보고 감탄할 수 있음
   - → 500팀이 넘는 다양한 밴드들의 연주를 들을 수 있음

연습   p. 127

c.

가장 유명한 재즈 음악가 중에 한 명이 Louis Armstrong이다. 그는 초기 재즈 음악가 중의 한 명이었다. 그는 1900년대 초, 10대일 때 재즈 연주를 시작하였다. 그는 트럼펫 연주자이면서 가수였다. 그의 음악 스타일은 오늘날 우리가 알고 있는 재즈 음악에 영향을 끼쳤다!

a. Louis Armstrong은 어릴 때 영리했다.

b. Louis Armstrong은 위대한 트럼펫 연주자였다.

c. Louis Armstrong은 유명하고 영향력 있는 재즈 음악가였다.

Grammar   p. **128**~**131**

Pre

1. C   **2.** l   **3.** l

---

1. He will arrive tomorrow.
2. He is going to enjoy the festival.
3. He'll play music.
1. 그는 내일 도착할 것이다.
2. 그는 그 축제를 즐길 것이다.
3. 그는 음악을 연주할 것이다.

A

1. 미래, ⓑ   **2.** 현재, ⓐ   **3.** 과거, ⓒ   **4.** 과거, ⓔ

5. 현재, ⓕ   **6.** 미래, ⓓ

B

1. will go   **2.** will play   **3.** will eat   **4.** will go

---

1. 그는 8시 30분에 학교에 간다.
   - → 그는 내일 학교에 갈 것이다.
2. 그는 그 축제에서 음악을 연주한다.
   - → 그는 내일 음악을 연주할 것이다.
3. 그는 어제 맛있는 음식을 먹었다.
   - → 그는 내일 맛있는 음식을 먹을 것이다.
4. 그는 이틀 전에 그 행사에 갔다.
   - → 그는 내일 그 행사에 갈 것이다.

C

1. ⓐ is	ⓑ was	ⓒ will be
2. ⓐ are	ⓑ were	ⓒ will be
3. ⓐ studies	ⓑ studied	ⓒ will study
4. ⓐ plays	ⓑ played	ⓒ will play
5. ⓐ eats	ⓑ ate	ⓒ will eat
6. ⓐ makes	ⓑ made	ⓒ will make

---

1. ⓐ 그는 매일 행복하다.   ⓑ 그는 어제 행복했다.
   - ⓒ 그는 내일 행복할 것이다.
2. ⓐ 너는 항상 바쁘다.   ⓑ 너는 어젯밤에 바빴다.
   - ⓒ 너는 다음 주에 바쁠 것이다.
3. ⓐ 그는 매일 수학을 공부한다.   ⓑ 그는 어제 수학을 공부했다.
   - ⓒ 그는 오늘 밤에 수학을 공부할 것이다.
4. ⓐ 그는 항상 축구를 한다.
   - ⓑ 그는 지난주 토요일에 축구를 했다.
   - ⓒ 그는 내일 축구를 할 것이다.
5. ⓐ 그는 보통 6시에 저녁식사를 한다.
   - ⓑ 그는 어제 저녁식사를 했다.
   - ⓒ 그는 내일 저녁식사를 할 것이다.
6. ⓐ 그는 매주 일요일에 쿠키를 만든다.
   - ⓑ 그는 지난주 일요일에 쿠키를 만들었다.
   - ⓒ 그는 다음 주 일요일에 쿠키를 만들 것이다.

D

1. ⓒ He will   **2.** ⓑ She'll   **3.** ⓐ will

4. ⓓ You'll   **5.** ⓔ It'll

---

1. 그는 내일 표를 구매할 것이다.
2. 그녀는 너를 위해 표를 구매할 것이다.
3. 표는 곧 매진될 것이다.
4. 너는 전통적인 아프리카 음악을 즐길 것이다.
5. 이번이 마지막일 거야, 약속해.

E

1. ©   **2.** ⓔ   **3.** ⓓ   **4.** ⓑ   **5.** ⓐ

> **1.** Jack은 전통음악을 연주할 것이다.
> **2.** Jack과 Jill은 전통 음식을 즐길 것이다.
> **3.** Sonny Rollins는 첫날밤에 공연할 것이다.
> **4.** 그 축제는 많은 사람들을 끌어 모을 것이다.
> **5.** 올해 축제는 차이가 없을 것이다.

F

1. is going to study   **2.** will sell out   **3.** are going to enjoy

> **1.** 나의 남동생은 대학교에서 과학을 공부할 것이다.
> **2.** 표는 곧 매진될 것이다.
> **3.** 너는 축제 기간 동안에 정통음식을 즐길 것이다.

G

1. I'll eat traditional Korean food.

2. They are going to buy a new house.

3. He'll buy his ticket tomorrow.

4. The woman is going to attend the event.

5. The men are going to perform tonight.

6. She'll hear some great jazz.

> **1.** 나는 한국의 전통음식을 먹을 것이다.
> **2.** 그들은 새 집을 구입할 것이다.
> **3.** 그는 내일 티켓을 살 것이다.
> **4.** 그녀는 그 행사에 참석할 것이다.
> **5.** 그 남자들은 오늘밤에 공연할 것이다.
> **6.** 그녀는 훌륭한 재스를 들을 것이다.

H

1. was   **2.** was   **3.** hosts   **4.** goes

5. will sell   **6.** attracted

> **1.** 뉴올리언스는 1900년대의 음악의 용광로였다.
> **2.** 재즈는 뉴올리언스에서 태어났다.
> **3.** 뉴올리언스는 매년 유명한 재즈 축제를 개최한다.
> **4.** 이 축제는 매년 봄마다 두 번의 주말에 걸쳐서 진행된다.
> **5.** 그 행사 표는 곧 매진될 것이니, 여러분의 표를 지금 구매하세요.
> **6.** 작년에 그 축제는 매우 많은 사람들을 끌어 모았다.

Post

1. ⓗ 앞으로 일어날 일, 상황   **2.** © 'will+동사원형'

3. ⓖ I'll, you'll, he'll   **4.** ① be going to

5. ⓐ 주어   **6.** ⓓ 'yesterday, ~ago, last~'

7. ⓔ will   **8.** ⓑ 동사원형

Listening   p. 132~135

유형 13 이유 알아보기

④

1. Why   **2.** because

> **because, apply for, complete, form, return**
> A : ABC 회사의 방문을 환영합니다. 무엇을 도와 드릴까요?
> B : 안녕하세요. 제 이름은 Paul Smith입니다. 신문에 있던 여름 단기 일자리에 지원하기 위해서 왔습니다.
> A : 지원해 주셔서 감사합니다. 이 신청서를 작성해 주세요.
> B : 감사합니다. 집에 가져가서 내일 제출해도 될까요?
> A : 그럼요.

연습 1   ④

1. Why   **2.** To buy

> **why, so**
> A : Jim! 어디 가는 길이니?
> B : 서점에 가는 길이야.
> A : 거기 왜 가는 거니?
> B : 내 사촌 선물을 사야 해. 그녀가 독서를 좋아해서.
> A : 너 정말 사려 깊구나! 내 사촌도 너 같은 사람이면 좋겠다!

연습 2   ①

1. Why   **2.** So that, can

> **Why, So that, can, to bring, walk**
> A : 오늘 너희 이모님 댁에 갈거니? 나도 가도 될까?
> B : 왜?
> A : 그러면 내가 이모님 쿠키를 좀 먹을 수 있으니까. 너희 이모 쿠키는 정말 맛있어!
> B : 아, 알았어. 네가 내 생일선물 집에 가져 오는 것도 도와줄 수 있겠네. 이모께서 내게 강아지 한 마리를 사 주셨어! 목줄로 매고 집에 돌아올 거야.

유형 14 장소 파악하기

①

1. plane, flight   **2.** ⓐ

> **security line, gate, flight, boarding, plane**
> A : 이 보안검색대 줄이 이렇게 길다니 믿을 수가 없어요.
> B : 나도 그래. 20분 이상은 걸리지 않았으면 좋겠어. 30분 안에는 탑승구에 있어야 하는데.
> A : 그것보다 오래 걸릴 것 같아요, 근데 걱정마세요, 엄마. 우리 비행기가 한 시간 뒤에 출발하지는 않으니까요.
> B : 그래. 맞아. 조기 탑승이 20분 후에 시작하는구나. 우리는 주황색 구역에 있어서, 적어도 30분 안에는 비행기를 탈 수가 없구나.

A: 아, 저것 보세요. 새로운 줄을 열고 있어요.

B: 저기로 가자.

연습 1 ②

1. transfer, deposit **2**. ⓑ

help, transfer, savings, checking account, deposit, check, cash, receipt

A: Smith 양, 안녕하세요. 어떻게 도와 드릴까요?

B: 보통예금 계좌에 있는 100달러를 당좌예금 계좌로 이체해야 합니다.

A: 알겠습니다. 그 금액을 이체하였습니다.

B: 이제, 이 수표를 입금하고 20달러를 받고 싶습니다.

A: 여기 현금과 영수증 드리겠습니다. 더 필요하신 건 없으십니까?

B: 다 되었습니다.

연습 2 ③

1. wave pool, water **2**. waterpark

waterpark, The water, wave pool

A: 다음에는 Tornado를 타고 싶어.

B: 저건 좀 무서워 보여. 가자.

A: 오늘 정말 더워. 워터파크에서 놀기에는 정말 좋은 날이야.

B: 맞아! 물이 정말 상쾌해. Tornado 다음에는 파도풀에 가고 싶어.

A: 좋아, 그리고 나서 아이스크림 먹어야겠다.

B: 난 여름이 정말 좋아!

Unit 8 Mosaics

Vocabulary

B p. 138~139

1. material   **2**. metal   **3**. 돌, 석조

4. piece   **5**. 접착제, 들러붙는   **6**. complicated

7. 조심하다, 주의하다 **8**. 표면, 외관, 드러나다

9. glass   **10**. public   **11**. mosaic

12. 깨진, 부러진, 고장 난   **13**. 격자무늬

14. 계획, 계획하다 **15**. abstract   **16**. wealth

C

1. material   **2**. broken   **3**. metal

4. design   **5**. piece   **6**. glass

7. beware   **8**. vision   **9**. surface

10. gem

D

1. ② **2**. ③ **3**. ① **4**. ④ **5**. ③

1. 그 새로운 자동차 모델은 정말 훌륭한 디자인을 갖췄다.

2. 내 형(오빠)은 훌륭한 예술가이며 그의 작품은 박물관에 전시되어 있다.

3. 그 갤러리는 정말 아름다운 그림들로 가득했다.

4. 그 회사는 사람들을 흥분시킬만한 것을 지난주에 공표했었다.

5. 그 방은 전등이 깨져있었기 때문에 너무 무서웠다.

E

1. stone **2**. later **3**. bottle **4**. wealth **5**. mosaic

1. 그 저택은 돌로 만들어져 있어서 매우 오래된 것처럼 보였다.

2. 그녀는 그 당시 바빠서 나중에 그를 돕겠다고 말했다.

3. 그녀는 우유 한 병을 사러 슈퍼마켓에 갔었다.

4. 그들의 엄청난 부 덕분에 그 가족들은 종종 멀리 떨어진 곳으로 여행을 갔었다.

5. 로비에 걸려있는 그 모자이크 작품은 다채로운 색으로 광채가 났었다.

Reading p. 140~142

돌이나 유리로 만들어진 디자인을 본 적이 있나요? 모자이크라 불리는 이러한 미술기법은 대략 4000년 이상 존재해왔어요! 모자이크는 추상적인 디자인 혹은 사실적인 사진일 수 있어요. 그것은 재료와 예술가의 시각에 달려있어요.

초창기의 모자이크는 조약돌이나 조개 껍질과 같은 천연재료를 사용했어요. 후대의 모자이크는 유리, 금속, 그리고 보석을 포함한 다

른 재료들을 사용했어요. 후대의 예술가들은 다양한 효과를 위해서 여러 다양한 재료들을 사용 했어요. 예를 들어서, 금이나 유리는 모자이크에 '빛'을 더하기 위해서 사용되었어요.

로마시대의 모자이크는 가장 유명한 모자이크에 속해요. 그 당시에 모자이크는 부 혹은 중요함의 상징이었기 때문에 로마인들은 모자이크를 그들의 저택을 장식하는 용도로 사용했어요.

몇몇의 모자이크는 수천 조각으로 만들어져 완성하는데 몇 년이 걸린 것도 있어요!

그 당시 모자이크는 또 다른 용도를 갖고 있었어요. 때때로 정보를 모자이크에 담아내기도 했어요. 많은 로마인들은 개를 키웠고 "개조심" 이라고 쓰인 모자이크도 있었어요. 심지어 모자이크는 공공장소에서 광고로도 사용되었어요.

모자이크 작품들이 복잡해 보이긴 하지만 누구나 그것들을 만들 수 있어요. 여러분이 필요로 하는 것은 단지 어떤 작은 조각들, 그 조각들을 배치할 표면, 그리고 시멘트와 같은 접착제 뿐이에요. 여러분은 격자판을 활용해서 미리 당신의 디자인을 계획할 수 있어요.

그러나 꼭 계획이 필요한 것은 아니에요. 어떤 모자이크 예술가들은 그저 조각들을 배열해서 자연스럽게 만들어지는 디자인대로 만들기도 해요. 깨진 병이나 접시의 조각을 버리는 대신, 모자이크를 만들어 볼래요? 여러분의 집에 둘 수 있는 멋진 예술 작품을 만들 수 있어요!

Q1. 모자이크는 얼마나 오래 존재해왔나요?
   a. 최초의 예술가 이후부터   (b) 수천 년 동안

Q2. 모자이크가 어떠한 용도로 사용되었나요?
   (a) 장식이나 정보전달 용도로 사용되었다.
   b. 부를 얻기 위해 사용되었다.

Q3. 모자이크 디자인을 계획하기 위해 무엇을 사용할 수 있나요?
   a. 시멘트   (b) 격자판

A   p. 144

1. c. Mosaics, Then and Now

   (모자이크, 그때와 지금)

2. b. To make the mosaics look brighter

   (모자이크를 더 밝게 보이도록 만들기 위해서)

3. b. A plan is not necessary when making a mosaic.

   (모자이크를 만들 때 계획은 필요가 없다.)

B

1. designs, materials

2. wealth, advertisements

3. adhesive, grid, naturally

1. What Are Mosaics?
   → 추상적인 디자인 혹은 사실적인 그림일 수 있음
   → 초창기의 모자이크는 천연재료를 사용했음
   → 이후의 모자이크는 유리와 금속을 사용했음

2. How Were Mosaics Used?
   → 장식의 용도로 사용됨 → 부 또는 중요함의 상징
   → 때때로 모자이크에 정보가 있음
   → 심지어 광고로도 사용되었음

3. How Are Mosaics Made?
   → 재료의 작은 조각들, 표면, 접착제가 필요함
   → 격자판을 사용해서 디자인을 구상하기도 하고 그냥 자연스럽게 디자인을 만들기도 함

연습   p. 145

a.

모자이크는 로마시대의 공공시설에서 종종 보여졌다. 특히 대중목욕탕에서 인기가 있었다. 모자이크는 방수가 되었고 청소가 쉽게 되었다. 이것은 축축한 환경에 매우 유용하였다. 모자이크는 또 빛을 반사하고 방을 더 밝아 보이게 했다. 로마인들에게 모자이크는 장식용이기도 하고 유용하기도 하였다.
   a. 모자이크는 공공시설에서 종종 보여졌다. 그것은 청소하기가 쉽고 방을 더 밝게 만들었다.
   b. 모자이크는 로마에서 매우 흔했다. 그것은 방을 더 밝게 만들었지만, 자주 청소를 해야만 했다.
   c. 모자이크는 대중목욕탕에서 매우 인기가 있었다. 그것은 건조한 환경에서 보기 좋았고 빛을 반사하였다.

Grammar   p. 146~149

Pre

1. C   **2.** C   **3.** I

1. I have studied English for five years.

2. I have seen the movie twice.

3. He has left Korea.

1. 나는 5년 동안 영어를 공부해오고 있다.

2. 나는 그 영화를 두 번 본 적이 있다.

3. 그는 한국을 떠났다.

A

1. done   **2.** made   **3.** got(ten)   **4.** written   **5.** eaten

6. taken   **7.** seen   **8.** left   **9.** met   **10.** gone

B

1. ⓐ   **2.** ⓑ   **3.** ⓐ

1. ⓐ I have seen mosaic many times.

2. ⓑ It has been around for 4,000 years.

3. ⓐ It has rained for three days.

1. ⓐ 나는 모자이크를 여러 번 본 적이 있다.

2. ⓑ 그것은 약 4000년 동안 존재해왔다.

3. ⓐ 3일 동안 비가 오고 있다.

C

1. ⓐ   **2.** ⓑ   **3.** ⓑ   **4.** ⓑ

D

1. 경험   **2.** 결과   **3.** 완료   **4.** 계속   **5.** 계속

6. 결과   **7.** 경험   **8.** 경험   **9.** 경험   **10.** 결과

---

1. 그는 그 영화를 두 번 본 적이 있다.

2. 그는 떠났다.

3. 그는 숙제를 못 끝냈다.

4. 그들은 2015년부터 계속 여기에서 살고 있다.

5. 그 스타일은 약 4000년 동안 존재해왔다.

6. 그들은 가버렸다.

7. 우리는 그 영화를 세 번 본 적이 있다.

8. 그들은 유럽에 두 번 간 적이 있다.

9. 나는 그를 두 번 만난 적이 있다.

10. 나는 가방을 잃어 버렸다.

E

1. used   **2.** will make   **3.** have visited

4. has studied   **5.** are   **6.** has been

---

1. 오래 전 초창기의 모자이크는 천연재료를 사용하였다.

2. 그는 내일 멋진 그림 한 점을 만들 것이다.

3. 나는 그 박물관에 두 번 방문한 적이 있다.

4. 그는 3년 동안 영어를 공부해오고 있다.

5. 로마시대의 모자이크는 매우 유명하다.

6. 그는 지난 금요일부터 계속 아프다.

Post

1. ⓐ 현재완료시제   **2.** ⓗ 'have / has + 과거분사'

3. ⓔ 과거분사형   **4.** ⓓ '원형 / 과거형 / 과거분사형'

5. ⓑ 'yesterday, ~ago, last ~'   **6.** ⓕ '경험, 계속, 완료, 결과'

7. ⓖ for, since   **8.** ⓒ 경험용법

Listening

p. **150~153**

유형 **15** 지도 보고 길 찾기

②

1.

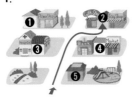

---

2. ⓑ

museum, straight, turn right, on, left, between, and

A: 실례합니다, 부인. 박물관이 어디에 있는지 알려주실 수 있나요?

B: 찾아가기 아주 쉬워요. 곧장 두 블록을 가세요. 그리고 오른쪽으로 돌아가세요.

A: 직진해서 오른쪽으로 꺾어갈까요?

B: 맞아요. 그리고는 20미터 정도 걸어가세요. 왼쪽 편에 박물관을 볼 수 있어요. 박물관은 선물가게와 장난감 가게 사이에 있어요.

A: 네, 감사합니다!

연습 **1** ①

1.

2. ⓐ

bakery, Go, at the corner, walk, past, bank

A: 실례합니다. 여기 근처에 빵집에 있습니까?

B: 네. Valley Street로 곧장 가서 모퉁이에서 왼쪽으로 도세요.

A: 직진해서 왼쪽으로 돌아요?

B: 네. 그리고 은행만 지나가세요. 빵집이 오른편에 있을 거에요.

A: 정말 감사합니다.

연습 **2** ①

1.

2. ⓑ

market, two blocks, left, post office, right, across, hospital

A: 실례합니다, 선생님. ABC마트 가는 길을 좀 알려 주시겠어요?

B: ABC마트요? 두 블록을 직진하고 우체국에서 왼쪽으로 꺾으세요.

A: 왼쪽으로 돌아요? 그리고 나서는요?

B: Main street로 걸어가시면 ABC마트가 오른편에 보이실 거예요. 그건 병원 바로 맞은 편이에요. 쉽게 찾으실 거예요.

A: 네. 정말 감사합니다.

②

1. 승무원–승객 **2.** ⓑ

> **May, flights, free of charge, expensive, flew, free, airline**
>
> A: 마실 것 좀 드릴까요?
>
> B: 네, 어떤 종류가 있습니까?
>
> A: 국내선에서는 차, 커피, 주스를 무료로 제공해 드립니다. 탄산음료는 3달러입니다.
>
> B: 이런, 탄산음료가 조금 비싸네요. 지난번에 탔을 때는 무료였는데요.
>
> A: 죄송합니다만, 2개월 전에 이 정책이 시작되었습니다.
>
> B: (짜증을 내며) 그런 정책이 있다고 들어본 항공사는 여기 뿐이네요.

연습 1 ①

1. 의사–환자 **2.** ⓐ

> **brings, in, coughing, throat, feel, infection**
>
> A: 그래서 오늘은 무슨 일로 오셨어요?
>
> B: 기침이 나고 목이 아파요. 너무 괴로워요.
>
> A: 제가 한번 볼게요. 저에게 입을 크게 벌리고 '아' 해보세요.
>
> B: 아.
>
> A: 이제 입을 다무셔도 됩니다. 후두염으로 보이는군요.
>
> B: 오늘 학교에 가지 않아도 된다는 말씀이세요?

연습 2 ④

1. 교사–학생 **2.** ⓑ

> **times, divided by, Exactly, try it with, times**
>
> A: 4 곱하기 4는 무엇이니?
>
> B: 16입니다.
>
> A: 16 나누기 4는 뭐니?
>
> B: 4입니다.
>
> A: 맞았어. 수학을 참 잘하는구나! 그건 반대로 한 연산이야. 이제, 8로 해보자. 8 곱하기 8은 무엇이니?
>
> B: 64입니다.

Test 2
p. 154~157

01 ①	02 ④	03 ③	04 ⑤	05 ②
06 ③	07 ①	08 ②	09 ③	10 ⑤
11 ④	12 3 – 2 – 1 – 5 – 4	13 ②	14 ②	
15 ⑤	16 ②	17 ③	18 ①	

19 Italy is known for its rich culture.

20 (1) Have you ever seen an arrow made of gold?

  (2) I saw a spider monkey when I got up.

01

A: What are you doing this weekend?
B: I am going to stay at home.
A: Let's go hiking together.
B: Sorry, I can't. I'm going to clean the house for the party next week.
A: 이번 주말에 너 뭐할 거야?
B: 집에 있을 거야.
A: 같이 등산하러 가자.
B: 미안하지만 안돼. 다음주에 있을 파티를 위해 집을 청소할 거야.

→ 다음 주에 있을 파티를 준비하기 위해 이번 주말에는 집 청소를 하겠다고 말하고 있다.

02

A: Did you see the movie, "The Last Cry"?
B: No, I haven't seen it yet. How was the movie? Was it good?
A: You should go see it yourself. That was the best one I've ever seen.
B: Really? I'll see it.
A: '마지막 절규'라는 영화 봤어?
B: 아니, 아직 못 봤어. 그 영화 어땠어? 재미 있었어?
A: 너도 가서 봐야 해. 지금까지 내가 본 영화 중에 최고였어.
B: 정말이야? 나도 가서 봐야겠다.

→ A가 본 영화에 대해 평을 하며 B에게 꼭 보라고 권하고 있다. 영화에 관한 대화이다.

03

A: Can I take your order?
B: I'd like to have spaghetti.
A: Would you like to have a starter?
B: I'd like to have a bowl of chicken soup, please.
A: Anything to drink?
B: Coke, please.

A: 주문하시겠어요?
B: 스파게티 주세요.
A: 식전 음식을 주문하실 건가요?
B: 치킨 수프 하나 주세요.
A: 음료 하시겠습니까?
B: 콜라 주세요.

→ 손님이 주문한 음식은 스파게티, 치킨 수프, 그리고 콜라이다.

04

A: Hi, what brings you here today?
B: I have a serious headache.
A: How long have you had it?
B: It's been about a week.
A: Are you taking anything for it?
B: No, I haven't.
A: I see. Are you allergic to any medications?
B: Not that I know of.
A: 오늘 어디가 불편해서 오셨나요?
B: 두통이 심해서요.
A: 얼마나 오래 그런 증상이 있으셨나요?
B: 약 일주일 가량 됐어요.
A: 약을 드시고 계신 것이 있나요?
B: 아니요.
A: 그렇군요. 혹시 알레르기 반응이 있는 특정 약이 있나요?
B: 제가 알기로는 없는데요.

→ 두통이 심해서 찾아온 환자와 의사의 대화이다. 병원에서의 대화이다.

05

A: Sally, where are you heading?
B: I am going to the department store.
A: What for? Why are you going there?
B: To buy the wedding gift for my aunt, Julie. Do you want to come together?
A: Sure.
A: Sally, 어디 가?
B: 백화점에 가는 길이야.
A: 뭐 하러? 왜 그곳에 가는데?
B: 우리 Julie 이모 결혼 선물 사러. 같이 갈래?
A: 좋아.

→ Sally는 이모의 결혼 선물을 사기 위해 백화점에 가고 있다.

06

A: Good morning, what can I do for you today?

B: I need to send this parcel to the States.

A: How do you want to send it? By express or regular mail?

B: By regular mail, please. How long will it take?

A: It will take about seven to ten days.

B: How much does that cost?

A: 좋은 아침입니다. 무엇을 도와드릴까요?

B: 이 소포를 미국에 부쳐야 하는데요.

A: 어떻게 보내시겠어요? 특급 우편인가요? 보통 우편인가요?

B: 보통 우편으로 해주세요. 얼마나 걸릴까요?

A: 7일에서 10일 정도 걸릴 겁니다.

B: 얼마인가요?

→ 소포를 보내려는 손님과 우체국 직원과의 대화이다.

07

• 그녀는 서울에서 5년간 __(A)살아왔다__.

• 그는 항상 커다란 가방을 __(B)가지고 다닌다__.

• 재규어는 뛰어 올라서 먹이를 __(C)낚아챈다__.

→ (A) 5년째 (과거 시점부터) 쭉 살아왔다는 의미로 현재 완료 시제, has lived를 사용한다. (B) always를 사용해 습관을 나타냄으로 현재시제를 사용한다. 자음+y로 끝난 동사는 y를 i로 고치고 -es를 더해 주므로 carries가 된다. (C) and를 기준으로 같은 시제를 사용한 문장이므로 현재시제가 온다. ~ch로 끝나는 동사는 -es를 더하므로 catches가 된다.

[8-10]

10주년을 기리기 위해 특별 할인 행사를 진행합니다.

지난 10년 동안 고객 여러분의 지지를 누려왔으므로, 이제 여러분께 감사의 보답을 하고자 합니다.

이 좋은 기회를 놓치지 마세요! 최초의 특별 세일입니다!

오는 21일 금요일, 22일 토요일, 23일 일요일 3일 동안만 진행됩니다! May's Furniture의 거실에서 쓸 가구들을 50% 할인 가격에 구입하세요! 일부 매장 견본 전시품들은 최대 80%까지 할인됩니다.

08

→ 글의 첫 번째 문장에서 특별 세일의 목적은 To celebrate 10th anniversary. 개업 10주년을 기념하기 위해서라고 설명되어 있다.

09

→ '지난 10년 동안'에 어울리는 시제는 현재완료시제이다. 따라서 have enjoyed가 된다.

10

→ 네 번째 문장 This is our first special sale.에서 처음 실시하는 특별 세일이라고 밝히고 있으므로, 정기적인 세일 행사가 아니라 매우 이례적인 세일 행사이다.

11

• 우리는 당신의 경험을 __(A)진정한__ 경험으로 만들어 드릴 거예요.

• 그것은 백 명의 목숨까지도 앗아갈 만큼 __(B)독성이 강하다__.

• 이곳은 일년 내내 덥고 __(C)습기가 차있다__.

→ (A) authentic은 '진짜인, 진품인'이라는 뜻으로 original, true, actual, real의 동의어가 있다. (B) poisonous는 '유독한, 독성이 있는'이라는 뜻으로 fatal, toxic, harmful의 동의어가 있다. (C) humid는 '날씨가, 습한, 습기가 있는'이라는 뜻으로 muggy, moist, wet의 동의어가 있다.

12

어머니는 내게 샌드위치 만드는 법을 보여주셨다. 먼저, 빵 두 쪽을 갖고 빵에 마요네즈를 바른다. 그 다음 빵의 한 면에 햄이나 치즈를 얹는다. 그리고 나서 식성에 따라 토마토나 양상추를 빵 위에 더한다. 그 후에 다른 빵 한 쪽을 모든 내용물 위에 얹는다. 마지막으로 이제 샌드위치를 맛있게 먹으면 된다.

→ 순서를 알려주는 Signal Words를 활용해 사건 전개의 순서를 파악하는 문제이다. First, Next, Then, After that, Finally의 순이므로 답은 3-2-1-5-4 순이다.

13

① 나는 파리에 세 번 가 보았다.

② 나는 해야 할 숙제가 있다.

③ 일주일 째 비가 오고 있다.

④ 얼마 만에 보는 거지?

⑤ 그들은 20년간 함께 해왔어.

→ ②를 제외한 모든 have는 현재완료시제(경험, 완료)에 사용된 조동사 have이지만, ②의 have는 '갖고있다, 소유하다'라는 일반동사이다.

14

① 그녀는 어제 맛있는 피자를 먹었다.

② 그는 어제 8시에 학교에 갈 것이다.

③ 그녀는 지난주에 박물관에 갔다.

④ 어젯밤에 무척 더웠다.

⑤ 그는 지금 방 청소를 하고 있다.

→ 시제의 올바른 사용을 묻는 질문이다. ①의 경우 yesterday에 발생한 일이므로 eat의 과거형 ate를 쓴 맞는 문장이다. ②의 경우도 yesterday에 발생한 일이므로 will go와 같이 미래시제가 아닌 went를 사용해야 한다. ③ last week이므로 go의 과거형 went를 사용한 맞는 문장이다. ④ last night이므로 be 동사의 과거시제 was를 사용한 맞는 문장이다. ⑤ now, 현재 일어나는 동작의 진행상황을 나타낸 is cleaning을 사용한 맞는 문장이다. 따라서 답은 ②이다.

여러분은 색깔이 있는 유리로 만들어진 창문을 본 적이 있나요? 스테인드글라스라고 불리는 이러한 미술 기법은 대략 천 년 이상 존재해 왔다. 스테인드글라스는 주로 교회와 주요한 건물들의 창문에 사용되어 왔다. 고딕 양식의 시대와 르네상스 시대에 스테인드글라스는 유럽에서 행해지고 있는 예술 행위기법 중 가장 앞선 기술 중 하나였다.

15

→ '~로 만들어진'은 made를 사용해 'made of + 재료' 형태로 사용한다.

16

→ 이러한 미술 기법은 this style of art has been around는 '존재해왔다'라는 표현이다.

17

→ 지문에는 스테인드글라스가 얼마나 오래된 예술 형태인지, 또한 가장 대표적인 활용 분야와 유럽에서의 의미 등을 다루고 있다. 또한 고딕 양식의 시대와 르네상스시대부터 존재해 왔음을 알 수 있으며 따라서 ③의 내용이 일치하지 않는다.

18

① 뉴올리언스는 음악의 용광로였다.
② 그 이후로 줄곧 그것은 뉴올리언스에서 연주되어 왔다.
③ 많은 사람들이 매년 이 유명한 행사에 참석한다.
④ 각각의 무대에는 몇 시간마다 다른 밴드가 선을 보인다.
⑤ 올해 이 축제의 출연진들은 놀랍다.

→ melting pot은 많은 사람이나 사상들을 함께 뒤섞는 용광로를 말한다.

19

이탈리아는 풍부한 문화로 잘 알려져 있다.

→ be known for은 '~로 잘 알려져 있다' 라는 뜻이다. '풍부한 문화'는 rich culture이다. 따라서 Italy is known for its rich culture. 순으로 완성하면 된다.

20

→ (1) 본 적이 있니? 라는 말은 현재완료시제 용법 중 하나인 경험의 용법이다. 따라서 시제는 현재완료시제를 사용해 have seen을 사용한다. 금으로 만들어진 화살은 an arrow made of gold이다.
→ (2) 불규칙 과거 동사 시제를 올바르게 활용하는가를 점검하는 작문이다. get up의 과거형인 got up를 사용하고, see의 과거형인 saw를 사용한다.

Vocabulary

B p. 160~161

1. May
2. customer
3. event
4. 나 자신, 나 스스로
5. pleased
6. 관심, 흥미, 이자
7. lucky
8. 나이, 시대
9. restriction
10. 초대, 초청
11. reserve
12. 상당히, 꽤, 공정하게
13. worry
14. 주제, 제목, 과목
15. front
16. gate

C

1. subject
2. get
3. dear
4. excited
5. invite
6. fairly
7. receive
8. fun
9. pleasantly
10. youngster

D

1. restriction
2. pleased
3. free
4. invitation
5. grandparents
6. event
7. hope

---

1. 이 게임에는 나이 제한이 있다.
2. 그녀는 진심으로 그 상에 만족했다.
3. 탑승이 공짜라서 많은 사람들이 줄 서 있었다.
4. 모든 사람들이 동창회에 초대받았다.
5. 나는 이번 여행 중에 조부모님을 뵙게 되어 신이 난다.
6. 모든 학급은 봄에 있을 행사 때문에 흥분했었다.
7. 나는 우리가 그 경연에서 우승하길 정말 바란다.

E

1. customer
2. surprised
3. reserve
4. gate

---

1. 마지막 손님이 떠나자마자, 그들은 가게 문을 닫곤 했다.
   그녀가 단골손님이었기 때문에, 그녀는 종종 할인을 받았다.
2. 비가 예보되어 있었기 때문에, 쾌적한 날씨는 그녀를 놀라게 했다.
   그는 학교에서 집으로 일찍 들어온 그의 아들을 보고 정말 깜짝 놀랐다.
3. 아무도 테이블 예약을 기억하지 못했기 때문에 그들은 한참 동안 기다려야만 했다.
   그는 온라인으로 표를 예약하려 시도했지만, 비행기는 이미 예약이 차 있었다.
4. 그가 집에 너무 늦게 와서 문이 잠겨 있었다.
   그는 그 남자가 정문을 열기 위해 정원을 가로질러 걸어가는 것을 볼 수 있었다.

Reading p. 162~164

받는 사람: AdventureLand 고객분들
보내는 사람: Robert Davies
제목: 개장일 티켓 행사
날짜: 5월 1일
행운이 가득한 가족 여러분께,
저희는 여러분과 여러분의 가족들을 AdventureLand 개장일에 초대하게 되어 매우 기쁩니다.
개장일은 5월 16일입니다. 행운의 열 가족들은 테마파크를 이용할 수 있는 무료 티켓을 받게 될 것입니다. 무료 티켓에 당첨되고 싶으시다면, 이 이메일에 답장을 보내주세요. 티켓은 선착순입니다.
5월 16일에 만나길 바랍니다!
Robert Davies
AdventureLand 주식회사

받는 사람: Robert Davies
보내는 사람: Marion Blake
제목: 초대해 주셔서 감사합니다!
날짜: 5월 1일
Davies 씨께
보내주신 이메일을 받게 되어 정말 기쁘고 놀랐어요. 저희 가족은 AdventureLand에 가는 것에 관심이 아주 많아요. 우리는 5월 16일, 개장일에 이용할 수 있는 무료 티켓을 꼭 받고 싶어요.
저 외에도, 저희 가족에는 조부모님을 포함하여 5명이 더 있어요. 조부모님은 70대이시지만, 그분들도 그곳에 가는 것에 대해 매우 기대하고 있으세요. 놀이기구를 타는 것에 나이 제한이 없었으면 좋겠어요!
정말 감사 드려요!
Marion Blake

받는 사람: Marion Blake
보내는 사람: Robert Davies
제목: 티켓에 당첨 되셨습니다!
날짜: 5월 2일
Marion 양에게
귀하의 가족분들이 AdventureLand에 관심있다는 말을 들으니 매우 기쁩니다. 저희 AdventureLand가 꽤 멋있다고 자부합니다! 귀하도 아시다시피 티켓은 선착순이었습니다. 다행히 귀하의 가족은 마지막 남은 티켓을 받으실 수 있습니다.
제가 당신을 위해 6장의 티켓을 예약해 두었고, 조부모님께 걱정하실 것이 전혀 없다고 전해주세요! 조부모님께서도 저희 테마파크에서 젊은이들이 즐기는 것만큼 재미있는 시간을 보내실 수 있을 거예요. 티켓은 개장일에 AdventureLand 정문에서 받으실 수 있습니다.
좋은 시간 되세요!
Robert

A   p. **166**

1. b. Winning tickets to an opening
    (개장일에 입장할 수 있는 당첨권)

2. c. An email
    (이메일)

3. a. She replied to something quickly.
    (그녀는 빠르게 무엇인가에 응답을 했다.)

B

1. invitation, Robert, free, front gate

2. AdventureLand, opening day, Marion's

연습   p. **167**

c. A report (보고서)

Grammar   p. **168~171**

Pre

1. I   **2.** I   **3.** C

A

1. ⓐ, ⓒ
   → shy 수줍은 brave 용감한

2. ⓒ, ⓓ
   → kind 친절한 honest 정직한

3. ⓐ, ⓒ
   → hungry 배고픈 tired 피곤한

4. ⓐ, ⓑ
   → good 좋은 big 큰

B

1. He is a (smart) student.   **2.** He is a (kind) boy.
3. She is a (happy) child.   **4.** She is a (little) girl.
5. Ms. Lee is an (old) lady.   **6.** Mr. Park is a (tall) man.

C

1. ⓒ   **2.** ⓓ   **3.** ⓐ   **4.** ⓑ

D

1. ⓒ **2.** ⓒ **3.** ⓒ **4.** ⓒ **5.** ⓑ **6.** ⓒ

E

1. ⓑ smells good   **2.** ⓐ tastes delicious
3. ⓓ sounds noisy   **4.** ⓒ look beautiful

F

1. ⓑ **2.** ⓐ **3.** ⓑ **4.** ⓑ

G

1. Giraffes are (very) tall.

2. Cheetahs can run (fast).

3. Elephants are (really) big.

4. Hippos have a (very) big mouth.

5. (Luckily), he passed the exam.

6. (Unfortunately), he failed.

---

1. 기린은 매우 키가 크다.
2. 치타는 빠르게 달릴 수 있다.
3. 코끼리는 매우 크다.
4. 하마는 매우 큰 입을 가지고 있다.
5. 운이 좋게도, 그는 시험에 통과했다.
6. 불행하게도, 그는 실패했다.

H

1. smartly 2. wisely 3. nice 4. slow 5. beautifully

6. lucky 7. happily 8. quietly 9. fast 10. good

I

1. Sadly 2. sad 3. Luckily 4. lucky 5. kind

6. kind 7. nicely 8. nice 9. cold 10. wise

---

1. 슬프게도, 그는 떠났다.   2. 그는 슬퍼했다.
3. 운이 좋게도, 그는 집으로 돌아왔다.
4. 그는 운이 좋다고 느꼈다.   5. 그는 매우 친절한 남자다.
6. 그는 매우 친절하다.   7. 그는 멋지게 말을 한다.
8. 그는 멋진 남자다.   9. 날씨가 점점 추워진다.
10. 그는 현명해졌다.

Post

1. ⓓ 성질, 상태, 크기, 색깔

2. ⓑ 명사 앞

3. ⓗ be동사, become, get 다음

4. ⓕ look, smell, taste, sound, feel

5. ⓐ 형용사, 동사, 다른 부사, 문장 전체

6. ⓒ '형용사 + ly'

7. ⓖ luckily

8. ⓔ early

Listening

유형 17 요청하기

②

1. Please, would you   2. clean, make, take

Please clean, made, is, covered with, please, Or, would you, take

A: Kevin, 이 방은 너무 더럽구나! 깨끗이 치우렴, 어서!

B: 하지만 엄마, 저는 이 게임을 막 시작했어요.

A: 네 방은 깨끗이 하기로 약속했잖니. 바닥은 완전히 옷가지들로 덮여있고 걸어 다닐 공간도 없구나.

B: 그렇게 나쁘진 않아요.

A: 지금 바로 치우렴. 아니면 이번 주말엔 더 이상 컴퓨터 게임은 없을 거야!

B: 알았어요. 하지만, 5분만 더 시간을 주실 수는 없나요? 제발 이 게임만 끝내게 해주세요. 오래 걸리지 않을 거예요.

연습 1   ③

1. Would you, Will you   2. do, make, do

---

would you, made, laundry, vacuumed, Will you

A: 아빠, 영화관으로 저를 데려다 주실 수 있을까요? 새로운 액션 영화가 보고 싶어요.

B: 너 집안일은 다 했니?

A: 그런 것 같아요. 침대정리도 했고, 빨래도 했고, 먼지 털고 청소 기도 돌렸어요.

B: 정말 잘했구나. 점심으로 샌드위치 먹고, 영화 보러 가자꾸나.

A: 야호!

B: 빵을 좀 가져오겠니? 아빠가 양배추와 토마토, 그리고 햄을 가져올게.

연습 2   ①

1. Could you, Would you   2. make, make

Could you, Sure, Would you

A: 와, 눈 좀 봐!

B: 그래. 밖이 아름답구나. 우리 썰매 타러 가자.

A: 그래. 우리는 점심도 챙겨가야 해. 샌드위치 좀 만들어 줄래?

B: 물론이지. 햄달걀 샌드위치를 만들 수 있어. 너는 내게 핫초코를 타줄래?

A: 응. 마쉬멜로를 넣어서 핫초코를 만들게.

B: 좋아! 고마워.

유형 18 제안하기

⑤

1. Would you like to, Shall we   2. Wonderful

3. Thanks, but

> **Would you like, Thanks, but, Do you want me to, would be, Shall we**
>
> A: 학교에 정말 많은 동아리가 있어. 나는 어떤 동아리에 가입할지 모르겠어.
> B: 난 체스 동아리에 가입하려고. 나랑 같이 할래?
> A: 고맙지만, 난 전에 체스를 해본 적이 없어.
> B: 그건 문제 되지 않아. 다양한 레벨의 회원들이 많아. 너는 금방 배울 거야. 내가 체스를 이렇게 두는지 보여줄까?
> A: 정말 좋을 것 같아. 한번 해 봐야겠어.
> B: 좋아! 수요일마다 방과 후에 카페테리아에서 만날래?

연습 1 ④

1. Let's   2. Great   3. Well, I'm not sure

> **Let's, Well, I'm not sure, great**
>
> A: 이번 휴가 시즌은 훌륭했지만, 난 최소한 4kg는 찐 것 같아.
> B: 나도 그래.
> A: 우리 같이 다이어트 하자.
> B: 음, 내가 할 수 있을지 잘 모르겠어. 나도 살은 빼고 싶지만, 항상 배가 고픈 것은 싫거든.
> A: 우린 적지 않게, 똑똑하게 먹으면서 다이어트 할 수 있어. 이 방법은 어떤 것 같아?
> B: 좋아 보이는 걸. 좀 더 이야기 해 봐!

연습 2 ②

1. Maybe you should try   2. Okay   3. But I'm not sure

> **should try, But I'm not sure, Okay**
>
> A: 우리 오케스트라는 방금 첼로 연주자를 잃었어.
> B: 넌 정말 훌륭한 바이올리니스트야. 아마도 넌 첼로도 배울 수 있을 거야.
> A: 난 첼로의 소리가 너무 좋아. 정말 깊고 풍부한 소리야. 근데 난 잘 모르겠어.
> B: 난 네가 훌륭한 첼리스트가 될 수 있을 거라고 확신해.
> A: 정말 그렇게 생각해? 좋아, 한번 해볼게.

Unit 10 Staying Healthy

Vocabulary

B   p. 178~179

1. mix   2. vegetable   3. 태우다, 타오르다
4. rainbow   5. 무시하다, 방치   6. color
7. 초점을 다시 맞추다   8. build   9. loudly
10. 근육, 근력   11. creative   12. activity
13. 뼈   14. 영양소   15. 정신의, 마음의
16. mind

C

1. healthy   2. high   3. lose   4. weight   5. benefit
6. regular   7. diet   8. key   9. nutrient 10. fruit

D

1. ①   2. ②   3. ④   4. ①   5. ③

> 1. 그 선생님은 강의를 단지 중요한 핵심 내용에 초점을 맞추려고 노력했다.
> 2. 그 야외활동은 그 모임의 모든 사람들에게 아주 인기 좋았다.
> 3. 그 음식은 건강에 아주 좋고 영양분들로 가득했다.
> 4. 그 가족은 그들의 새로운 집을 짓기 시작해서 매우 설레었다.
> 5. 그 운동선수는 아주 건강했고 정말 큰 근육을 갖고 있었다.

E

1. fruit   2. exercise   3. mental   4. loudly   5. creative

> 1. 그녀는 잘 익은 모든 계절과일을 사용해서 맛있는 후식을 만들었다.
> 2. 그는 내년 1년 동안은 더 자주 운동하기로 결심했다.
> 3. 의사는 그녀가 육체적으로 건강하다고 말했지만, 그는 그녀의 정신 건강을 걱정했다.
> 4. 그 아기가 너무 크게 울었기 때문에 누구도 잠을 잘 수가 없었다.
> 5. 그 미술 선생님은 학생들이 할 수 있는 한 가장 창의적인 학생이 되도록 격려했다.

Reading   p. 180~182

> 좋은 식습관을 갖는 것은 건강하기 위한 비결이에요. 여러분의 몸은 비타민과 다른 영양소들을 골고루 필요로 해요. 영양소와 비타민의 많은 양을 과일과 채소에서 얻을 수 있어요. 이상적으로는, 무지개 색처럼 갖가지 색의 음식을 섭취하려고 해야 해요. 이것을 어떻게 할 수 있는지 아나요?
> 다양한 색깔을 가진 과일과 채소는 서로 다른 영양소를 가지고 있어요. 예를 들면 오렌지색 과일은 비타민C가 많이 함유되어 있어요.

초록색 채소는 비타민K와 E가 많이 들어 있어요. 빨간색, 오렌지색, 노란색, 흰색, 초록색, 파란색, 그리고 보라색 – 각각의 색깔을 가진 음식을 갖추어 식사하는 것이 더욱 좋아요. 그러나 여러분은 좋은 식습관보다 무언가가 더 필요해요. 운동 또한 중요해요. 많은 사람들이 운동을 하는 것은 단지 살을 빼거나 근육을 키우는 데에 좋다고 생각해요. 물론 운동은 여러분이 칼로리를 소모하는 데 도움을 주고 더 강한 근육을 키울 수 있게 하지만, 운동이란 것은 여러분이 생각하는 것보다 더 많은 좋은 점을 갖고 있어요.

운동은 여러분의 뼈를 더 튼튼하게 만들어요. 또한 여러분의 혈액순환을 도와요. 과학자들은 운동이 심지어 더 빠르게 학습할 수 있게 돕는다고 생각해요. 규칙적인 운동은 여러분을 다방면으로 더 건강한 사람으로 만들어 줄 거예요.

마지막으로 여러분의 정신적 건강을 등한시 하지 마세요. 스트레스는 모두가 대처해야만 하는 문제예요. 스트레스를 주는 것들에 대해 생각하는 것은 여러분을 더 스트레스 받게 만들 뿐이에요. 그러나 여러분은 어떻게 하면 스트레스를 생각하지 않을 수 있을까요? 생각의 초점을 다시 맞추려고 해보세요. 생각이나 느낌을 다르게 만들 수 있는 또 다른 활동을 하세요. 창의적인 일을 하세요. 흥미로운 책을 읽으세요. 인터넷에서 재미있는 비디오를 보세요. 심지어는 샤워 중에 그저 크게 노래를 부르는 것도 여러분이 건강하게 느낄 수 있도록 도울 수 있어요.

Q1 왜 여러 가지 색깔의 음식을 섭취해야만 하나요?

    ⓐ 비타민과 다른 영양소를 골고루 얻기 위해서

    b. 더 맛있는 음식을 먹기 위해서

Q2 윗글에 따르면, 운동에 관한 것으로 옳은 것은 무엇인가요?

    a. 사람들은 충분히 운동을 다양하게 하지 않는다.

    ⓑ 사람들은 운동이 얼마나 많은 방식으로 도움이 되는지 깨닫지 못한다

Q3 turn off ~ your mind의 의미는 무엇인가요?

    ⓐ 어떤 일에 대한 생각을 멈추는 것

    b. 스트레스를 주는 일들에 관해서 생각하는 것

A　　　　　　　　　　　　　　　　　p. **184**

1. b. How to be healthy

    (어떻게 건강해 지는가)

2. c. It makes your blood slower.

    (당신의 혈액순환을 더 느리게 만든다.)

3. a. To think and pay attention to something new

    (새로운 것을 생각하고 집중하는 것)

B

1. nutrients, rainbow　　　**2.** muscles, blood, calories

3. stressful, refocus, feel

---

1 Food

→ 다른 색을 가진 과일과 채소는 각기 다른 영양소를 갖고 있음

→ 무지개 색처럼 갖가지 색의 음식을 먹음: 갖가지 색의 음식을 섭취함

2 Exercise

→ 뼈와 근육을 더 강하게 함

→ 혈액순환을 도움

→ 칼로리 소모를 도움

3 Mental Health

→ 스트레스 받는 것들에 대해 생각하지 않음

→ 생각의 초점을 다시 맞춤

→ 다르게 생각하고 느낄 수 있게 하는 것을 함

연습　　　　　　　　　　　　　　　　p. **185**

1. ×　**2.** ○　**3.** ○

운동이 어떻게 당신의 뼈를 도울까요? 운동은 더 많은 뼈가 생성되게 만들 수 있어요. 이 말이 의미하는 것은 운동을 통해 더 두껍고 강한 뼈를 가질 수 있다는 것이에요. 그러나 모든 운동이 뼈를 두껍고 강하게 하진 않아요. 예를 들면, 수영은 뼈를 강화시키지 않아요. 축구처럼 발로 당신을 지탱하는 운동을 하세요. 근육과 뼈 둘 다 더 강해질 거예요.

1. 만약 우리가 수영으로 운동을 한다면 뼈는 빠르게 형성되지는 않는다.

2. 운동이 우리의 뼈를 두껍게 해주기 때문에 우리의 뼈는 운동으로 더 튼튼해 진다.

3. 뼈를 형성하기 위해서는 서서 운동을 해야 한다.

Grammar　　　　　　　　　　　p. **186~189**

Pre

1. I　**2.** I　**3.** C

1. It makes your bones stronger.

2. It helps you learn faster.

3. It gives you stronger muscles.

1. 그것은 너의 뼈를 더 강하게 만든다.

2. 그것은 네가 더 빨리 배우도록 돕는다.

3. 그것은 너에게 더 강한 근육을 준다.

A

1. ⓑ　**2.** ⓐ　**3.** ⓒ　**4.** ⓓ

B

1. higher, smaller　　　**2.** happier, easier

3. fatter, thinner, bigger, hotter

C

1. (beautiful), more beautiful 2. (interesting), more interesting

3. (careful) more careful 4. (famous) more famous

5. (difficult) more difficult 6. (important), more important

D

1. better © 2. healthier @

3. more important ⓑ 4. stronger @

5. more interesting ⓑ 6. worse ©

E

1. Bill is younger than Tom.

2. My uncle is taller than my dad.

3. My aunt is older than my mom.

4. This building is higher than that one.

5. Exercise has more benefits than you think.

6. He has more money than his sister.

7. This is better than that.

8. These are worse than those.

9. This flower is more beautiful than that one.

10. The book is thinner than that one.

11. Music is more interesting than math.

12. The elephant is bigger than the mouse.

---

1. Bill은 Tom보다 더 어리다.

2. 나의 삼촌은 나의 아버지보다 키가 더 크시다.

3. 나의 이모는 나의 어머니보다 나이가 더 많다.

4. 이 빌딩은 저 빌딩보다 더 높다.

5. 운동은 네가 생각하는 것보다 좋은 점이 더 많다.

6. 그는 그의 누나(여동생)보다 돈이 더 많다.

7. 이것은 저것보다 좋다.

8. 이것들은 저것들보다 더 나쁘다.

9. 이 꽃은 저 꽃보다 더 아름답다.

10. 그 책은 저 책보다 더 얇다.

11. 음악은 수학보다 더 흥미롭다.

12. 코끼리는 쥐보다 더 크다.

F

1. Health is more important than money.

2. Today is hotter than yesterday.

3. Math is easier than English.

4. Science is more difficult than math.

5. Dad is heavier than Mom.

6. His hair is shorter than mine.

7. I can run faster than you.

8. She can jump higher than her sister.

9. His house is bigger than mine.

10. He has less money than his brother.

11. The harder you study, the more you achieve.

12. The taller the building is, the longer its shadow is.

---

1. 건강은 돈보다 더 중요하다.

2. 오늘은 어제보다 더 덥다.

3. 수학이 영어보다 더 쉽다.

4. 과학은 수학보다 더 어렵다.

5. 아빠는 엄마보다 몸무게가 더 많이 나간다.

6. 그의 머리카락은 나의 것보다 더 짧다.

7. 나는 너보다 더 빨리 달릴 수 있다.

8. 그녀는 그녀의 여동생(언니)보다 더 높이 뛸 수 있다.

9. 그의 집은 나의 것보다 더 크다.

10. 그는 그의 형(남동생)보다 돈이 더 없다.

11. 공부를 열심히 할수록 성취하는 것이 많다.

12. 빌딩이 높을수록 그것의 그림자는 길다.

G

1. @ 2. ⓑ 3. ⓑ 4. @ 5. ⓑ

Post

1. ⓗ 두 개 2. ⓕ '~보다 더…한'

3. @ 비교급 4. ⑨ beautiful, important, difficult

5. © busy, healthy, pretty 6. @ hot, big

7. ⓑ worse 8. @ more

Listening
p. 190~193

유형 19 어색한 대화 찾기

②

1. ⓑ 2. @

Would you, thank you, What time, What, What time, all right

① A: 감자 튀김을 조금 더 드시겠어요?

　B: 고맙지만 괜찮아요. 전 배가 불러요.

② A: 넌 점심 몇 시에 먹을 거니?

　B: 수학 숙제는 내일까지야.

③ A: 자유 시간에 넌 무엇을 하는 것을 좋아하니?

　B: 난 그림 그리는 것을 좋아해.

④ A: 의사 선생님과 약속이 몇 시야?

　B: 오후 2시인 것 같아.

⑤ A: 늦어서 미안해.

　B: 괜찮아. 우리 아직 시작하지 않았어.

1. ⓑ **2.** ⓑ

---

so sorry, When, cough, to hear, appreciate

① A: 소방서에 어떻게 가나요?

　 B: 직진해서 교회에서 오른쪽으로 도세요.

② A: 연필 한 자루 빌릴 수 있니?

　 B: 정말 미안해, 나도 한 자루 밖에 없어.

③ A: 언제 베트남으로 떠나니?

　 B: 한 달이 안 남았어.

④ A: 난 기침을 해.

　 B: 그 말을 들으니 정말 유감이구나.

⑤ A: 당신의 노고에 정말 감사드립니다.

　 B: 괜찮아, 난 더는 못 먹겠어.

연습 2 ④

1. ⓐ **2.** ⓑ

---

want to, What day, takes, How often, date

① A: 너 영화 보고 싶니?

　 B: 오늘 밤엔 아니야. 난 너무 피곤해.

② A: 오늘이 무슨 요일이니?

　 B: 오늘은 수요일이야.

③ A: 여기에서 시장까지 얼마나 걸리니?

　 B: 약 30분 정도 걸려.

④ A: 너는 얼마나 자주 축구를 하니?

　 B: 난 축구를 정말 좋아해.

⑤ A: 오늘이 며칠이니?

　 B: 오늘은 6월 18일이야.

유형 20 금액 파악하기

④

1. ⓐ **2.** ⓑ

---

how may I, am looking for, 15, two, 9, 18

A: 안녕하세요, 무엇을 도와드릴까요?

B: 저는 새로운 헤드폰 세트를 찾고 있어요.

A: 이쪽에 여러 가지가 있습니다. 그것들은 전부 15달러 아래 가격입니다.

B: 정말 좋은 것 같네요. 저는 파란색 헤드폰이 좋아요. 두 개 주세요. 하나는 제 것이고, 하나는 제 여동생 것이에요.

A: 저것은 한 세트의 9달러이니까 모두 18달러입니다. 계산대에서 계산해 드릴게요.

연습 1 ①

1. ⓐ **2.** ⓑ

---

assist, with, much are, per, two

A: 아주머니? 저 좀 도와 주시겠어요?

B: 그럼, 물론이죠! 무엇을 도와드릴까요?

A: 이 사과들은 얼마예요?

B: 그것들은 kg 당 4.50달러예요.

A: 2kg 주세요.

연습 2 ③

1. ⓑ **2.** ⓑ

---

help, with, How much, on sale, 25, off, 500

A: 안녕하세요! 제가 뭘 도와드릴까요?

B: 이 의자 얼마인가요?

A: 원래 가격은 800달러입니다. 하지만 지금은 세일 중입니다. 25%를 할인해요.

B: 와! 정말 비싸네요. 그래도 600달러네요. 400달러에 가져가도 될까요?

A: 500달러보다 싸게는 팔 수 없습니다. 그것은 최신 모델입니다.

B: 500달러에 살게요.

A: 알겠습니다, 그렇게 하죠.

Vocabulary

B   p. **196~197**

1. writer　　　　**2.** language　　　　**3.** 원하다, 소망

4. especially　　**5.** 고려하다, ~로 여기다　　**6.** modern

7. 비슷한, 닮은　　**8.** some　　　　**9.** have

10. ~에 속하다　　**11.** scenc　　　　**12.** difficult

13. 두려워하는, 겁내는　**14.** overhear

15. 너 자신, 너 스스로　**16.** compare

C

1. consider　**2.** today　　**3.** scary　　**4.** people

5. yourself　**6.** meal　　**7.** belong　　**8.** turn

9. mean　　**10.** writer

D

1. language　**2.** overhear　**3.** difficult　**4.** understand

5. tragic　　**6.** warring　**7.** live

> **1.** 그는 외국어를 배우고 그것으로 대화를 나누는 것이 정말 재미있다고 생각했다.
> **2.** 그녀는 부모님이 자신에 대해 나누는 이야기를 엿듣기 위해 계단 위에 숨었다.
> **3.** 수학 시험은 너무 어려워서 모든 학생들은 그 후에 불안감을 느꼈다.
> **4.** 그는 선생님이 말씀하신 것을 이해하기 위해 열심히 노력했었다.
> **5.** 그 비행기 사고는 정말 많은 사람의 목숨을 잃은 진정 비극적인 사고였다.
> **6.** 그 원수 사이인 이웃들은 수년 동안 싸웠다.
> **7.** 그녀가 정말 자주 거기에 있었기에 그 사무실에서 사는 것 같았다.

E

1. modern　　**2.** writer　　**3.** wish　　**4.** scene

> **1.** 그 현대식 자동차는 그들이 이전에 봐왔던 것과는 달랐다.
> 　그녀의 옷은 매우 세련되고 최신 유행의 것이어서 모든 사람들이 부러워했다.
> **2.** 그 작가는 너무 인기가 많아서 모든 작품들이 베스트 셀러에 등재됐다.
> 　그는 그가 가장 좋아하는 시리즈의 작가를 만나게 되어 전율이 일었다.
> **3.** 그녀는 생일 케이크 촛불을 끄기 전에 소원을 빌었다.
> 　그는 많은 희망사항이 있었지만, 그가 원하는 대부분은 부자가 되는 것이었다.
> **4.** 그 친구들이 재회하는 장면은 내가 가장 좋아하는 장면이었다.
> 　그 경치가 너무 아름다워서 마치 영화의 한 장면과도 같아 보였다.

Reading

p. **198~200**

윌리엄 셰익스피어는 영어로 작품을 쓴 가장 위대한 작가들 중 한 명으로 여겨져요. 셰익스피어가 지금으로부터 400년도 훨씬 전인 1600년대에 살았음에도 불구하고, 그의 작품은 여전히 인기가 있어요. *Romeo and Juliet*을 떠올려보세요. 서로 앙숙인 집안과 비극적인 사랑에 대한 이 이야기는 오늘날에도 여전히 유명해요. (사용된) 언어를 고려해 볼 때 이것은 특히 더 놀라워요. 초기 영어는 현대 영어와 매우 날라요. 셰익스피어의 작품을 읽는 것은 처음에 약간 겁이 날 수 있어요. 하지만 약간의 도움을 받으면 어떤 내용인지 이해하기 쉬워요.

　현대 영어
줄리엣 (로미오가 듣고 있는지 알지 못한 채)
오, 로미오!
왜 당신은 "로미오"인 거죠?
로미오 (그 자신에게)
내가 좀 더 들어야 하나 아니면 지금 말해야만 하나?
줄리엣
나의 원수는 당신의 이름뿐이에요.
당신이 몬테규가(家) 사람이 아니라 해도
당신은 당신 자신 그대로일 거예요.
몬테규 집안이 대체 뭐란 말이에요?
오, 다른 성(姓)을 가지세요!
　초기 영어
줄리엣 (알아채지 못한 채)
오, 로미오!
왜 당신은 로미오인가요?
로미오(방백)
계속 들어야 하나 아니면 말을 할까?
줄리엣
당신이 나의 적인 이유는 오로지 이름 때문이에요.
당신이 몬테규가(家) 사람이 아니라 해도
당신은 여전히 그대로에요.
몬테규 집안이 대체 뭐란 말이에요?
오, 다른 성(姓)을 가지세요!

현대 영어로 읽는다면 이 장면은 이해하기에 그렇게 어렵지 않아요. 줄리엣은 로미오를 떠올리고 로미오는 그녀의 이야기를 우연히 들어요. 줄리엣은 로미오를 사랑하지만, 그가 몬테규가 사람이 아니기를 바라지요.
현대 영어는 우리로 하여금 초기 영어를 이해할 수 있도록 도와줘요. 비교해보면, 우리는 "thou"가 바로 "you"라는 것을 알 수 있어요. 그리고 "art"는 "are"과 비슷하다는 사실도요. 여러분은 셰익스피어 작품을 두려워할 필요가 없어요! 이제 여러분 차례에요. "thy"가 무슨 의미인지 추측할 수 있나요?

Q1. 글쓴이는 오늘날 셰익스피어 작품의 인기에 대해 어떻게 생각하나요?

    ⓐ 특히 언어의 차이가 있었기 때문에 놀랍게 생각한다.

    b. 그가 특히 유명한 작가였기 때문에 그다지 놀랍지 않게 생각한다.

Q2. 줄리엣은 로미오를 어떻게 생각하나요?

    a. 그녀는 그가 몬테규가 사람이라서 그를 싫어한다.

    ⓑ 그녀는 그가 몬테규가 사람이지만 그를 좋아한다.

Q3. "thy"가 의미하는 것은?

    a. their   ⓑ your

A   **p. 202**

1. a. A Tragic Love

    (비극적인 사랑)

2. c. They are enemies so don't like each other.

    (그들은 원수이기 때문에 서로 매우 싫어한다.)

3. a. She does not like his family at all.

    (그녀는 그의 가문을 전혀 좋아하지 않는다.)

B

1. writers, popular   **2.** you, are, your

3. warring, different

---

1 William Shakespeare

→ 영어로 작품을 쓴 가장 위대한 작가들 중 한 명임

→ 그의 작품은 여전히 인기가 있음

→ *Romeo and Juliet*을 썼음

2 Early vs. Modern English

→ thou는 you를 의미함

→ art는 are와 유사함

→ thy는 your를 의미함

3 *Romeo and Juliet*

→ 원수 사이인 집안과 비극적인 사랑 이야기

→ 줄리엣이 로미오를 사랑하지만, 그가 다른 집안 출신이기를 바람

연습   **p. 203**

b.

---

*Romeo and Juliet*은 셰익스피어의 가장 위대한 희곡 중의 하나로 여겨진다. 어떤 사람들은 역사상 가장 최고의 사랑 이야기라고 생각한다. 그러나 이 희곡은 낭만적이기보다는 비극인 작품이다. 그 희곡의 대부분은 갈등에 대한 것이다. 그리고 마지막에 두 명의 사랑하는 사람은 죽게 된다!

a. 그것은 최고의 사랑 이야기 중의 하나다.

b. 그것은 진정한 사랑 이야기는 아니다.

c. 그것은 작품 속에 갈등이 많지 않다.

Grammar   **p. 204~207**

Pre

1. C   **2.** I   **3.** C

---

1. He is not a good soccer player.

2. He doesn't look great.

3. I don't like cucumbers.

1. 그는 훌륭한 축구선수가 아니다.

2. 그가 멋있어 보이지 않는다.

3. 나는 오이를 좋아하지 않는다.

A

1. is   **2.** are   **3.** work out   **4.** works out

5. is   **6.** loves   **7.** is   **8.** is

---

1. 그는 매우 강하다.   **2.** 우리는 친구이다.

3. 그들은 매일 운동한다.   **4.** 그는 매일 운동한다.

5. 이해하기 쉽다.   **6.** Romeo는 Juliet을 매우 많이 사랑한다.

7. *Romeo and Juliet*은 유명하고 인기가 있다.

8. William Shakespeare는 영어로 글을 쓴 가장 위대한 작가들 중의 한 명이다.

B

1. Is   **2.** Are   **3.** Does   **4.** Do   **5.** Do   **6.** Does

---

1. 그녀는 Juliet이니?

2. 그들이 Romeo와 Juliet이니?

3. Juliet이 Romeo를 사랑하니?

4. 그들은 서로 사랑하니?

5. 너는 영어를 이해하니?

6. 그는 영어를 이해하니?

C

1. He is not Japanese.

2. He does not(doesn't) speak Japanese.

3. They are not Chinese.

4. We do not(don't) like cucumbers.

---

1. 그는 일본인이 아니다.   **2.** 그는 일본어를 못한다.

3. 그들은 중국인이 아니다.   **4.** 우리는 오이를 좋아하지 않는다.

D

1. The novel isn't popular.

2. The writer isn't famous.

3. We aren't(We're not) afraid of him.

4. They aren't(They're not) easy to understand.

1. 그 소설은 인기가 없다.

2. 그 작가는 유명하지 않다.

3. 우리는 그를 무서워하지 않는다.

4. 그들은 이해하기 쉽지 않다.

E

1. don't drink   **2.** doesn't drink

F

1. takes   **2.** brushes   **3.** plays   **4.** speak   **5.** go

1. Andy는 택시를 타고 출근하지 않는다. 그는 버스를 탄다.

2. Beth는 하루에 두 번 양치질을 하지 않는다. 그녀는 하루에 세 번 양치질을 한다.

3. Randy는 야구를 안 한다. 그는 농구를 한다.

4. 우리는 고대 영어로 말하지 않는다. 우리는 현대 영어로 말한다.

5. 나의 부모님은 일찍 주무시지 않는다. 그들은 자정이 지나서 주무신다.

G

1. I   **2.** C   **3.** I   **4.** C   **5.** I

1. Shakespeare lived in the 1600s.

2. Does Juliet love Romeo?

3. Early English is not easy.

4. She doesn't study history.

5. *Romeo and Juliet* is still famous today.

1. 셰익스피어는 1600년대에 살았다.

2. Juliet이 Romeo를 사랑하니?

3. 고대 영어는 쉽지 않다.

4. 그녀는 역사를 공부하지 않는다.

5. *Romeo and Juliet*는 오늘날에도 여전히 유명하다.

Post

1. ⓗ 긍정문, 의문문, 부정문

2. ⓔ '주어+동사'

3. ⓖ 'Do/Does+주어+동사원형'

4. ⓒ you aren't

5. ⓓ it isn't

6. ⓐ I'm not

7. ① 'don't 또는 doesn't +동사원형'

8. ⓑ 동사원형

Listening

p. 208~211

유형 **21** 한 일이나 하지 않은 일 고르기

⑤

1. ⓐ   **2.** was, stayed, watched, went

sick, stayed, slept, anything, museum, done, forgot

A: 방학은 어땠니?

B: 끔찍했어. 방학기간의 대부분 아팠어. 계속 침대에 있으면서 잠 많이 자고 영화를 봤어.

A: 뭔가 재미있는 것을 하러 가지는 못했구나?

B: 나는 토요일에 역사 박물관에 갔어. 공룡 전시가 멋있었어.

A: 네 숙제는 다 했어?

B: 어머 아니. 숙제는 완전히 잊고 있었어.

연습 **1**   ③

1. ⓑ   **2.** took, went, went, saw

break, took, swimming

A: 겨울방학은 어땠어?

B: 환상적이었어. 아빠가 우리를 캘리포니아에 있는 새로운 테마파크에 데려가셨어. 우리는 수영과 스노클링을 하러 바다에도 갔어.

A: 할리우드 간판도 봤니?

B: 물론 봤지!

연습 **2**   ④

1. ⓐ   **2.** went, went, relaxed, watched

vacation, fun, snorkeling, fishing, relaxed, watched

A: 여름방학은 어땠어?

B: 정말 재미있었어. 우리는 모든 순간이 즐거웠어.

A: 뭘 했니?

B: 우리는 스노클링과 심해 낚시를 하러 갔지. 그리고 파도를 보며 모래사장에서 휴식을 취하기도 했고.

A: 너무 부럽다. 비가 많이 왔니?

B: 딱 하루 오후에만 비가 왔어. 우리는 실내에 머물면서 영화를 봤어.

유형 **22** 일치와 불일치 파악하기

⑤

1. ⓑ   **2.** ⑤

so, that, Absolutely, turkey, pumpkin pie, better go

A: 여기서 우리가 가족과 함께 추수감사절을 보내게 되어 너무 기대가 되는구나.

B: 저도 그래요. 할머니와 할아버지도 오세요?

A: 그럼, 물론이지. John 삼촌과 네 사촌들도 모두 함께 온단다. 나는 칠면조를 구울 거야.

B: 좋아요. 저는 호박파이를 만들게요. 엄마, 계피가루는 어디 있어요?

A: 그건 없단다.

B: 가게에 가봐야겠어요.

연습 1 ③

1. ⓐ 2. ③

How, assist, would like to, already, just, for

A: 무엇을 도와 드릴까요?

B: 저는 이 탁상용 컴퓨터를 사고 싶어요.

A: 좋습니다! 모니터는 어떻습니까?

B: 아니예요, 이미 모니터는 갖고 있어요.

A: 키보드와 마우스도 필요하세요?

B: 아니요, 오늘은 탁상용 컴퓨터만 필요해요.

연습 2 ④

1. ⓐ 2. ④

need, at least, suggest, What, price, take

A: 6명이 잘 수 있는 새 텐트가 필요해요.

B: 저희 텐트는 이쪽에 있습니다. 캠핑 많이 가세요?

A: 1년에 적어도 5번은 가는데요.

B: 저는 더 튼튼한 지퍼로 된 이걸 추천 드려요.

A: 가격 차이가 얼마나 되나요?

B: 가장 저렴한 것이 125달러이고, 이것은 199달러입니다.

A: 좋아요, 이것으로 사겠어요.

Unit 12 Amazing Adaptations

Vocabulary

B   p. 214~215

1. sparkle   2. lead   3. 환경, 자연환경

4. typical   5. 가끔   6. digest

7. 적응, 각색   8. stuck   9. dry

10. insect   11. 예상 밖의, 뜻밖의   12. 살아남다, 생존하다

13. bright   14. 죽은   15. beetle

16. rarely

C

1. definitely   2. occasionally   3. opposite

4. touch   5. corpse   6. butterfly

7. flower   8. sunshine   9. glue

10. trap

D

1. ④   2. ②   3. ①   4. ④   5. ④

1. 봄이 다가오면서 장미 꽃봉오리를 바라보는 것은 정말 기분 좋은 일이었다.

2. 밤에 야외에는 모기와 벌레들이 매우 많았다.

3. 건조한 뜨거운 사막에서 살아남는 것은 매우 힘들다.

4. 그 말은 깊고 걸쭉한 진흙에서 꼼짝 못하게 되었다.

5. 그녀는 심각한 꽃가루 알레르기 때문에 봄을 항상 싫어했다.

E

1. lead   2. unexpected   3. rarely

4. vegetarian 5. horrible

1. 그녀는 그녀가 춤을 출 수 있을지 확신하진 못했지만, 그의 시범을 따라 했다.

2. 그 머핀 가운데 있는 초콜릿은 예상치 못한 놀라움이었다.

3. 그녀가 산을 별로 좋아하지 않았기에, 그녀는 하이킹을 거의 가지 않았다.

4. 채식주의자가 되려는 그녀의 노력이 잘 지켜지고 있지만, 치킨 냄새는 너무 좋게 느껴졌다.

5. 그 냄새가 너무 끔찍해서 그들은 물가에 있지 못했고 바로 집으로 갔다.

Reading   p. 216~218

자연은 놀라워요. 환경에 상관없이, 동식물 모두 생존하는 방법을 찾아내요. 이것은 동식물들이 생각지도 못한 적응 능력을 가지도록 이끌기도 해요. 중앙 아메리카의 *Bagheera kiplingi* 거미는 그런

놀라운 동물이에요. *Bagheera kiplingi*는 전형적인 거미처럼 보여요. 그러나 절대로 그렇지 않아요. 이 거미는 채식을 해요! 이것은 아카시아 나무의 싹을 먹어요. 이 거미의 먹이 중 약 90%는 식물로 이루어져 있어요. 가끔 개미를 먹기도 하지만, 대개 건기에만 그렇게 해요.

정 반대의 경우는 호주의 *Byblis*예요. 식물을 먹는 거미 대신, *Byblis*는 곤충을 먹는 식물이예요! 곤충이 *Byblis*에 앉으면, 곤충은 결코 다시 떠날 수 없어요. *Byblis*는 붙잡힌 이 곤충들로부터 영양분을 얻어요.

*Byblis*는 천연 접착제로 덮여 있어요. 곤충이 이 접착제를 건드리자마자, 딱 달라붙게 돼요. 그러면 이 식물은 천천히 곤충을 소화해요. *Byblis*의 또 다른 이름은 무지개 식물이에요. 이 식물의 접착제가 밝은 햇살에 무지개 색으로 빛나기 때문이에요. 마지막 놀라운 적응력을 보이는 것은 시체꽃 식물이에요. 인도네시아가 원산지인 이 식물은 무서운 이름을 가지고 있지만, 고기를 먹지는 않아요. 사실 이 식물의 꽃 냄새 때문에 이런 이름이 붙여졌어요! 사람들은 이것이 시체와 비슷한 냄새가 난다고 말해요. 이 식물은 왜 이런 끔찍한 냄새가 날까요? 과학자들은 이 끔찍한 냄새가 나는 것이 송장벌레를 유혹하기 위한 것이라고 생각해요. 송장벌레들은 먹이를 찾아 날아와서, 꽃가루를 옮겨와요. 벌과 나비 대신에 송장벌레는 보통 이 식물에 꽃가루를 묻혀요. 인류에게는 다행히도 이 식물은 거의 꽃을 피우지 않아요.

Q1. *Bagheera kiplingi*는 다른 거미들과 어떻게 다른가요?

   a. 그것은 나무에 사는 개미만을 먹어요.

   ⓑ 그것은 대개 곤충 대신에 식물을 먹어요.

Q2. 왜 곤충들이 *Byblis*를 벗어날 수 없나요?

   a. 그것의 아름다운 색깔이 곤충을 유혹하기 때문이에요.

   ⓑ 그것의 천연 접착제가 곤충을 붙잡기 때문이에요.

Q3. 왜 시체꽃은 그렇게 끔찍한 냄새가 날까요?

   ⓐ 특별한 곤충을 유혹하기 위해서

   b. 송장벌레를 겁주어 달아나게 하기 위해서

A   p. 220

1. a. Unusual adaptations

   (특이한 적응 능력)

2. c. It shows many colors in the sun.

   (그것은 햇살에서 많은 색깔을 보여준다.)

3. a. When it is flowering

   (그것이 꽃 필 때)

B

1. typical, vegetarian   **2.** glue, sparkles

3. dead, pollinate

---

1 The *Bagheera Kiplingi*
   → 전형적인 거미처럼 보임
   → 채식을 함: 먹이 중 약 90%는 식물임

2 The *Byblis*
   → 곤충을 먹는 식물임
   → 천연 접착제로 덮여 있음
   → 곤충이 그 식물 안에 잡힘
   → 햇살 속에서 색이 빛남

3 The Corpse Flower Plant
   → 인도네시아가 자생지임
   → 그것의 꽃은 시체와 비슷한 냄새가 남
   → 송장벌레들이 이 식물의 꽃가루를 묻힘

연습   p. 221

a.

식충식물이 드문 것은 아니다. 거의 700개의 다른 종류가 있다. 여러분은 이런 종류의 식물을 세계 어느 곳에서나 볼 수 있다. 심지어 북극 지방에서도 식충식물을 볼 수 있다. 무엇이 이런 종류의 적응 능력을 생기게 했을까? 대부분의 식충식물은 그 지역의 토양에서 영양분이 없을 때 발달되었다.

a. 그 환경이 좋은 토양을 가지고 있지 않았다.

b. 그 토양에는 많은 벌레들이 있었다.

c. 북극은 좋은 환경이 아니다.

Grammar   p. 222~225

Pre

1. C   **2.** C   **3.** I

1. He is always kind to me.

2. He always helps me.

3. He never tells a lie to me.

1. 그는 항상 나에게 친절하다.

2. 그는 항상 나를 도와준다.

3. 그는 나에게 절대로 거짓말을 하지 않는다.

A

1. always   **2.** usually   **3.** often

4. sometimes   **5.** rarely(hardly)   **6.** never

B

1. ⓑ   **2.** ⓒ   **3.** ⓒ   **4.** ⓑ   **5.** ⓑ   **6.** ⓒ

C

1. Nature is always amazing.

2. My sister is rarely(hardly) angry.

3. I am usually hungry at around 4:00.

4. You are never late for school.

5. I am sometimes tired in the afternoon.

6. The mountain is often covered with snow.

D

D

1. C	**2.** C	**3.** C	**4.** I	**5.** C
6. I	**7.** C	**8.** C	**9.** C	**10.** C

1. Plants always find ways to survive.

2. It always snows a lot in winter.

3. She usually gets up early in the morning.

4. Animals usually find ways to survive, too.

5. This spider always eats buds from the Acacia tree.

6. He often works late.

7. He sometimes goes to bed early.

8. This plant rarely flowers.

9. It will occasionally eat ants.

10. Beetles usually pollinate this plant.

1. 식물은 항상 생존할 방법을 찾는다.

2. 겨울에는 항상 눈이 많이 내린다.

3. 그녀는 대개 아침에 일찍 일어난다.

4. 동물도 대개 생존할 방법을 찾는다.

5. 이 거미는 항상 아카시아 나무의 싹을 먹는다.

6. 그는 종종 늦게까지 일한다.

7. 그는 가끔씩 일찍 자러 간다.

8. 이 식물은 거의 꽃을 피우지 않는다.

9. 그것은 가끔 개미를 먹을 것이다.

10. 송장벌레는 보통 이 식물의 꽃가루를 옮긴다.

E

1. My best friend usually goes to bed late.

2. My uncle often plays golf on the weekend.

3. Their science teacher always teaches them very well.

4. His aunt rarely calls him on the weekend.

1. 나의 가장 친한 친구는 보통 늦게 잠자리에 든다.

2. 나의 삼촌은 주말에 종종 골프를 치신다.

3. 그들의 과학선생님은 항상 잘 가르쳐 주신다.

4. 그의 이모는 주말에 거의 그에게 전화를 하지 않으신다.

F

1. 나는 항상 7시 전에 일어난다.

2. 나는 대개 아침식사로 토스트를 먹는다.

3. 나는 아침에는 거의 샤워를 하지 않는다.

4. 나는 아침에 절대로 머리를 감지 않는다.

5. 나는 수업에 종종 늦는다.

6. 나는 가끔 아침에 숙제를 한다.

7. 나는 가끔 친구와 함께 등교를 한다.

8. 나는 항상 아침식사를 먹으면서 텔레비전을 본다.

Post

1. ① 빈도부사

2. ⓗ always, usually, often, sometimes, hardly, never

3. ⓐ be동사 뒤   **4.** ⓑ 현재시제   **5.** ⓔ '항상, 언제나'

6. ⓓ '거의 ~하지 않다'

7. ⓖ '전혀 ~하지 않다, 절대로 ~하지 않다'

8. ⓒ usually, often, sometimes

Listening
p. **226~229**

유형 23 이어질 말 고르기

③

1. ⓑ   **2.** ⓐ

are, going to, planning to, sounds, How about

A: 이번 토요일에 무엇을 할 예정이니?

B: 나는 빅토리아 영화관에서 새로 개봉한 공상과학 영화를 볼 계획이야.

A: 와, 좋겠다. 나도 가도 될까?

B: 여럿이 갈수록 좋지.

A: 영화 보고 난 후에 박물관에 가는 건 어때?

B: 좋아.

연습 1   ④

1. ⓐ   **2.** ⓐ

must take, sure, Good luck

A: 너희 아들 소속팀이 플레이오프에 진출한 것 들었어.

B: 맞아, 그는 그가 속한 리그에서 선발 투수야.

A: 와, 그렇게 된 것은 틀림없이 많은 연습을 했기 때문이야.

B: 물론 그래. 그는 하루에 80개씩 공을 던져.

A: 토요일에 있는 플레이오프 경기에서 행운을 빌게.

B: 고마워! 우리가 이길 거야!

연습 2   ⑤

1. ⓐ   **2.** ⓑ

leave, 7:30, ready, cannot

A: 그 열차가 몇 시에 출발하니?

B: 센트럴역에서 7시 30분에 출발이야.

A: 너는 짐 다 싸고 갈 준비가 됐어?

B: 물론이지. 그렇지만 문제가 하나 있어.

A: 무엇인데?

B: 내 열쇠들을 못 찾겠어.

A: 여기 있어.

①

1. ⓑ   **2.** ⓑ

Long, no, must, No, good

A: 안녕! 정말 오랜만에 보네!

B: 오랜만이다. 너를 보게 되어 정말 반가워! 요즘 어떻게 지내?

A: 좋아, 고마워. 너는 어때?

B: 아주 잘 지내지. 네 여동생, Susie는 어떻게 지내니?

A: 그녀는 유럽에서 여행 중이야.

B: 와! 분명 좋은 시간을 보내고 있겠구나.

A: 그래야지. 그런데 1주일 이상 그녀로부터 소식을 듣지 못하고 있어.

B: 걱정 마. 무소식이 희소식이야!

연습 1   ③

1. ⓑ   **2.** ⓐ

won, can't say, hard, practicing, taking

A: Sora에 관한 소식 들었어? 그녀가 피아노 대회에서 우승했대.

B: 나는 놀랍지는 않아.

A: 왜 놀랍지 않아?

B: 그녀는 정말 열심히 해오고 있어. 정말 많은 연습을 말이야.

A: 그게 지난달에 우리와 함께 영화 보러 가지 못했던 이유야?

B: 맞아. 그녀는 몇 달 동안 집에서 연습하거나 연습실에서 레슨을 받아오고 있어.

연습 2   ④

1. ⓐ   **2.** ⓑ

paid for, ask, for, change, been saving, adds up

A: 저게 새로운 자전거야?

B: 응, 내 돈으로 직접 샀어!

A: 벌이가 없잖아?

B: 난 항상 엄마에게 잔돈을 달라고 부탁하거든.

A: 어떻게 잔돈으로 자전거를 사?

B: 나는 잔돈 모으기를 2년 넘게 해왔어. 그것을 합쳤지.

A: 와, 정말 오랜 시간이었구나. 나 정말 감동 받았어.

Test 3 정답 및 해설

01 ②	02 ⑤	03 ④	04 ⑤	05 ③
06 ④	07 ③	08 ⑤	09 ②	10 ③
11 ①, ④	12 ⑤	13 ④	14 ③	15 ②
16 ③	17 ②	18 ①		

19 Please do not reply to this mail.

20 (1) Doing something creative can help you feel healthier.

   (2) He always drinks milk with toast.

01

A: Tom, can you do me a favor?
B: Sure. What do you want?
A: I need more tomatoes for the spaghetti I am making. Can you bring some?
B: How many do you need?
A: Three will do. Thank you so much!

A: Tom, 부탁 하나 들어줄래?
B: 물론이죠. 무엇인가요?
A: 지금 만들고 있는 스파게티에 토마토가 더 필요하거든. 좀 가져다 주겠니?
B: 몇 개나 필요하세요?
A: 세 개면 돼. 정말 고맙다!

02

A: I'm in trouble.
B: What's wrong?
A: I want to buy a nice gift for my mom's birthday, but I don't have any money.
B: I have a great idea.
A: What is it?
B: You can make a gift yourself. She will love it.

A: 큰일 났어.
B: 무슨 일이니?
A: 엄마 생신에 멋진 선물을 사 드리고 싶지만, 돈이 없어.
B: 내게 좋은 생각이 있어.
A: 무슨 생각이야?
B: 네가 직접 선물을 만들어 드리는 거야. 엄마가 아주 좋아하실 거야.

→ 돈이 없어서 어머니 생일 선물을 살 수 없어 고민하는 친구에게 직접 만들어 드리라고 권하고 있다.

03

① A: Where is Italy located?
  B: Italy is in Europe.
② A: What do you want to do when you grow up?
  B: I want to be a chef.
③ A: What do Ice cream tasters do?
  B: They make and taste new kinds of ice creams.
④ A: I am hungry.
  B: That's great. Let's go to the museum first.
⑤ A: It's raining outside.
  B: Do you have an umbrella?

① A: 이탈리아는 어디에 위치해 있나요?
  B: 이탈리아는 유럽에 있어요.
② A: 너는 자라서 무엇이 되고 싶니?
  B: 나는 요리사가 되고 싶어.
③ A: 아이스크림 감식가는 무슨 일을 하지?
  B: 그들은 새로운 종류의 아이스크림을 만들고 맛봐.
④ A: 배가 고파.
  B: 아주 좋아. 그 박물관에 먼저 가자.
⑤ A: 밖에 지금 비가 오는 중이야.
  B: 너 우산 가지고 있니?

→ ④ 배가 고프다는 남자아이의 말에는 Let's have pizza. What do you want to eat?과 같이 음식을 권하거나 무엇을 먹고 싶은지 묻는 것이 자연스럽다.

04

A: Excuse me! How can I borrow books?
B: Do you have a library card?
A: No, I don't.
B: Please fill out the application. All you need is your photo ID.
A: How many books can I check out at one time?
B: You may check out a total of five books at a time.

A: 실례합니다! 책을 어떻게 대출할 수 있나요?
B: 도서대출증이 있나요?
A: 아니요, 없어요.
B: 신청서를 작성하세요. 사진이 있는 신분증만 있으면 됩니다.
A: 한 번에 몇 권까지 대출이 가능한가요?
B: 한 번에 모두 5권까지 대출 가능합니다.

→ 한 번에 5권까지 빌릴 수 있다는 이 대화의 내용에 따라 정답은 ⑤이다.

05

A: What are you doing this summer?
B: I am going to Paris with my family.
A: Wow. That sounds fun. I envy you!
B: You've never been to Paris?
A: _____

A: 너는 이번 여름에 뭐할 거야?
B: 가족들과 함께 파리에 갈 거야.
A: 우아. 재미있겠다. 부러워!
B: 너는 파리에 한 번도 못 가봤니?
A: _____

→ 경험을 나타내는 현재완료 have been를 사용해 파리에 가 본적이 없는지를 묻
   는 여자아이의 말에 적절한 대답은 ③ '응, 파리에 한번도 가보지 않았어.' 이다.

06

A: Sorry, I missed your birthday party last Saturday.
B: It's okay. You had a real bad cold, I heard.
A: Yes, it was the worst one I've ever had.
B: You still sound sick. Are you okay now?
A: I feel much better now. Here is your present. Sorry, It's late.

A: 지난 토요일 네 생일파티에 못 가서 미안해.
B: 괜찮아. 너 지독한 감기에 걸렸다고 하던데.
A: 맞아. 정말 지금까지 걸렸던 감기 중 최악이었어.
B: 너 아직도 아픈 것 같은데. 이제 괜찮은 거야?
A: 훨씬 나아졌어. 여기 네 생일 선물이야. 늦어서 미안해.

→ 아파서 생일파티에 가지 못한 것을 사과하는 대화 내용이다. 늦게 생일선물을 전달
   하고 있다. 따라서 가장 적절한 속담은 하지 않는 것보다는 늦더라도 하는 것이 낫
   다라는 뜻의 ④번이 정답이다.

07

- 너는 그 드레스를 입으니 __(A)아름다워__ 보인다.
- 그는 __(B)빨리__ 달린다.
- __(C)운이 좋게__ 나는 마지막 기차를 탔다.

→ (A) 감각동사 look을 꾸며 줄 때는 형용사를 사용한다. 따라서 beautiful이 와야
   한다. (B) run을 꾸며주는 부사가 와야 하며 fast는 형용사와 부사 모두 fast이다.
   따라서 fast가 와야 한다. (C)에는 문장 전체를 꾸미는 부사가 와야 한다. y로 끝나
   는 형용사는 'y'를 'i'로 고친 후 + 'ly'를 더하여 부사를 만들므로 luckily가 된다.

[8~10]

인분: 6　　　　　　　　　　　　　　　조리시간: 20분
재료:
간 소고기 450g, 간 돼지고기 450g, 달걀 1개,
잘게 다진 양파 1 테이블 스푼, 햄버거 빵 6개,
빵 가루 1/4컵, 얇게 썬 토마토 한 개, 양상추

1. 커다란 그릇에 간 소고기와 돼지고기, 양파, 빵가루, 달걀을 넣
   고 함께 치댄다.
2. 그릴을 중불에 예열한다.
3. 고기 반죽을 6개의 햄버거 패티 모양으로 만든다.
4. 그릴에 햄버거 패티를 놓고 12분에서 15분간 굽는다.
5. 그릴에서 햄버거 패티를 꺼내 햄버거 빵 위에 얹고 양상추와 토
   마토와 함께 내어 놓는다.

08

→ 주어진 지문은 재료 목록과 함께 햄버거 만드는 과정까지 설명된 전형적인 recipe
   (조리법)의 예문이다.

09

→ 주어진 지문에서 mix together는 커다란 그릇에 재료를 함께 넣고 섞는다는 의
   미이다. 따라서 mix together과 유사한 표현은 put together이다.

10

→ 햄버거 패티 재료에 간 소고기와 간 돼지 고기, 달걀 등이 함께 들어가므로 ③은 틀
   린 내용이다.

11

잠을 거의 못 자는 것은 피로와 다음날 오전에 불쾌한 기분을 느끼
게 한다. 잠 못 이루는 날이 며칠 계속 이어지면 보다 심각한 정신적
영향을 미친다는 사실에 누구나 동의할 것이다. 잠을 충분히 자지
못하면 집중력이 상당히 떨어질 것이다. 특히 장기적으로 볼 때 건
강에 미칠 악영향은 보다 심각하다.

→ 인과 관계를 이해했는지 묻는 질문이다. 원인은 수면의 부족이며 이에 대한 결과로
   나타난 것은 1) 피로 2) 다음날 오전의 불쾌한 기분 3) 심각한 정신적 영향 4) 집중
   력 감소 5) 건강에 미칠 악영향을 들고 있다. 따라서 정답은 ①번과 ④번이다.

12

① 나의 형이 나보다 더 빨리 달린다.
② 누가 더 큰 비누방울을 만들 수 있을까?
③ 그는 너보다 더 높게 뛸 수 있다.
④ 너는 네가 생각하는 것보다 더 아름답다.
⑤ 너는 칼을 사용할 때는 더 조심해야 한다.

→ ⑤ careful은 2음절 단어이므로, 비교급을 만들 때 단어 끝에 er을 붙이는 게 아
   니라, 단어 앞에 more을 넣어야 한다.

13

> • *Byblis*는 __(A)붙잡힌__ 곤충들로부터 영양분을 얻는다.
> • *Bagheera kiplingi*는 __(B)전형적인__ 거미처럼 보인다.
> • 마지막 놀라운 __(C)적응__ 을 보이는 것은 시체꽃 식물이다.

→ trapped '갇힌, 덫에 걸린, 잡힌'이라는 뜻으로 captured, cornered 등의 동의어가 있다. typical '전형적인, 대표적인, 보통의'라는 뜻으로 normal, natural, ordinary 등의 동의어가 있다. adaptation은 '적응'이라는 뜻으로 adjustment, variation, transformation 등의 동의어가 있다.

14

> ① 그는 항상 회의에 늦는다.
> ② 캘리포니아의 날씨는 대개 화창하다.
> ③ 그녀는 전화를 결코 받지 않는다.
> ④ 그녀는 종종 당황한다.
> ⑤ John은 대개 아침 7시에 일어난다.

→ 빈도부사의 위치를 묻는 질문이다. 빈도부사는 일반동사의 앞 또는 be동사와 조동사의 뒤에 위치한다. 따라서 ③번의 경우 She never answers her phone. 이 되어야 한다.

[15~17]

> 제목: 최신 사무용 가구판매 제안
> 날짜: 7월 21일
> 친애하는 Marsha 양께,
> 저희 최신 사무용 가구 시리즈에 대한 새로운 제안을 하게 되어 기쁘게 생각합니다. 귀하는 저희 회사의 귀중한 고객으로서 특별히 15% 할인가에 구매할 수 있습니다.
> 직접 저희 웹사이트인 www.excellentfurniture.com을 방문하셔서 저희 회사의 다양한 제품을 둘러보시기 바랍니다.
> 이 제안은 전체 고객에 해당하는 것이 아니라 귀하와 같은 귀중한 고객에게만 드리는 혜택입니다.
> 감사합니다!
> 경애를 표하며,
> John Smith
> Excellent 가구사, 총 지배인

15

→ 수신인은 Dear 다음에 나오는 인물이므로 Marsha 양이 수신인이다. 발신인은 Sincerely 다음에 나오는 이름이다. 따라서 발신인은 John Smith이다. 제목은 Subject: 다음에 나오는 내용으로 최신 사무용 가구 판매 제안 건이다. 따라서 답은 ②번이다.

16

→ be pleased to ~ 의 구문 활용 문제이다. '~하게 되어 기쁘다'라는 뜻으로 be pleased 다음에 to부정사가 온다.

17

→ the new offer we are giving on the Latest Office Furniture

Series 즉, '최신 사무용 가구 시리즈에 대한 새로운 제안'이라고 설명하고 있으므로 재고 정리 세일이 아닌, 신제품 세일이다.

18

> ① *Byblis*는 천연 접착제로 덮여 있다.
> ② 티켓은 선착순이다.
> ③ 로미오는 몬테규가에 속한다.
> ④ 너는 어둠을 두려워할 필요가 없다.
> ⑤ 비록 그들은 70대이시지만, 그곳에 가는 것에 대해 매우 기대하고 계시다.

→ ①번의 natural glue는 '천연 접착제'이고, '인공접착제'는 artificial glue이다.

19

> 이 편지에는 답신을 하지 말아 주세요.

→ please가 대문자로 되어있으니 맨 앞에 나오고 동사구 reply to 앞에 부정명령문을 만드는 do not을 쓴다. reply to 뒤에는 지시형용사 this와 명사 mail을 쓴다.

20

→ (1) something을 올바르게 수식하는 형용사를 점검하는 작문이다. something은 형용사가 뒤에서 수식하므로 '창의적인 일'은 something creative. 그리고 '일을 하는 것은 ~ing 형태를 사용하여 doing이라고 표현한다. '당신이 ~하도록 돕다'는 help를 사용해 help you feel이라고 한다. 마지막으로 '더 건강하게'는 healthy의 비교급인 healthier를 사용한다.

→ (2) 빈도부사 위치를 올바르게 사용하는가를 점검하는 작문이다. '우유를 마시다'는 drink milk, '토스트와 함께'는 with toast. 빈도부사 always는 drink가 일반동사이므로 drink의 앞에 위치한다.

LISTENING TEST 정답 및 해설

Listening Test

01 ③	02 ②	03 ①	04 ⑤	05 ④
06 ⑤	07 ①	08 ③	09 ④	10 ②
11 ①	12 ⑤	13 ③	14 ②	15 ④
16 ④	17 ③	18 ⑤	19 ①	20 ②

01

A: How may I help you?
B: I am trying to get a dress for my sister.
A: Do you have any particular design in your mind?
B: Well, I am looking for a sleeveless dress with a round collar.
A: 무엇을 도와드릴까요?
B: 여동생에게 선물할 원피스를 사려고 하는데요.
A: 생각하고 계신 디자인이 있나요?
B: 글쎄요, 둥근 칼라가 있는 민소매 드레스를 찾고 있어요.

→ 둥근 칼라가 있는 민소매 드레스를 찾고 있으므로 답은 ③번이다.

02

A: You can find this in the home appliance section. It is a machine for keeping things cold. You put food and drinks in it to keep them cold. Most modern ones are available in a variety of colors, but the most common colors are either white or silver. What is this?
A: 이것은 가전제품 코너에서 찾을 수 있습니다. 물건을 차갑게 유지하도록 해주는 기계입니다. 음식과 음료를 차게 하기 위해서 이것 안에 넣습니다. 대부분의 현대 제품들은 다양한 색으로 나오기도 하지만 가장 흔한 색상은 하얀색이나 은색 입니다. 이것은 무엇입니까?

→ 음식과 음료를 차게 하기 위해서 사용한다고 했으므로 답은 ②번이다.

03

A: Good morning, this is Andrew with your weather report. Well, we've got rain this morning and, in fact, it's going to really pour for several hours with the heaviest rain at around two o'clock. Please take your umbrella with you, and leave your sunglasses behind!
A: 좋은 아침입니다. 일기예보의 Andrew입니다. 오늘 아침 비가 오고 있으며 사실 앞으로도 계속해서 몇 시간 동안 폭우가 내릴 전망입니다. 오후 두 시를 기해 최고의 강우량이 예상됩니다. 선글라스는 집에 두시고 우산을 챙기시기 바랍니다.

→ this morning, rain, heaviest rain으로 오늘 비가 옴을 알 수 있다.

04

A: Hi, Tim. What are you doing next Saturday?
B: Hey, Anne. Nothing in particular. Why?
A: Great, then can you come to my housewarming party?
B: Sure, I can. I didn't know that you moved to a new place. Congratulations!
A: 안녕, Tim. 다음 주 토요일에 뭐해?
B: 안녕, Anne. 특별한 계획 없어. 왜?
A: 잘됐다, 그러면 내 집들이에 올 수 있어?
B: 물론이지. 나는 네가 이사 간 줄도 몰랐네. 축하해!

→ 축하할 때 하는 말인 Congratulations!를 듣고 답이 ⑤번임을 알 수 있다.

05

A: Welcome to Andy's Radio Show. We are happy to announce we are having a bazaar this Saturday. We are holding this event at our studio. Items will include clothes, shoes, bags, and hats donated by celebrities. The bazaar opens at 10:00 a.m. and closes at 7:00 p.m.
A: Andy의 라디오 쇼에 오신 청취자 여러분 환영합니다. 저희 프로그램에서 이번 주 토요일 바자회를 주최하게 되었음을 기쁘게 알려드립니다. 이 바자회는 저희 스튜디오에서 열립니다. 바자회 물품은 유명인들이 기증한 옷, 신발, 가방과 모자들입니다. 바자회는 오전 10시에 시작해 오후 7시까지 열립니다.

→ 바자회를 통해 생긴 이익금을 어디에 사용할 지는 언급되지 않았다. 따라서 ④번이 답이다.

06

A: Hello, Sally.
B: Hi, Max, let's go see a movie together tomorrow.
A: Okay. When do you want to go?
B: What about meeting at the theater at 7 p.m.?
A: Sounds good.
A: 안녕, Sally.
B: 안녕, Max, 우리 내일 영화 보러 가자.
A: 그러자. 언제 가고 싶은데?
B: 극장에서 저녁 7시에 만나는 것 어때?
A: 좋아.

→ 7 p.m.을 듣고 답이 ⑤번임을 알 수 있다.

Answer Key & Scripts **51**

07

A: What do you do when you have free time?
B: I love to draw and design things.
A: More specifically, what do you like to design?
B: I love to work on designing clothing.
A: Do you like any particular area of clothing design?
B: Yes. I like to work on children's wear.
A: 너는 시간이 있을 때 뭐하니?
B: 나는 그리고 디자인하는 것 좋아해.
A: 보다 구체적으로 무엇을 디자인하기 좋아하는데?
B: 옷 디자인 하기를 좋아해.
A: 그 중에서도 특별히 관심 있는 분야가 있어?
B: 응, 나는 아이들 옷 디자인하기 좋아해.

→ 옷 디자인에 대해 반복해서 말하고 있다. 따라서 답은 ①번이다.

08

A: Can you help me with this?
B: Let's see. Use this dictionary. You can find the definitions with this.
A: Can you look up the words for me?
B: No! It's your homework. You will not learn anything if I do all the work.
A: 이것 좀 도와줄래?
B: 어디 보자. 이 사전을 사용해. 이것으로 의미들을 찾을 수 있을 거야.
A: 네가 내 대신 단어들 좀 찾아줄래?
B: 아 ! 네 숙제잖아, 내가 다 해주면 너는 아무것도 배우는 게 없을 거야.

→ 사전을 주었는데도 단어까지 찾아달라는 여자아이 말에 남자아이는 짜증이 났음을 알 수 있다.

09

A: Tom, it's trash day today.
B: I know. It's my turn. I will take out the trash.
A: Don't forget to separate the recyclables from the trash.
B: Don't worry. I already put them in the bins. Now, I will take out the trash.
A: Thank you.
A: Tom, 오늘 쓰레기 내놓는 날이야.
B: 알아요. 제 당번이에요. 제가 쓰레기 내놓을게요.
A: 재활용품을 쓰레기에서 분리하는 것 잊지 마.
B: 걱정 마세요. 벌써 재활용품은 통에 넣었어요. 이제 쓰레기 내다 놓을게요.
A: 고맙구나.

→ 보기에 쓰여진 단어들이 오디오에 나와 오답을 선택할 가능성이 있다. 남자아이가 맨 마지막에 한 말을 잘 들으면 답이 ④번임을 알 수 있다.

10

A: What do people do when they greet each other in your country?
B: They usually shake hands. How do people greet each other in your country?
A: They bow when they meet each other.
B: That's interesting. What do you do when someone bows to you?
A: It is polite to return the bows.
A: 너희 나라에서 사람들은 어떻게 인사를 하니?
B: 대개 악수를 해. 너희 나라에서는 어떻게 인사하니?
A: 만나면 서로 머리를 숙여 인사해.
B: 그것 재미있네. 상대방이 머리를 숙이면 너는 어떻게 답하는데?
A: 같이 숙이는 것이 예의야.

→ 문화 차이에 따른 서로 다른 인사법에 관한 내용이다.

11

A: Let's wrap it up for today.
B: I did not know it's already six.
A: Are you taking the bus?
B: No. I rode my bike to work.
A: Okay, then, see you tomorrow!
A: 오늘 일은 여기서 마무리 짓자.
B: 벌써 여섯 시가 된 줄 몰랐네.
A: 버스 타고 집에 갈 거야?
B: 아 ! , 오늘 자전거 타고 출근했어.
A: 그래, 그럼, 내일 보자!

→ 여성은 자전거를 타고 출근했으므로 자전거를 타고 집에 갈 것이다.

12

A: Hello, may I help you?
B: Well, I want to get some takeout.
A: Here is our Take-out menu!
B: Can I have two orders of dumplings?
A: Sure. The total is fifteen dollars.
A: 안녕하세요, 무엇을 드릴까요?
B: 저, 포장 음식 좀 주문하려고 하는데요.
A: 여기 포장 음식 메뉴 판입니다!
B: 만두 2인분 주세요.
A: 네. 15달러 입니다.

→ takeout은 포장 음식을 말하므로 답은 ⑤번이다.

13

A: How may I help you?

B: I am looking for a shirt.

A: What color do you want?

B: I want a blue one.

A: What size do you wear?

B: I wear a size 6.

A: 무엇을 도와드릴까요?

B: 저는 셔츠를 찾고 있어요.

A: 어떤 색상을 원하나요?

B: 저는 파란색을 원해요.

A: 어떤 사이즈를 입으시나요?

B: 저는 사이즈 6을 입어요.

→ 찾고 있는 물품과 색상, 크기를 이야기하는 것으로 보아 두 사람의 관계는 손님과 점원이다.

14

A: Excuse me. Where is the library?

B: Go straight one block and turn right. Then, you can see the library on your left.

A: On my left?

B: Yes. It is the first building on your left. It is right next to the school.

A: Thank you so much.

A: 실례합니다. 도서관이 어디 있나요?

B: 한 블록 직진하셔서 우회전 하세요. 그러면 왼쪽에 도서관이 보일 겁니다.

A: 왼쪽에요?

B: 네. 왼쪽에 처음 보이는 건물이고요. 학교 바로 옆에 있습니다.

A: 정말 감사합니다.

→ 학교 옆 건물이고 한 블록 직진해서 우회전 후 나오는 첫 건물은 ②번이다.

15

A: John, come here for a second.

B: What's up?

A: I can't open this bottle. Can you open it for me?

B: Sure, let me try. There you are!

A: Thank you so much.

A: John, 이리로 잠시 와줘.

B: 무슨 일인데?

A: 이 병이 안 열리네. 좀 열어줄래?

B: 그래, 내가 열어 볼게. 여기 있어!

A: 정말 고마워.

16

A: Long time no see. I heard you've been having some health problems.

B: I've gained too much weight recently.

A: Me, too. I've also gained a lot of weight.

B: I just started jogging in the morning. Why don't you join me?

A: Good idea! Let's meet at 6:00 tomorrow, then.

B: Okay. See you tomorrow.

A: 오랜만이야. 너 건강에 약간 문제가 있다고 들었어.

B: 최근 들어 몸무게가 너무 많이 늘었어.

A: 나도 그래. 나도 살이 많이 쪘어.

B: 아침에 조깅을 시작했는데. 너도 같이 할래?

A: 좋은 생각이야! 그럼 내일 아침 6시에 만나자.

B: 좋아. 내일 봐.

→ 두 사람 모두 몸무게가 많이 늘어났다고 하자 여자가 조깅을 시작했다며 남자에게 함께 조깅할 것을 제안하고 있다.

17

① A: How did you get here?

B: I came here by bus.

② A: Please give me a ring.

B: Okay, I will call you.

③ A: Excuse me. Do you have the time?

B: No, I can't do it.

④ A: You look really happy.

B: We made it to the finals.

⑤ A: How can I reach you?

B: You can call me at 555-1212.

① A: 여기에 무엇을 타고 왔어?

B: 이곳에 버스를 타고 왔어.

② A: 나한테 전화해줘.

B: 그럴게, 전화할게.

③ A: 실례지만, 몇 시인가요?

B: 아니요, 그 일을 할 수 없어요.

④ A: 정말 행복해 보인다.

B: 우리가 결승전에 올랐거든.

⑤ A: 당신과 연락하려면 어떻게 해야 하나요?

B: 555-1212로 전화 주세요.

→ ③번 보기의 Do you have the time? 은 '지금 시간이 몇 시인지 아세요?' 라는 What time is it? 과 같은 의미이다. 따라서 '할 수 없다'는 I can't do it. 은 어색한 답이며 이에 대한 답은 It's 4:30. 등과 같이 시간을 말해 주면 된다. 반면 time 앞에 정관사 the를 빼고, Do you have time? 이라고 하면 '시간 있으신가요?'라는 질문이다.

A: Are you ready?

B: Yes, but can you tell me how much these are?

A: Sure, this shirt is ten dollars, and these shoes are fifty dollars.

B: Okay, then can I have four of these shirts in blue and the shoes?

A: One moment, please.

A: 계산할 준비 되셨나요?

B: 네, 하지만 이것들 가격 먼저 알려주시겠어요?

A: 그러지요, 이 셔츠는 10달러이고, 신발은 50달러입니다.

B: 그러면 파란색으로 셔츠 4장 주시고 신발도 주세요.

A: 잠시만 기다리세요.

→ 10달러 셔츠 네 장을 달라고 했으니 40달러이고, 신발이 50달러이니 합계는 90달러이다.

19

A: Ryan, you look so sad. What's wrong?

B: We lost by one point.

A: Oh, no! You've been practicing so hard for this game.

B: I know. Just one point!

A: _____

A: Ryan, 슬퍼 보인다. 무슨 일이야?

B: 1점 차로 경기에서 졌어.

A: 저런! 이 경기를 위해 정말 열심히 연습해왔잖아.

B: 그러게. 1점차라니!

A: 기운 내! 다음번에 더 잘할 수 있을 거야.

→ 열심히 준비해온 시합에서 아깝게 패배해 슬퍼하고 있는 친구를 격려하는 내용의 ①번이 적절하다.

A: Susan, you look really excited. Is there any good news?

B: You know I am a big fan of Justin Bieber.

A: Of course, I know. What about him?

B: I got a ticket for his concert this Saturday.

A: No wonder you are so excited. Have fun and enjoy the concert!

B: _____

A: Susan, 너 정말 신나 보인다. 무슨 좋은 소식이라도 있어?

B: 너 내가 Justin Bieber 정말 좋아하는 것 알지.

A: 물론 알지. 왜 Justin Bieber가 뭐?

B: 이번 주 토요일에 있는 그의 콘서트 티켓을 샀어.

A: 네가 그렇게 신난 것이 놀랄 일 아니네. 콘서트에서 재미있게 즐거운 시간 보내!

B: 물론이야, 그럴게.

→ 콘서트에 잘 다녀오라는 친구의 말에 적절한 답은 ②번이다.

Vocabulary

● Unit 1 Italy

No.	Korean	English
1	명 섬	island
2	명 반도(삼면이 바다로 둘러싸여 있는 육지)	peninsula
3	명 언덕, (낮은) 산	hill
4	명 계곡, 골짜기	valley
5	명 해변, 바닷가	beach
6	형 선사 시대의	prehistoric
7	형 ~이 넘는 부 끝이 난	over
8	명 그림, 데생	drawing
9	형 관심있는, 흥미있는	interested
10	명 화석	fossil
11	형 신나는, 흥미진진한	exciting
12	형 고대의 명 고대인	ancient
13	형 거대한	huge
14	명 제국	empire
15	동 지속되다 형 마지막의	last
16	명 나머지, 유적	remains
17	명 건축학, 건축 양식	architecture
18	형 전체의, 모든 명 완전체	whole
19	명 탑	tower
20	명 경이로움 동 궁금해하다	wonder
21	형 중세의	medieval
22	동 기울다 명 기울기	tilt
23	동 오르다, 올라가다	climb
24	형 유명한, 친숙한	well-known
25	명 중심, 센터	center
26	부 ~의 안에 명 내부	inside
27	명 국가, 시골	country
28	부 아직도, 훨씬 형 고요한	still
29	명 문화	culture
30	형 인기 있는, 일반적인	popular

● Unit 2 Two Days in Italy

No.	Korean	English
1	명 여행 동 여행하다	trip
2	명 파도 동 흔들다	wave
3	명 편지, 글자	letter
4	동 보이다, ~인 것 같다	seem
5	형 다른	different
6	동 생각하다	think
7	형 큰, 위대한, 멋진	great
8	동 미소 짓다 명 웃음	smile
9	동 도착하다	arrive
10	동 대답하다 명 대답	reply
11	명 위, 배	stomach
12	형 첫째의 부 첫째로, 먼저	first
13	명 콧수염	mustache
14	명 안내, 안내인 동 안내하다	guide
15	동 얼굴을 찡그리다 명 찌푸림	frown
16	명 방, 공간, 여지	room
17	동 짜내다 명 짜기	squeeze
18	부 앞으로 형 앞으로 가는	forward
19	명 거리	street
20	동 도달하다 명 (닿을 수 있는) 거리	reach
21	부 마침내, 마지막으로	finally
22	동 기울다, 기대다	lean
23	형 충격을 받은, 얼떨떨한	shocked
24	동 (시간, 돈을) 쓰다	spend
25	부 대신에	instead
26	형 놀라운	amazing
27	명 섬광 형 반짝이는	glistening
28	부 아래에	below
29	명 길	road
30	명 강	river

Unit 3 Uncommon Careers

No.	Korean	English
1	통 고르다, 결정하다	choose
2	명 미래 형 미래의	future
3	명 직업, 사회생활	career
4	명 잠깐, 순간, 때	moment
5	형 특이한, 흔치 않은	unusual
6	명 맛 통 맛보다	taste
7	명 종류 형 친절한	kind
8	명 과학자	scientist
9	형 바쁜, 통화 중인	busy
10	형 개인적인, 사적인	personal
11	명 식료품	grocery
12	명 의복	clothes
13	형 바다의, 배의	marine
14	명 연구 통 공부하다	study
15	명 조난 사고, 난파선	shipwreck
16	형 법의학적인, 범죄 과학 수사의	forensic
17	통 (문제를) 풀다	solve
18	명 범죄	crime
19	통 수집하다	collect
20	명 지문, 흔적	fingerprint
21	명 발자국	footprint
22	명 단서, 실마리	clue
23	명 정보	information
24	통 잡다, 받다 명 잡기	catch
25	명 공원 관리원	ranger
26	명 장소, 자리 통 놓다	place
27	명 식물, 공장 통 심다	plant
28	형 흔하지 않은, 드문	uncommon
29	통 기억하다	remember
30	형 독특한, 고유의	unique

Unit 4 Treasure Hunter

No.	Korean	English
1	통 걷다 명 산책	walk
2	통 커지다, 자라다	grow
3	형 확실한	sure
4	형 부유한, 풍요로운	rich
5	부 천천히, 느리게	slowly
6	통 찾다, 알아내다 명 발견물	find
7	명 보물 통 귀하게 여기다	treasure
8	형 간단한, 소박한, 평범한	simple
9	명 해적 통 불법 복제하다	pirate
10	통 웃다 명 웃음소리	laugh
11	명 백, 100	hundred
12	부 ~전에	ago
13	통 항해하다, 나아가다 명 돛, 항해	sail
14	통 설명하다	explain
15	명 보석, 장신구, 액세서리	jewel
16	부 때때로, 가끔	sometimes
17	통 발생하다, 일어나다	happen
18	명 암초	reef
19	통 가라앉다 명 싱크대	sink
20	명 폭풍우	storm
21	명 바닥 형 맨 아래에	bottom
22	명 대양, 바다	ocean
23	형 올바른, 오른쪽의 부 바로	right
24	통 주장하다 명 주장	claim
25	명 잠수부	diver
26	명 난파선 통 파괴하다	wreck
27	통 나르다, 휴대하다, 운반하다	carry
28	명 100만 형 수많은	million
29	명 바닥, (건물의) 층	floor
30	통 계속하다	continue

Unit 5 Amazon Eco Tours

No.	Korean	English
1	몡 먹이, 사냥감	prey
2	통 꽥꽥 울다	squawk
3	통 어렴풋이 보이다	loom
4	몡 자연, 본성	nature
5	몡 경험, 체험 통 경험하다	experience
6	몡 열대 우림	rainforest
7	통 가져오다, 야기하다	bring
8	뷔 직접, 바로 혱 직접 얻은	firsthand
9	몡 카누 통 카누를 타다	canoe
10	혱 신선한, 상쾌한	fresh
11	몡 경치, 무대 장치	scenery
12	혱 진품인, 진짜인	authentic
13	혱 세계적으로 유명한	world-famous
14	혱 다양한	diverse
15	몡 생태계	ecosystem
16	몡 집 통 거처를 제공하다	house
17	몡 종(생물 분류 단위)	species
18	통 발견하다, 찾다	discover
19	통 탐험하다, 탐구하다	explore
20	혱 흥미로운, 매력적인	fascinating
21	통 배우다, 암기하다	learn
22	몡 하이킹, 도보 여행	hike
23	혱 토박이의, 타고난	native
24	몡 요리법, 요리	cuisine
25	몡 식사, 끼니	meal
26	통 준비하다, 마련하다	prepare
27	몡 재료, 성분, 요소	ingredient
28	몡 접시, 요리	dish
29	통 등록하다, 기록하다	register
30	몡 서식, 방식 통 구성하다	form

Unit 6 Rainforest Diary

No.	Korean	English
1	몡 화요일	Tuesday
2	몡 시간	time
3	혱 특별한, 특유의	special
4	통 위치하다, 두다	locate
5	통 가리다 몡 덮개	cover
6	몡 지역, 구역, 분야	area
7	몡 이유, 이성	reason
8	몡 흐름 통 흐르다	flow
9	통 흐르다, 방출하다	discharge
10	몡 금요일	Friday
11	뷔 꽤, 아주, 정말	quite
12	통 움켜잡다	grab
13	통 고르다, (과일 등을) 따다	pick
14	몡 모험	adventure
15	통 가지고 오다	fetch
16	몡 큰 구덩이	pit
17	혱 아주 맛있는	delicious
18	혱 궁금한, 호기심 많은	curious
19	몡 토요일	Saturday
20	혱 습한	humid
21	혱 치명적인 뷔 지독히	deadly
22	통 ~인 것 같다, 나타나다	appear
23	통 포함하다, 포함시키다	include
24	몡 독 통 오염시키다	poison
25	혱 충분한 뷔 충분히	enough
26	통 죽이다	kill
27	혱 영향력 있는, 강력한	powerful
28	혱 무해한, 악의 없는	harmless
29	뷔 혼자 혱 외로운	alone
30	혱 슬픈, 아쉬운	sad

● Unit 7 The Jazz Festival

No.	Korean	English
1	명 재즈	jazz
2	명 음악, 곡	music
3	명 방식, (옷의) 스타일	style
4	형 초기의, 이른 부 일찍	early
5	동 놀다 명 희곡	play
6	동 녹다, 녹이다	melt
7	형 종교의, 독실한	religious
8	형 전통의	traditional
9	동 섞다 명 혼합	blend
10	명 장르	genre
11	명 진행자 동 주최하다	host
12	명 축제	festival
13	명 공개 행사 동 전시하다, 소개하다	showcase
14	명 재주, 재능 있는 사람	talent
15	동 기념하다, 축하하다	celebrate
16	명 역사, 역사물	history
17	명 봄, 용수철 동 튀어오르다	spring
18	동 참석하다	attend
19	동 수행하다, 공연하다	perform
20	형 많은, 다양한 명 배수	multiple
21	명 단계, 무대	stage
22	형 각각의, 각자의	each
23	동 (귀 기울여) 듣다	listen
24	동 제공하다 명 제의	offer
25	동 존경하다, 칭찬하다	admire
26	형 지역의, 현지의	local
27	동 마음을 끌다	attract
28	동 (귀에) 들리다, 듣다	hear
29	명 표, 복권 동 발행하다	ticket
30	동 팔다	sell

● Unit 8 Mosaics

No.	Korean	English
1	명 디자인 동 디자인하다	design
2	명 돌, 석조	stone
3	명 유리, 잔	glass
4	명 모자이크	mosaic
5	형 추상적인	abstract
6	명 사진, 그림	picture
7	명 재료 형 물질적인	material
8	명 예술가, 화가	artist
9	명 시각, 눈, 시력	vision
10	명 자갈, 조약돌	pebble
11	명 껍질, 껍데기	shell
12	부 나중에, 후에	later
13	명 금속	metal
14	명 보석, 보배	gem
15	명 영향, 결과, 효과	effect
16	명 빛, 불 형 밝은, 가벼운	light
17	명 장식, 장식품	decoration
18	명 조각, 한 부분	piece
19	형 로마의 명 로마사람	Roman
20	명 부, 많은 재산	wealth
21	동 조심하다, 주의하다	beware
22	명 광고	advertisement
23	형 공공의, 일반인의	public
24	형 복잡한	complicated
25	명 표면, 외관 동 드러나다	surface
26	명 접착제 형 들러붙는	adhesive
27	명 격자무늬	grid
28	명 계획 동 계획하다	plan
29	형 깨진, 부러진, 고장 난	broken
30	명 병	bottle

● Unit 9 Lucky Family

No.	Korean	English
1	명 손님, 고객	customer
2	명 주제, 제목, 과목	subject
3	명 사건, 행사	event
4	명 날짜, 시기	date
5	명 5월	May
6	형 사랑하는, ~에게	dear
7	형 기쁜, 반가운	pleased
8	동 초대하다	invite
9	형 운이 좋은, 행운의	lucky
10	동 받다	receive
11	형 무료의, 자유로운, ~가 없는	free
12	동 들어가다	enter
13	명 초대, 초청	invitation
14	부 즐겁게, 유쾌하게	pleasantly
15	형 놀란, 놀라는	surprised
16	동 받다, 가져 오다	get
17	명 나 자신, 나 스스로	myself
18	명 조부모님	grandparents
19	형 신이 난, 들뜬, 흥분한	excited
20	동 바라다 명 희망	hope
21	명 나이, 시대	age
22	명 제한, 구속	restriction
23	명 관심, 흥미, 이자	interest
24	부 상당히, 꽤, 공정하게	fairly
25	동 예약하다	reserve
26	동 걱정하다 명 걱정	worry
27	명 재미 형 즐거운	fun
28	명 청소년, 아이	youngster
29	명 앞면 형 앞쪽의	front
30	명 문, 출입구	gate

● Unit 10 Staying Healthy

No.	Korean	English
1	명 식습관, 다이어트, 식단	diet
2	명 열쇠, 비결 형 핵심적인	key
3	형 건강한, 건강에 좋은	healthy
4	동 섞다 명 혼합체	mix
5	명 비타민	vitamin
6	명 영양소	nutrient
7	명 과일	fruit
8	명 채소	vegetable
9	명 무지개	rainbow
10	명 색, 색깔	color
11	형 높은	high
12	명 운동, 연습 동 운동하다	exercise
13	동 잃다	lose
14	명 무게, 체중	weight
15	동 짓다, 건설하다	build
16	명 근육, 근력	muscle
17	동 태우다, 타오르다	burn
18	명 열량, 칼로리	calorie
19	형 강한, 튼튼한, 힘센	strong
20	명 혜택, 이득	benefit
21	명 뼈	bone
22	형 규칙적인, 보통의	regular
23	동 무시하다 명 방치	neglect
24	형 정신의, 마음의	mental
25	명 스트레스, 강세 동 강조하다	stress
26	명 마음, 정신, 사고	mind
27	동 초점을 다시 맞추다	refocus
28	명 활동, 움직임, 활기	activity
29	형 창조적인, 창의적인	creative
30	부 큰 소리로	loudly

● Unit 11 Romeo and Juliet

No.	Korean	English
1	통 고려하다, ~로 여기다	consider
2	명 작가	writer
3	명 언어, 말	language
4	통 살다, 생존하다 명 삶	live
5	명 작품, 업무 통 일하다	work
6	형 전쟁 중인	warring
7	형 비극적인, 비극의	tragic
8	부 요즈음, 현재 명 오늘	today
9	부 특히, 유난히	especially
10	형 현대의, 최신의	modern
11	형 무서운, 겁나는	scary
12	형 약간의, 몇몇의	some
13	형 쉬운, 편안한	easy
14	통 이해하다	understand
15	명 그 자신, 그 스스로	himself
16	통 이야기하다, 말하다	speak
17	명 적	enemy
18	명 너 자신, 너 스스로	yourself
19	통 가지다, 소유하다	have
20	명 현장, 장면	scene
21	형 어려운, 힘든	difficult
22	통 우연히 듣다	overhear
23	통 원하다 명 소망	wish
24	통 ~에 속하다	belong
25	통 비교하다	compare
26	형 비슷한, 닮은	similar
27	형 두려워하는, 겁내는	afraid
28	통 돌다 명 차례	turn
29	통 추측하다, 짐작하다	guess
30	통 의미하다 형 비열한 명 수단	mean

● Unit 12 Amazing Adaptations

No.	Korean	English
1	명 환경, 자연환경	environment
2	통 살아남다, 생존하다	survive
3	통 안내하다, 이끌다 명 선두	lead
4	형 예상 밖의, 뜻밖의	unexpected
5	명 적응, 각색	adaptation
6	형 전형적인, 대표적인	typical
7	부 분명히, 틀림없이	definitely
8	명 채식주의자	vegetarian
9	명 싹, 꽃봉오리 통 싹을 틔우다	bud
10	부 가끔	occasionally
11	형 건조한 통 말리다	dry
12	형 맞은편의 명 반대	opposite
13	명 곤충	insect
14	명 덫, 함정 통 가두다	trap
15	명 접착제 통 붙이다	glue
16	통 만지다 명 촉각	touch
17	형 움직일 수 없는, 꼼짝 못 하는	stuck
18	통 소화하다, 소화되다	digest
19	통 반짝이다 명 광채	sparkle
20	형 밝은, 빛나는	bright
21	명 햇빛, 햇살	sunshine
22	명 시체, 송장	corpse
23	명 꽃, 화초	flower
24	통 냄새가 나다 명 냄새	smell
25	형 죽은	dead
26	형 소름 끼치는, 끔찍한	horrible
27	명 딱정벌레	beetle
28	명 꽃가루, 화분	pollen
29	명 나비	butterfly
30	부 드물게, 좀처럼 ~하지 않는	rarely